JN290269

叢書【倫理学のフロンティア】XV

差異のエチカ

熊野純彦
吉澤夏子 編

ナカニシヤ出版

まえがき

なにかを言いきってしまったあと、ふと、うしろめたく感じる。そんな経験はないだろうか。ほんとうだろうか、じぶんはべつのなにかを見おとしてしまったのではないか。そうおもうことはないだろうか。

たとえば、ある他者について語りだす場面をかんがえてみる。あのひとはああいうひとだ、そう口にしたとたん、じぶんには見せない、だから知ることのできない表情も含めて、そのひとのさまざまなおもざしが浮かぶことがありうる。そんなとき、ある疚しさの感覚とともに、世界と他者の測りがたさにおもいを馳せることになるだろう。

思考するということは、おそらくはだれにとっても、そうしたつぶやきを繰りかえすことと似ているようにおもわれる。思考するとはなにかをなにものかとして思考することであるかぎり、思考とは或るものをべつの或るものとの差異においてかんがえることである。他のものとの差異においてとらえられたことがらを、それ自体は同一のものとしてかんがえることにほかならない。同一の主題をかんがえているのでないかぎり、私たちの思考そのものは無限に拡散してしまうし、なにかをべつの或るものとの差異においてとらえていない場合には、私たちはなにものについても思考することはできないからである。思考されることがらの背後には、だから、無数の差異のつぶやきが犇《ひし》めいていることになる。

その意味では、思考とはつねに差異をめぐる思考である。差異をめぐる思考であることで、同時におなじなにかについてかんがえることである。あることがらを、なにかとしてかんがえることで、そのことがらを他のことがらとはことなった或るものとしてとらえ、他のことがらとの差異そのものにあって同一性を保証されたことがらをとらえることが、思考するということなのである。そうであるとするならば、思考それ自体には、差異を発見するはたらきと、差異を覆いかくす機能とが、避けがたくまとわりついていることになるといってよい。なにかを言いきってしまったときにふと感じられる疚しさがあるとすれば、それは思考することそれ自体のなりたちに由来するものなのだ。

疚しさのうちにただ立ちつくすのであるならば、それは思考そのものを放棄することにひとしい。世界と他者の測りがたさを知りながら、なお思考をこころみようとするなら、なによりもまず思考が停止してしまうことを怖れるべきであろう。設定された安易な差異のなかに埋没すること、より微細な差異のかたわらを通りすぎてしまうことを警戒するべきなのである。思考は、そのとき、繰りごとめいたおもいのすべてにたいして、なお居場所を与えようとするこころみとなるにちがいない。

本書はもともと、編者のそのような感覚から出発して全体が構想されたものである。だから、本書におさめられた諸論稿がそれぞれにたどる思考のみちすじは、単純な一本道ではありえない。むしろそれぞれの論文が、問題の周囲をいきつもどりつ、じぶんの足場をたしかめようとするものとなっていることとおもわれる。けれども、思考がたんなる「計算」とはべつのなにかであるとすれば、思考するいとなみは、どうしてもそのようでしかありえないのではないだろうか。

　そのぶん、語りかたについては、各論文の執筆者が、各人できるだけの工夫をこらしている。反復的に立ちかえってくるつぶやきめいた感覚に、論理のすじみちを与えようとするとき、思考を表現することばにはかなりの負荷がかかってしまう。ことばの回路にのってこないことがらを、ことばによって語りだそうとするときの、それはひとつの宿命であることだろう。だから各論者は、たんなる論理の積みかさねだけではなく、なるべく経験と世界に寄りそって、その細やかな襞《ひだ》をさぐりあてようとする。そうすることで、世界をめぐる私たちの経験そのものにある光をあて、経験とその概念を更新することがこころみられているはずである。そうしたいとなみこそが、現在なお、哲学的な思考、ここではとりわけ哲学的思考としての倫理学的な思考の名にあたいするようにおもわれる。

　本書のなかでかんがえられているのは、さまざまな差異についてである。その差異のうちのあるものはいまや見おとされ、あるいは忘れられている。またあるものについては、現在その差異が作為的にとりあげられ、不当に焦点化されているといわなければならない。倫理学的な思考が今日なお可能であるならば、それは見うしなわれてゆく微細な差異にこそ目をこらし、恣意的に設定されてゆく差異から目をはなさないものである必要がある。

　世界は現在、一方ではますます一元化し、どこか息苦しくなっている。世界には他方、根拠のさだかではない差異が無数に浮遊しつづけているようにもおもわれる。そのような世界のなかで、思考とことばの力を信じ、けれどもその力を疑いもする読者のかたがたの手に本書がとどくことを、編者としては希望している。

二〇〇四年　夏

吉澤夏子
熊野純彦

差異のエチカ　＊　目次

目　次

目　次

II　差異の系譜学

目　次

差異のエチカ

差異のエチカ

――総論にかえて――

●熊野純彦

1　はじめに

存在するものは、つねになにものかとして存在する。なにものかとして存在することで、他のものからの差異として存在している。差異によって存在者は振りわけられ、差異が存在者を存在させる。存在するものからするならば、かくして差異とは、みずからが存在者として出現するさいに、外部から到来し降りかかる、最初の暴力であることになる。

差異が暴力であるかぎり、その抹消と無化はそれ自体として一箇の倫理的運動である。近代はその意味で、擁護されるべき未完の企図であることになるだろう。じっさい近代化とはさまざまな差異を消去することで均質な空間を拓き、その均質空間のなかで平等な諸存在者の生を保証しようとする歴史的動向のことである。差異の無化と抹消という近代の意志が、〈自然〉に内在する諸差異を消去する暴力でありうるとしても、そうなのである。

近代は差異を抹消しながら、しかし他方さまざまな差異をあらためて産出し、諸差異を利用してみずからを再生産する。たとえば市場は世界市場として不断にじぶんを実現することで世界を均質化しつづけるけれども、市場の内部ではたえずあらたな差異が生みだされ、差異化の運動こそが価値を生産する。市場はまた、市場の外部を繰りこむことで不断に拡大しながら、同時に利用すべき外部をつくりだす。資本それ自身はしかも、国家と結びあいながら差異を抹消し、差異を生産するのである。資本と国家が、差異を無化し、差異をふたたび産出することで存続するかぎり、近代の運動は現在もなお継続している。

差異をめぐる思考は、差異を抹消してゆく運動のただなかで微かな差異を見とどけ、差異化を肯定しなければならない。けれども他方、倫理学的な思考は、恣意的に設定される差異にたいしてはその根拠を問いかえし、むしろ差異を解消してゆく必要がある。本書の全体は、このような観点から、とりわけポストモダニズム以降の思考の潮流をも意識しながら、倫理学的思考の可能性を模索しようとするこころみである。それは一方では、差異の極小化という近代の動向を承認しつつも、消し去られ隠蔽されてゆく微細な差異を肯定しようとするものとなることだろう。本書における具体的な考察は他方で、現下のさまざまな現実をたんになぞりかえすだけの思考が再生産する恣意的な差異を解体し、そのことでかえって確認されるべき枢要な差異をあらためて発見してゆく作業ともなるとおもわれる。――この章では以下、本書の具体的なみちゆきにたいする一般的な見とおしを与えておくことにしよう。それじたい犇《ひし》めきあう差異の戯れに見える諸論稿にたいして、ひとすじの光があてられることで、本書の課題そのものが浮かびあがってくるはずである。

2　差異の倫理学
――原理的な定位をもとめて――

★差異の論理学

差異という問題をめぐっては、すでにプラトンがそのありかを見さだめていた困難がある。よく知られているところではあるけれども、かんたんに確認しておこう。かりに〈一〉なるものが存在するとして、その〈一〉はみずからとことなることができない。〈一〉が〈一〉であるかぎり、〈異〉が含まれてはいないからである。〈一〉は、けれども〈一〉と〈同〉じであることもできない。なにかとおなじであるとき、〈一〉はすでに〈多〉となってしまうからだ。「このように〈一〉はじぶん自身にたいしても、ことなる他のものにたいしても〈異〉でも〈同〉でもありえない」（『パルメニデス』139 E）。

この理論的な困難を回避するみちすじのひとつは、「在る」ことと「異なること」とを同義的であるとかんがえることである。あるいは、存在そのものを差異と見なすことである。現代の思考は、おおむねその方向を承認しているようにおもわれる。ここではとりあえず、たとえばドゥルーズにそのような思考の典型を見ることも可能であろう。

「〈存在する Être〉は、それが語られるすべてのものについて、唯一かつ同一の意味で語られる。けれども〈存在する〉が語られる当のものは、それぞれにことなっている。つまり、〈存在する〉は差異そのもの（différence elle-même）について語られるのである」（［Deleuze］53／六九）。だからこそ「差異については決定実験がある」。限界や対立が見いだされるときには、つねにその「状況」が問われなければならない。つまり野生の「差異の犇めき」がいつでも見とどけられなければならないのである（［Deleuze］71／九〇）。

ありとあらゆるもの、存在するいっさいのものに、あるいは存在するものが存在することそのものに差異を見さだめることには、倫理学的な思考にとっても重大な含意がある。なぜだろうか。本書の内容にそくして、いくつかの局面をかんがえてみる。

★非同一的なもの

ある意味で、すべては個体である。世界を充たすいっさいの存在者は、それぞれに個体的なものである。そうかんがえることもできる。存在するものはおのおの、みずからとひとしいことで当のそのものであり、概念によってとらえられる或るものとなる。個体として存在するすべてのものは、それぞれにおなじそのものであり、同一性を有している。概念はその同一性を表示しているのだ。

そのようにかんがえるとすれば、或るものがじぶんから示すことなり、概念の残余としての差異は、非同一的なものと見なされることになる。けれども、同一的なものはすでに非同一的なものの抹消によって同一的なものであり、概念はみずからの余剰をあらかじめ隠蔽することで概念であるのではないだろうか。

このような疑義を、もっともはっきりしたかたちで提起した論者のひとりは、やはりアドルノであろう。麻生論文「自己と差異」は、さしあたりは理論哲学的な平面で展開されたアドルノの思考の一面を、倫理学的な思考へと結びあわせようとするこころみである。

およそ「倫理」が自己のありかたからの差異を示し、みずからを溢れだしてゆくもの、その意味で「他なるもの」への呼応から開始されるとするならば、そうした倫理の可能性をめぐる思考、すなわち倫理学的思考は、「非同一的なもの」にかんする思考を避けがたくうちに含むことになるはずである。おなじ自己に止まりつづけようとする「自己保存」の衝動を、アドルノとともになにほどか「不正」なものとかんがえるなら、すでに存在している知から逃れでてゆく、他なるものこそが問われなければならないからである。

そもそも人間が生を紡ぎつづけるいとなみそのものが、他なるものにたいする境界を不断に設定しつづけることである。「自己保存」とは、そのような境界設定のひとつの帰結にほかならない。このような自己保存が他なるものへの「暴力」となるとき、それは端的に一箇の「不正」であることだろう。この暴力が不正であるのは、それが同時に主体の生そのものを抹消するものであるからである。他なるものへと呼応すること、否応なく呼応してしまうこと、その意味での「外化」こそが主体の条件であり同時に倫理の条件である。外化を否定することは、それ自体「虚偽の生」となるはずである。

思考の水準でこのような不正を超えでようとするとき、「同一化」という思考の操作それ自体が問いなおされることになるだろう。麻生論文はさらに、しばしば空語と化してきた「非同一的なもの」に、ある内実を与えることをこころみてゆくものとなるはずである。

★差異と自己

麻生論文がすでにその間のことの消息を前提としていたように、「自己」が一箇の差異でもあるならば、自己そのものをむしろさまざまな差異の交錯のうちにとらえかえす余地がある。自己とは諸差異がそこで流動するものであるとして、それでは逆に、自己という、とりわけて同一的なものと見なされてきた存在者は、どのような場面で、どのような機構をかいして立ちあらわれることになるのだろうか。

ここで同一性が出現することと、諸差異が劃定されることとは、じつはおなじことがらの両面であるとみることもできる。たとえば、「差異」という語がすぐれてその場面で登場した、ソシュール的なラングにおける、語と他の語との関係にあってはそうである。語がひとつのおなじ意味をもつということは、それが他のことなる語にたいして差異を確定していることとひとしい。けれども、ことばをそうした視角から論じることと、他なるものとの関係における差異と同一性とを問題とすること、倫理を問うこととのあいだには、なお埋めがたい隔たりがある。「刻まれる差異」と題された荒谷論文は、こうして、ことばの「創設的機能」をまず問うことになる。その稿がさしあたりの手がかりとするのは、ドゥルーズ＝ガタリであり、その背後に深く影を落としているラカンの所論である。

いま固有な名を与えられたふたりの人間がいるとして、そのそれぞれが同一的な「自己」であることは、自明な所与ではない。経験のなりたちそのものにぞくするかぎり、固有な名で呼ばれ、呼びかけられる同一的な主体のまえに、「純粋な流れ」としての経験があることだろう。同一的な自己が成立することは、それ自体、ある差異を劃定し、不断の流れに差異を刻む操作を前提している。経験の実相がその止めがたい流動性にあるとすれば、そもそも差異が書きこまれること、それとうらはらに同一性がなりたつことそのものが、ありえようもないことが実現してしまっている、一箇の奇蹟なのである。差異を刻むものをドゥルーズ＝ガタリが「神」と呼んだことも、そのかぎりではたんなる偶然ではない。

けれども、それゆえにこそまた、「神」がただの超越的な概念であることはできない。超越的なものが経験に内在して語りだされる必要がある。荒谷論文はさらに、ラカンの構想の原型に立ちもどりながら、神と「大文字の他者」とのかかわりを問い、「創設的なパロール」とラカンが呼ぶものを問題とする。具体的なテクスト解読をかさねてゆくその果てに、論稿は、揺れうごき戯れるシニフィアンを構造化する、ある内在的な極点、主体に差異を刻む「大文字の他者」に出会うことになるだろう。

★差異としての他者

荒谷論文があきらかにしているように、自己とは、それ自体さまざまな差異が犇めきあうなかに出来する、なにものかである。とはいえ、倫理学的な思考にとって枢要な差異のひとつ、むしろ決定的な一箇の差異が、自己と他者とのあいだに引かれていることも、あらそいようのないところであるようにおもわれる。

他者とは自己との差異であり、この私からの「差異」である。他者がそもそも〈私〉からの差異でないかぎり、どのような倫理もあらかじめ不可能であるはずである。他者とのあいだの埋めがたい隔たりが抹消されてしまうなら、それはただちに他者と自己とを等分に見わたすことを許容するものとなり、他者とこの私は一箇の「全体性」のうちに回収され、その内部で配分されてしまうことになるからだ。他者にたいしてすでに理論的な次元で、それはひとつの暴力を結果し、歴史的には巨大な暴力を帰結してきたといってよい。

そのような問題の次元から倫理学的な思考をこころみた代表的な哲学者のひとりとしてレヴィナスの名をあげることについては、今日ではさほどの異論もないこととおもわれる。木元論文「差異としての他者」は、そうしたレヴィナスの倫理学的な思考の核心を、とはいえその微細な襞《ひだ》にむしろ立ちいることであきらかにしようとするものである。

「レヴィナスの思考をめぐって」展開される木元論文は、まず、レヴィナスの思考がけっして、抽象的な次元で他者との差異の絶対性のみを言いたてようとするものではなく、かえって経験的な生のさまざまな場面、具体的な経験のきめ細かな折り目に目を凝らしながら、感覚の次元と身体性の領野に降りたとうとするものであることを明確にする。他者との関係についていえば、そのような視角からあらためてその意味が問いかえされることになるのは、他者とのあいだの性愛的な関係である。「融合」や「所有」とはことなる関係としてのエロス的関係は、レヴィナスそのひとの〈転回〉を経てもなお、その重要性を失ってはいない。それは「可傷性」、つまり傷つくことの可能性という、他者との関係の基底にかかわり、したがって倫理の基底にかかわることの消息と結びあっているからである。「愛撫」の経験にあってあかされる「傷つきやすさ」が示すのは、あらかじめ他者にたいして曝されている「皮膚」としての主体であり、この私が身体であることで、すでに他者を抱えこんでしまっていることである。隣人と遙かな他者とは、そのときもはや見わけがたいものとなる。この間の事情をめぐる微細な思考のすじみちが、木元論文では問われることになるだろう。

3　差異の系譜学
――現在的諸問題との接点において――

★フェミニズム

レヴィナスのいうエロス的な関係にあっては、他者という差異が性差としても潜在的には問われていた。レヴィナスそのひとは「親密さ」という問題系の内部で、「迎えいれることの条件」「住まうことの条件」として女性性をとらえていたようにおもわれる（［Lévinas］166／二三三）。それはポリス的（公的）領域の問題とは区別されたオイコスの（私的）領域の問題であり、レヴィナスにそくするならエコノミー領域の問題である。

よく知られているように、「個人的なことが政治的である」というフェミニズムの基本テーゼは、私的なものと公的なものの差異の抹消自体を目ざしていたと見ることもできる。そのテーゼは、けれども最終的には、個人的なものの領域の全面的な解消という「破壊的なインプリケーション」をみちびくものではないだろうか。「「個人的なもの」と平等をめぐる問い」と題された吉澤論文は、ひるがえってそう問題を提起する。いまいちど深度をあらためて問われているものは、差異をもつ者のあいだの「平等」をめぐる問いにほかならない。

さきのテーゼはスローガンとして反復的に使用しつづけられている一方で、多くのひとびとが公私の差異を日常的には受容している。「女性運動による問題の混乱」を苦々しげに指摘し、「そして女子学生たちは質問するのです、男のひとたちに嫌われないにはどうすればいいのか、と」としるしたアーレント（七〇年三月一二日・ハイデガー宛書簡）の所論をそうした文脈においてみるとき、それは奇妙に両義的にみえる。公的領域と私的領域の差異を古代ギリシアのポリスとオイキア（家族）との区別に準《なぞら》え、近代における「社会的なもの」の勝利、つまりは差異が消去された「平等」の勝利をみとめるアーレントの議論を、吉澤論文はあらためて取りあげる。吉澤が掬いとろうとするものは、旧来の理論の定義領域から、いくえもの操作を経て差異化された「個人的なものの領域」である。

その領域を「平等の彼岸」あるいは〈かなた〉として指示することは、ふたつの相反する圧力を、差異化する力によって排除することである。差異の力がむけられるのは、ひとつはラディカル・フェミニズムがいう「個人的なもの」を差別関係へと変容する家父長制の抑圧であり、いまひとつにはアーレントが取りだしてみせた「社会的なもの」における画一化の強制力にほかならない。問いは、なお継続しているようにおもわれる。

★バイオエシックス

アメリカ合州国を震源地とするバイオエシックスが、その初期にあって、議論の水準にさまざまな差異を設定したことはよく知られている。設定された代表的な差異のひとつは、生物学的な存在としての「ヒト」と、道徳的な主体としての「人格」との区別であろう。いわゆるパーソン論は、今日ではもはや古典的な理論のひとつとなっているといってよい。

パーソン論の背後にあった問題は、人工妊娠中絶をめぐるそれである。問題はすでに、フェミニズムと医療技術との交点で問われた〈政治的〉なものにほかならない。古典的なパーソン論にあってはなによりもまず、「胎児はヒトか人格か」が問われる。――問題の情況は、現在ではある意味で激変している。今日では胎児どころか、受精卵の段階でことが問われているからだ。岡本論文「「バイオエシックス」から「バイオ政治=倫理学」へ」は、こうした現況のただなかで、あらためて問いを立てなおそうとするこころみである。

　古典的なパーソン論によれば、「生きる権利」をもつのは「ヒト」ではなく「人格」である。人格とは持続的な自己の観念をもつ存在であると定義するかぎり、たとえ生物学的には「ヒト」であったとしても、胎児や、さらには新生児には、生きるべき積極的な権利は帰属しない。着床前の遺伝子診断を前提とした選択的妊娠が可能となったいま、問題はもういちど揺りもどされている。出生前診断やクローン技術に抗してもちだされる「人間の尊厳」は、ふたたび「ヒト」と「人格」の差異を抹消してゆく。擁護されるべきものが個体的な生であるのか、人間のいわば類的本質であるのかすらあいまいであるかぎり、個と類との差異さえも暗黙のうちに消去されていることになるだろう。問題は、「人間の尊厳」という、すぐれて近代的な概念にある。人間概念の死をまえにして「ポスト人間」の状況が問われるなか、カント的な人間性にのみ依拠する議論はあらかじめ失効している。

　たとえばクローン技術についていえば、クローン人間は「遺伝子の複製」であって「人間の複製」ではない。クローン人間によって父／母関係が錯綜し、「人格の混乱」が招来されることは、たしかに可能な未来である。とはいえ、およそ「自然的」な家族関係なるものが一箇の幻想にすぎない以上、そうした混乱はすでに・あらかじめ、いたるところで開始されていたのであり、クローン技術そのものは不可避な「差異化の戦略」であるとかんがえることもできる。岡本論文は、こうしたいくつもの思考を積みかさねながら、現在の問題の焦点がむしろ「バイオ・ポリティックス」と呼ぶべきもののうちにあることを確認してゆくことになるだろう。生をめぐる政治＝倫理学こそが問題なのである。

★環境倫理

いわゆる生命倫理とならんで、環境倫理と総称される議論がある。環境倫理にコミットしようとするさまざまな語りにおいて問題とされているのは、「自然」なのであろうか、それとも「環境」なのであろうか。ときにあいまいなまま、たがいに等価なものとしても使用されるふたつのことばのあいだには、日常的にもしかし明確な差異がある。その「差異」に目を凝らすところから「自然と環境」と題された藤村論文は、その思考を開始する。

まず注目されるのは、「環境」といい「自然」といい、ともに近代にいたってからはじめて翻訳語として流通しはじめたことばであるという、ことの消息である。そのふたつのことばだけが、世界にたいする人間の関係を描きとることばではないことを、確認しておく必要がある。こうした事情については しばらく措くとして、まず「環境」の側に着目しておけば、環境概念は「私たちの生存に関わりを持っているもの」を強く含意する。そのかぎりで、論者たちが繰りかえし強調しているように、いわゆる「環境問題」とはどこまでも、人間にとっての「環境問題」であるにすぎない。にもかかわらず、環境問題にかんする混乱がまま見られるとすれば、それはひとつには「環境」が「自然」と暗黙のうちに重ねあわせて使用されることによるだろう。藤村論文もまたひとわたり確認してゆくように、けれども、この「自然」概念そのものがとりあえず絶望的なまでに多義的なのである。

それでもなお、自然概念を問題の場面で使用しつづけるとすれば、それは問題にたいするどのようなかまえをあらわすものでありうるであろうか。「環境」とはなによりもまず「関わり」を含意し、人間との関係のうちで描きとられるべきものであった。「自然」は、これにたいして、一方ではかぎりなく具体的に私たちの手もとにあるものでありながら、他方では私たちの手を無限にすりぬけてゆくものを指標している。自然は不可知の部分、関係を溢れだす剰余をはらむのである。

こうした分析を経て藤村論文が注目するのは、柳田国男の風景論にほかならない。人間はつねに移ろい、自然は不断にそこにありつづける。自然と人間とは断絶し、両者のあいだには絶対的な差異がある。埋めがたい隔たりを意識しながら、ひとはしかし木を植え花を育て、幾世代にもわたって風景をつくりあげる。自然と人間とのあいだの隔たりは、人間の歴史的ないとなみそのものによって架橋されてゆく。そのとき、自然は、ひとびとが生きるよりどころのひとつとなるとともに、ひとが安らかに死んでゆくために必要な背景となってゆくことだろう。

★歴史理論

環境というかたちで人間とかかわるものを問題とするだけではなく、自然と人間をつなぐなにものかを語りだそうとすることは、ある意味で、自然にかんしてもまた一箇の物語を紡ぎだすことである。自然がたんなる自然ではなく風景ととらえられるとき、自然はすでになにほどか、人間の物語のなかに織りこまれているはずである。

だが物語は第一義的には、人間にかんして語りだされるとかんがえるのが通例であろう。人間は物語られ、人間の歴史もまた物語られる。とはいえ自然が、人間の付与する意味の物語からの剰余を含みもつことで、人間にとって他なるものでもありつづけるように、歴史自体は物語にたいする差異をやはり示しつづけるものではないだろうか。木村論文が第一に手がかりにするものは、「歴史」と「物語」との、この差異にほかならない。

「情念論のゆくえ」と題される木村論文は、まず、今日における代表的な「歴史＝物語」論者として野家啓一の所論を取りあげる。「小さな物語」のネットワークとしての歴史を構想する野家理論にあってなお残されている問題は、人間の「受苦」や「情念」が占める位置である。「歴史＝物語」論は、「物語」を、あるいは物語ることそのものを一箇の行為として規定することで、あらゆる語りを共同性へとかかわる「能動的」なはたらきへと回収してゆく。そこでは、たとえば小林秀雄が問題としたような「死児を想う母親」のおもいそのものは、悲しみのなかで取りのこされたままであることになるだろう。物語すら悲哀を掬いとることがないとすれば、ひとの世の哀しみはなにによって救われるのだろう。

歴史への関心にせよ、物語へのそれにしても、その根底にあるものはむしろそうした「情念」であり、けっして能動性へと書きかえることのできない受動的な次元なのではないだろか。木村論文は、そのような認定のもとに、むしろとりあえず「物語」そのものへ、わけても原型としての『源氏物語』の分析へとむかう。『源氏物語』は光源氏の死はもとより、その出家すら積極的には描かない。なぜだろうか。この古く、しかし未決の問いに論稿は、「物語」という表現のかたちがそもそも有している機能とその境界という面からも応えようとする。物語は情念を情念として表出する。情念が解消する地点、つまり出世間と死とは、そもそも物語の境界をかたちづくるものなのだ。木村論文は、さらに「情念」論の展開をたどって宣長の所論にわけいり、その果てに、ひとはなにを信じ、なにを怖れ、なにを願ってきたのか、という問いにあらためて逢着する。歴史がなお可能であるとすれば、それはこのような倫理学的な問いの原型とはなれたものではありえないことだろう。

4　差異の政治＝経済学
——現在の基底にあるものを模索しつつ——

★交換／贈与

歴史が、たしかになお問題である。歴史を語ることの可能性自体が、問題なのである。けれども、そもそも人間が歴史をつくることが可能であるためには、人間にとって食べたり飲んだりすることが可能でなければならない。その意味で「第一の歴史的行為」は「物質的生そのものの生産」である(マルクス／エンゲルス『ドイツ・イデオロギー』)。だが、そもそも「生産」とはなんだろうか。なにが「生産的」であり、なにが「非生産的」なのであろうか。佐々木論文「交換の傷口」は、あらためてこの問いをとりあげようとする。「交換」をかんがえる場面でマルクスが、「贈与」の思考にさいしてはバタイユが参照され、さらに「生産」の問題系が、マルクスとバタイユの交点において手繰りよせられる。

　交換とはひとしくないもの同士の交換である。同等なものなら交換される必要がないからである。交換は他方、ひとしいもののあいだの交換でなければならない。ことなったものであるならば、交換されることが不可能であるからだ。交換の困難は「事実上」はしかし乗りこえられる。有用性と価値との逆説――ある商品は有用であるがゆえに価値をもつが、その商品が有用であることは価値として実現される（つまり購買される）ことによってのみあかされる――もまた「事実上」は乗りこえられ、それ自体一箇の商品である貨幣によって不断に超克されている。交換が含み、貨幣がそれを隠蔽しつつあきらかにする両義性の困難は、恐慌にあって可視的となるだろう。交換を可能とする条件は恐慌を育む条件であり、交換がはらむ逆説は、交換を可能とする条件でありつつ交換を破綻させる。

　交換の可能性は、交換の不可能性とうらはらである。おなじように、生産という可能性の領域は、不可能性の領圏によって枠取られているものであるかもしれない。生産とは道具の使用であり、道具を使用することで可能性の範囲を拡大してゆくいとなみである。可能的なものは、だが、みずからを限界づけることはできない。可能性の条件があるとすれば、それ自体は不可能なものでなければならないことになる。――贈与（と消尽）こそが、この不可能なものの所在を告げていることになるだろう。交換そのものの条件である交換の不可能性が、贈与のうちに告知されているのである。交換／贈与の差異と関係を見さだめることは、およそエコノミー一般がもつ意味を問いかえすことになるはずである。

★市場／経済

かりにエコノミーという語をひろく取って、ひとの生を生みだし維持して、それを世界につなぎとめる「一連の物質的な生存条件」（マルクス『資本論』）をととのえるさまざまな活動とその秩序の総体をさすものであるとすれば、エコノミー（経済）という語とマーケット（市場）という語とのあいだには、とりあえず一意的な連関は存在しない。市場と経済とが同義でないことは、さしあたり自明である。だが、家政学というその語源を措いてせまい意味での経済学をかんがえるなら、当の学は市場経済の全面化とともに開始されたこともひとつの歴史的事実であり、マーケット・システムが地表の大半において「物質代謝」（同）の形式を規定しつづけていることは、現在あらそいがたい事実にほかならない。

そうであるとするならば、市場と経済とのあいだに差異をみとめながら、市場自体を批判的にとらえかえそうとする作業は、経済理論の内部にとどまりつつも一箇の経済学批判を展開しようとするいとなみとなることだろう。中山論文「「市場」をめぐる権力」は、主として前世紀の初頭からなかば過ぎにかけて展開された理論や概念を下敷きにして、そうした経済学批判をこころみようとするものである。マルクスにおいてそうであったように、それはやはりひとつの「政治経済学 politische Ökonimie」批判を含意することになるだろう。

たとえば「市場原理」と「市場空間」という差異を、あるいは「原理としての市場」と「場としての市場」という差異をかんがえてみる。両者を対照することで判明することは、市場原理こそがじつは「虚構性」を有しているということである。市場空間はいたるところに存在しながら、特定のどこにも存在しない一方で、いわゆる市場原理そのものが貫徹されたことは一度たりともありえなかったとおもわれる。じっさい、いうところの「完全競争」の仮定は、経済理論の内部ですでに早くから否定されているのである。

そうであるとすれば、いわゆる「市場の失敗」あるいは「市場の外部性」についても、厚生経済学とはべつのしかたで再考する必要があることになるだろう。市場の外部性を問題とすることは、ひるがえって、価格の決定というマーケット・プロセスが市場の内部で閉じたものでありうるか、そもそも市場における「当事者」とはだれであるのかという問いをはらむことになる。市場の外部性を問うことは、市場の内部が内部でありうるかを問いなおすことであり、内／外という差異の設定自体を問いかえすことになるのである。問題はかくて、そもそも資本概念の劃定にかかわり、またいわゆる第三世界の問題系を含めて、グローバリズムと〈帝国〉の現在を測定することともつながってゆくはずである。

★法／正義

アリストテレス『ニコマコス倫理学』における貨幣論の位置をかんがえてみるならば、正義をめぐる問題もまた（主要には「配分的正義」というかたちにおいてであるとしても）、エコノミーの内部で問われ、しかもポリティックスと境界を接する場面で問われつづけてきたといってよい。正義論それ自体は、けれども、たとえばロールズ型の調整志向的な理論とはまた別箇に、特異な倫理学的思考からの影響下で現在その装いを変容させているようにも見うけられる。ひとはここでたとえば、レヴィナスとの緊張関係において紡ぎだされた、近年のデリダの思考をおもい浮かべることだろう。冠木論文「レヴィナスにおける二つの正義」は、むしろ「デリダによるレヴィナス批判を手繰りながら」、ふたつの正義の差異と関係を問いかえそうとするものである。

他者の絶対性に、この私にたいする他者の非対称的関係に強調点をおくかぎり、平等と共存を前提とするかたちで「正義」を問うことはできない。この私の自由とは、他者にたいして責任を負うことそのものであるとしても、「自由はみずからの裏切りによって制度のなかに逃れてゆく」（［Lévinas］270／三七四）ことになるからである。ことばをかえれば、「国家とは、最良の場合でも一箇の災厄である」（『フランスにおける内乱』へのエンゲルスの「序文」）ことになるはずである。他者との関係としての正義と、法・制度・国家といった次元を前提する正義とのあいだには、埋めがたく超えがたい差異がある。

だが、そうであるとしても、およそ「正義」を論じようとするときに、制度や国家の次元を経由することは、なお避けがたいのではないだろうか。制度とは裏切りであり、国家が災厄にほかならないとしても、正義はかならず広義の制度的なものを迂回して世界のうちに実現される。制度的な準位のすべてを欠落させた正義はむしろ不正と見わけがたく、それはかえってそのつど逃れがたく恣意性の暴力として発現するのではないか。

じっさい『存在するとはべつの仕方で』におけるレヴィナスは、「第三者」を導入して、国家の次元をも見はるかすかたちで、あらためて正義をめぐって論じようとする。デリダをはじめとする論者の批判もまた、正義のこの第二の次元にかかわっていた。冠木論文は、そうした批判をも手繰りながら、問題の原型をもとめて『全体性と無限』へとさかのぼり、他方では『べつの仕方で』における言語論を正義論の基底として読みなおす。その果てにあきらかにされる可能性はむしろ一箇の不可能性であるかに見えるけれども、それはしかし今日の他者論それ自体の核心とむすびあう、不可能性の可能性にほかならない。

★暴力／テロ

「正義」の可能性を受けいれようとするとき、私たちは同時に他者を受けいれるという可能性の側に賭けている。正義とは、その意味でたしかに他者を歓待すること、しかも見知らぬ他者をも迎えいれること（hospitalité）である。問題は、具体的で現実的な場面で、とはいえ一挙に尖鋭化する。たとえば私たちに暴力を行使する他者たちをも歓待するべきなのか。私たちがほかならないテロの対象となったとき、それでも私たちにとって、歓待の原理は正義の原理でありつづけるのだろうか。私たちは〈最悪の他者〉をも迎えいれることができるのであろうか。馬渕論文「対抗暴力としてのテロ」は、このような可能性の不可能性、不可能性の可能性をめぐる問いをまえに、問題を分節化しようとするこころみである。

テロを問題とすることは、ふつうの意味で暴力と呼ばれていることがらが問題となる水準とはべつの次元に足を踏みいれることである、と馬渕論文はいう。テロのばあいは社会構造そのものが問題となるからである。暴力が基本的に犯罪として現象する「私たち」の地平において、「テロ」と名づけられるものは卑劣な暴力の最たるものであり、ときに端的に了解不能な一箇の狂気である。けれども、テロリズムは「私たち」の日常とはべつの場所で、その常道を遙かに超えた崇高な確信として、あるいはもうひとつの「正義」として存在しているのかもしれない。すくなくともそう疑ってみる余地がある。「私たち」の地平の自明さを揺りうごかすためだけにも、そうかんがえてみる価値はあるのである。

馬渕論文はまず、いわゆるテロが「戦略的暴力の純化された形態」であることから確認する。テロが多く、毀損された正義を回復する対抗暴力でありながら、その悲惨さのゆえに嫌悪の対象となりうるとすれば、テロそのものが冷徹な戦略的選択肢であるからである。テロは、一面ではたとえば市民的不服従とも同型的な政治的プロパガンダでありつつも、他面では後者には通常みとめられる良心がテロには欠如しているかに見える。テロが、すくなくとも既存の法秩序の外部から到来する絶対的な威力であるからである。

なおもかんがえておく必要のある問題の背景がある。ひとつは、テロを生みだす構造的な文脈としての、第三世界の「絶対的貧困」である。「批判の武器」を紡ぐ以前に「武器の批判」（マルクス「ヘーゲル法哲学批判」）を必要とする情況があり、しかもそうした情況にたいする端的な無知と隠蔽がある。つまり「構造的暴力を蒙る当事者自身が構造的暴力を告発しえない状況」がある。構造的な暴力はしかも、生が歴史的な生であり、個々人には不可視なかたちで他者にたいしてはたらきかける生であるかぎりいわば不可避である。そのときテロリズムはむしろ、生の連関の暴力性それ自体を表出していることになるだろう。

5　むすびにかえて

本書のいわば「総論」にあたるこの章を、閉じるという意味でむすぶことは、さしあたり現実的に不可能である。本書はむしろ、この章がおわるところから実質的にはじまるからである。

この章をむすぶことは、原理的にもまた不可能であるとおもわれる。差異はそれ自体かぎりない差異を産出する。問題は問題を生み、差異をめぐる思考は閉じることがない。差異をめぐるエチカもまた、むすばれることがないはずである。「閉じたモラル」が存在するとすれば、それは端的に非倫理的なモラルとして存在することだろう。閉じたモラルと差異の倫理とのあいだには「有限から無限への、閉じたものから開いたものへの、隔たりのいっさいがある」（[Bergson] 27／三八）。差異の倫理が閉ざされたものであるなら、それはむしろ一箇の悪夢となるだろう。差異をめぐるエチカはなによりもまず、倫理それ自体が開かれたものであることを、他者にたいして開かれたものであることを前提するものであることだろう。差異にかかわる倫理学思考は、さしあたり第一義的には差異の肯定から出発するものであったからである。

この章には、だから結論はない。「すべての他者はまったき他者である」（tout autre est tout autre）（[Derrida] 114 ff.）ということばをすこしかえて語りなおすなら、「すべての差異はまったくことなっている」。いっさいは差異のうちにあり、差異のそれぞれは他の差異からそれ自体ことなっている。不断にことなりあう差異をふたたび完結した体系としてとらえることは、肯定されるべき差異そのものを扼殺することになるだろう。

私たちは、したがって、ことがらに寄りそって細部につくほかはない。以下の各章で展開されてゆく思考のおのおのが、その細やかな襞をそれぞれに描きとってゆくはずである。原理的な次元から現実的な水準を遠望するかたちで紡がれてゆくひとつひとつの思考の軌跡が、それゆえ逆説的な意味で「経験論の秘密」をあかすことになるだろう。経験論とは、ただし「概念にたいする反動」、「体験へのたんなる遡及」ではありえない。経験論とはここではむしろ「概念を創造しようとする狂おしいまでのこころみ」である（[Deleuze] 3／一五）。さまざまな差異をまえにして、ことの消息を繊細に描きとることばを織りなそうとする、果てることのないくわだてなのである。それは、原理的でありながら、経験の具体性への視線をたもちつづける思考のこころみともなることだろう。

＊本文中において引用・参照した文献の略号は次の通り。略号の後ろの数字は、原著頁／邦訳頁である。

[Bergson] Bergson, Henri, *Les deux sources de la morale et de la religion*, PUF, 1932. ベルクソン、

中村雄二郎訳『道徳と宗教の二源泉』（白水社、一九六五年）。
[Deleuze] Deleuze, Gilles, *Différence et répétition*, PUF, 1968. ドゥルーズ、財津理訳『差異と反復』（河出書房新社、一九九二年）。
[Derrida] Derrida, Jacques, *Donner la mort*, Galilée, 1999.
[Lévinas] Lévinas, Emmanuel, *Totalité et Infini*, Kluwer Academic, 1992 (1961). レヴィナス、合田正人訳『全体性と無限』（国文社、一九八九年）。

■文献案内

Bergson, Henri, *Les deux sources de la morale et de la religion*, PUF, 1932. ベルクソン、中村雄二郎訳『道徳と宗教の二源泉』（白水社、一九六五年）

ベルクソンの最後の主著。迫りくるファシズムの暗雲のもとで、「生」をめぐるみずからの原理的思考にもとづいて、倫理と宗教の問題を考察している。「開かれた」社会と倫理をかんがえるうえで、今日でも必読。

Deleuze, Gilles, *Différence et répétition*, PUF, 1968. ドゥルーズ、財津理訳『差異と反復』（河出書房新社、一九九二年）

フランスにおけるいわゆるポストモダニズムを代表する作品のひとつであると同時に、現在では「差異」の哲学の古典。けっして読みやすいものではないが、部分的に読んでもなおまなぶべきものがある。

Deleuze, Gilles, *L'île déserte et autres textes*, Minuit, 2002.

一九五三年から一九七四年にいたるドゥルーズの論稿を集成したもの。『差異と反復』等の主著で展開された難解な議論の背景を読みとく、好適な手がかりとなる。ふたつのベルクソン論がとくに重要。

Derrida, Jacques, *Donner la mort*, Galilée, 1999.

レヴィナスにおけるオスピタリテとしての正義の構想を、基本的には受容したのちに展開されたデリダの思考を知るうえで枢要な一書。ある時期まではデリダ自身が禁欲してきたユダヤ的なものへの言及が重要。

Lévinas, Emmanuel, *Totalité et Infini*, Kluwer Academic, 1992 (1961). レヴィナス、合田正人訳『全体性と無限』（国文社、一九八九年）

現代における「他者」の論理を代表する哲学者の主著。内容は木元論文、冠木論文にゆずるが、筆者自身の解読のこころみとしては、熊野純彦『レヴィナス――移ろいゆくものへの視線――』（岩波書店、一九九九年）第一部がある。

May, Todd, *Reconsidering Difference*, The Pennsylvania U. P, 1997.

ナンシー、デリダ、レヴィナス、ドゥルーズの所論を「差異」という視点から解読するもの。フランス語圏における議論を概観するのに簡便な一書。筆者自身の積極的展開としては、熊野純彦『差異と隔たり――他なるものへの倫理――』（岩波書店、二〇〇三年）がある。

I　差異の倫理学

1 自己と差異
――アドルノの思考をめぐって――

●麻生博之

自らと異なるものへと向かう倫理学的思考は、いかにして可能だろうか。いわば、自らの既存のありようから差異し、はみだすもの、そうした他なるものへと応じてゆくことに正しき生の端緒を見いだす思考があるとすれば、それはいかなるものでありうるだろうか。

本稿では、そのような思考の可能性を、アドルノ（Theodor W. Adorno, 1903-1969）の思索のうちに探ってみたい。アドルノは、自己にとどまり続けようとする生のありよう、つまりは「自己保存」という営みへの囚われを不正とみなしながら、「非同一的なもの」、すなわち既存の知から逃れでてゆく他なるもののもとにこそ、自己保存に囚われた生を揺さぶり問いただすモメントを見いだそうとした。アドルノのそうした思考をあとづけながら、差異をめぐる倫理学的思考の一つの可能性を考えてみること、それが本稿の主題となる。まずは、自己保存ということがらをめぐるアドルノの基本的な視点を確認したうえで、あらためて問題を設定することからはじめたい。

1 問題の設定
――自己保存と他なるもの――

★同じ自分であり続けるということ

人が生き続けてゆく、あるいは同じ自分であり続けるということは、じつはある種の抵抗の継続であるともいえる。つまり、他なるもの、外なるものへといわば拡散し、解体してしまうことに、たえず逆らい、抗い続けることであるようにも思われる。なぜなら、人はまた、さまざまな環境や他者たちとの関わりのうちに否応なく投げだされているかぎり、それらから受ける影響に応じて、つねに多様な変化を被り、あるいはそもそも内外の、また自他の境界を廃棄してしまうことへ誘われているともいえるからである(1)。

たとえば、外気に身を曝すことは、たえず体温を奪い、また上昇させる。事物と接触することは、あるときは皮膚を破壊し、あるときは人を死に、つまり環境への同化に追いやることになる。ささいな物音や他人の言葉にも思考はかき乱され、美しい風景に見入り、他者の言葉に茫然と聞き入るとき、自他の境界はかぎりなく曖昧になり、自分というものがいわば消えさってゆくようにも思われる。

外部のものごとや人びとのありようへとそのようにつき従い、いわば自他の境界をふみ超えてしまうことに抵抗するためには、そしてそのことによって生を継続し、同じ自分であり続けるためには、それゆえおそらく、いくつかのことがらが前提とされるはずである。

まず端的にいって、距離をとること、つまり環境や他者たちのありように密着してしまうことなく、むしろそれらから身を解き放つことができなければならない。たとえば、衣服をまとい、家屋をつくり、道具を用いることで、外気との、また事物との直接的な接触を防がなければならない。あるいは、外からおし入ってくる世界や他者たちのありようをつき放し、俯瞰しうる視点が確保されなければならない。そしてさらには、外部へと否応なく応じてしまう自らの反応や衝動を統御し、抑制することができなければならない。

世界に対してそのように距離をとることはしかし、じつはきわめて困難なことであり、ほんらい不可能なことでもある。なぜなら、素朴にいって、身体には表面がある以上、つねに空気に、また事物に触れていざるをえないからであり、あるいは、見るということはあくまで何かを見ることであり、思考とは何かについての思考であるからである。

人はそれゆえ、生き続け、同じ自分であるためには、一方では世界から距離をとり、自他の境界を確保しながらも、他方ではその境界を保持しうるかたちで、なお世界と関わることができなければならない。つまりまずは、外からおし入り、境界を侵犯することがらを支配し、統御可能なものに変えることが、そしてまた、その一部を自らに同化ないし同一化することができなければならない。たとえば、家屋で外気を遮断しながらも、室内に空気をとり込み、暖めまた冷却し、そして呼吸することが、あるいは頑丈な衣服を身につけ、道具を用いて、鋭い爪をもつ動物から距離をとりながらも、それを統御し、ある場合には食物として摂取することができなければならない。そしてまた、外部の多様なものごとに茫然と見入ることなく、それをつき放しながらも、なお概念という道具を用いて同一化すること、つまりたとえば危険なもの、あるいは食べられるものとして把握し、自らの知の脈絡のなかにくみ入れることができなければならない。

このように、世界から距離をとり、さまざまなものごとを支配し同一化することで、人は自他の境界を保持し、同じ自分として生き続けることができる。そのことは、それ自体どうしようもない、人にとってごくあたりまえの生のあり方であるように思われる。

★自己保存と「虚偽なる生」

さまざまなものごとや他者たちと関わりながらも、なお同じ自分として存在し続けること、つまり「自己保存」(Selbsterhaltung) というそうした営みに、しかしアドルノは疑いの目をむける。あるいはより正確にいえば、人が生き続け、同じ自己であり続けることが、それ自体目的となり、ある種の強迫となるとき、そのようなあり方を不正として問いただすこと、そのことが、アドルノの倫理学的思考の一つの出発点となっているように思われる。

たとえばアドルノは、道徳哲学をめぐるある講義のなかで、自己保存へと向かう人のありようを「自己自身を措定する」ということがらに重ねながら、次のように述べている。

今日、もし主観的な面で、正しき生と虚偽なる生との境界、あるいは区別といったものがあるとすれば、それは次の点に求めるのが、おそらくもっとも容易でしょう。つまり、人が外部へとやみくもに向かってゆく——自分自身や自分が属している集団を肯定的なものとして措定し、他であるものを否定する——のか、それとも、そのかわりに、自らが制限されていることを反省することにおいて、他であるものを正当化し、「真の不正はほんらいいつも、人がやみくもに自分自身を正しいとし、他なるものを不正なものとすることにこそあるのだ」ということに気づくようになるのか、という点です。こうした自分自身を措定しないということ、……そのことこそが、私には、今日そもそも、個々の人間に求められるべきことの核心であると思われます。(2)

「虚偽なる生」の核心は、自己を「肯定的なものとして措定し」、「他であるものを否定する」そうしたありようにある。つまり、周囲のものごとや他者たちとの関わりのなかであくまで自己を貫き、同じ自己を保持し続けること、したがってまた、自己を変化へ誘い、自らの境界を脅かす他なるものをいわば「不正なもの」とみなし、そのようなものとして扱うことにある。「正しき生」と呼ばれうる生があるとすれば、それはむしろ、自己を保持することに囚われたそうした生のありようこそを「不正」とみなし、そのことにおいて、「他であるもの」、自らと異なるものを「正当化」するものでなければならない。

「自己保存への囚われ」(Gefangenschaft in der Selbsterhaltung)(3) を不正として問いただすこうした

アドルノの思考に対しては、しかしこのかぎりでは、おそらくただちにいくつかの疑問が投げかけられうると思われる。ここでは二点にしぼって考えたい。

まず第一に、自己保存へのそうした囚われは、そもそもなぜ「虚偽」であり、「不正」といわれなければならないのだろうか。そのことは必ずしも自明でない。なぜなら、人が生き続け、同じ自分であり続けようとすることは、いわばそれ自体どうしようもないことがらであり、それがある種の強迫となることもなかば避けえないことであるように思われるからである。そして第二に、自己保存への囚われがかりに不正であるとしても、しかしそのことに「気づく」こと、そして「他なるもの」を正当化するということは、いかにして可能なのだろうか。この点はなお明らかでない。なぜなら、自己保存へと向かう主体が自らを肯定的なものとみなし、他なるものを支配し同一化する傾向がやはり否定しえないことであるとすれば、その当の主体が、自らのありようをむしろ不正として問いただし、他なるものを正当化するといったことは、そもそも原理的に困難であるように思われるからである。

以下ではまず、第一の論点から考えてゆくことにしたい。

2　自己保存への囚われ

★他なるものへの暴力

自己保存への囚われは、不正であり、虚偽である。そのようにアドルノが考える一つの決定的な根拠は、そうした生のありようが、他なるものに対する「併合と迫害への渇望」[4]に、つまりは「暴力」への衝迫に結びついていること、そしてむしろその暴力を「正当化する」ものになること、その点にある。

人は生き続け、同じ自分であり続けようとするかぎり、外部のものごとや他者たちを支配し、同化することにさし向けられている。人のそうしたふるまいは、しかしそれ自体がすでに他なるものに対するむきだしの暴力であるともいえる。たとえば、鋭い牙をもつ動物を檻に閉じこめ鞭打つこと、肉としてわが身に同化すること、そしてそのような扱いが可能な対象として知において同一化すること自体も、たとえどうしようもないことであったとしても、まさにそれを傷つけ、解体し、またそうした行為を引き起こすものとなるかぎり、暴力であることに変わりはない。あるいは、自らを動揺させる他者の言葉をさえぎり、思考をかき乱すそのふるまいを禁じることは、あるときは脅しとして、またあるときは束縛として、その他者にふるわれる暴力となる。

そのような暴力はしかし、むろんそのものとしては停止することも、解除することもつねに可能なはずである。ただし、そのためには少なくとも、まずそれがそもそも暴力であることに、あるいは暴力として問いただされていることに気づくことができなければならない。たとえば、うめき、もだえ苦しむ動物の姿を目のあたりにすることによって、あるいは、泣きだし、怒りだす他者の姿をつきつけられることによってである。

他なるものへの暴力を停止するその可能性は、しかし自己保存に囚われ、同じ自己であり続けることが強迫となるとき、きり縮められ、さらには閉ざされることになる。つまり、暴力がまさに暴力であることがいわば忘却され、その暴力が「正当化」ないし「合理化」されることになる。なぜなら、他なるものに対して自らを保持し続けること自体が目的となるかぎり、その他なるものを支配し同一化するというふるまいがほかならぬ暴力であることに気づかせるものは、むしろ自らのそうしたありようを「脅かすもの」として把握されることになりうるからである。つまり、暴力がまさに暴力であることを知らしめるものは、その暴力の停止を迫るものとなるがゆえに、自己を保持し続けようとする主体にとっては、自らを脅かすもの、それゆえむしろ暴力が加えられるべき「不正なもの」として、また暴力が加えられても仕方のない「とるに足らぬもの」として把握され、あるいはそのような同一化がくりかえし加えられる対象になると思われるからである。アドルノは『ミニマ・モラリア』のなかで次のように述べている。

迫害の可能性が決定的になるのは、致命傷を負わされた動物の目がじっと人間を見る瞬間である。そのまなざしを払いのける頑なな抵抗――「たかが動物にすぎない」――が、人間に対する残虐行為においても、とめどなく反復される。その残虐行為において犯罪者たちは、そうした「動物にすぎない」を、たえずくりかえし自らに言い聞かせなければならない。なぜなら、彼らは、もともと動物に対しても、そのことを完全に信じることができずにいたからである。(5)

「迫害の可能性」が決定的になるのは、たとえば傷つけられる動物の、そして暴力をふるわれる者の「まなざし」が、迫害する者にさし向けられる瞬間である。なぜなら、そのまなざしは、迫害する者に自らのふるまいが端的に暴力であることを思い起させ、その停止を要求するものとなりうるからであり、そしてそれゆえに迫害する者は、まなざしをつきつけてくるものを「たかが動物」として、迫害されてもよいものとしてとりおさえ、そのまなざしを「払いのける」ことでしか、なおも自らの迫害行為を継続し、いわば最後の一撃を加えることができないからである。

自己保存の営みのうちには、他なるものへの暴力が内在している。その暴力を停止する可能性がきり縮められ、閉ざされることになるのは、自己保存のために暴力をふるう者が、その暴力を問いただすものを、不正なもの、とるに足らぬものとして規定し、自らのありようをむしろ正当なものとして保持することによってである。たとえば傷つけられるもののまなざしに対して、そのように抗い、自己を閉ざすことで、他なるものへの暴力を正当化し、継続させるかぎり、自己保存への囚われは、まさに「不正」といわれなければならない。

★自己の抹消

アドルノのこのような視点に対しては、しかしなお疑念をさしはさむことができるかもしれない。なぜなら、自己保存に囚われた生が、たとえ他なるものへの暴力を正当化し、継続させるものであるとしても、しかし人は、そのこととは関わりなく生き続けることが可能であり、むしろそのような仕方でしか生きられないのではないか、そういうこともひとまずできると思われるからである。そのような、おそらくはありうる疑念を、しかしアドルノは明らかに退ける。なぜなら、自己保存に囚われ、他なるものへの暴力を継続させる生は、むしろほかならぬ自己の成立そのものを疑わしくし、自らの生をある意味で無化してしまう、そのように考えるからである。いわば「自己保存こそが、主体の生を抹消する」のであり、人びとが「自ら自身を保持することができるのは、自分たちの自己を放棄する場合だけである(6)」。

とはいえ、なぜだろうか。なぜ自己を保持し続けようとするそのことが、当の自己を、そしてその生を抹消してしまうのだろうか。ここでは、たとえばヘーゲルの思考を念頭においた、次のようなアドルノの言葉を一つの手がかりとしながら考えてみたい。

> 主体が自ら自身にいたるのは、ナルシシズム的に主体自らへとたち還るような、その対自存在の保存によってではなく、むしろ外化（Entäußerung）、つまり主体それ自身でないものへと身を委ねることによってである(7)。

主体が「自己自身にいたる」のは、「外化」によってである。外化とは、ただし多義的な用語である。アドルノがここで外化と呼んでいることがらは、「主体それ自身でないものへと身を委ねること」といい換えられてもいるように、ひとまずは、何らか他なるものへと否応なくわが身を曝し、つき従い、応じてしまう、そうした人のありようであるといえる。そのような外化において、つまりいわば「非我へと応ずること」(das Reagieren aufs Nichtich) において、[8] はじめて人は自己になる、あるいは自己というものが生成する。

アドルノのこうした思考はしかし、むろんこのかぎりでは、ただちに理解しうるものとはいえない。むしろ事態は逆なのではないか。なぜなら、人はそもそも、つねにあらかじめ自己として存在しているはずであって、それゆえ外化し、他なるものに応じてしまうことは、むしろ自らを揺り動かし、場合によっては自己を喪失させることになる、そういうべきであるようにも思われるからである。

しかし、ほんとうにそうだろうか。あらためて考えてみれば、多くの日常の生においてはむしろ、ことさらに自己なるものは成立していないのではなかろうか。つまり多くの場合、日常の生は、とりたてて誰のそれでもないもの、いわば非人称のかたちで営まれているのではないだろうか。たとえば食事をし、歩き、思考するとき、人はほかならぬこの自分がそうするとは、おそらく思っていない。ただ飲み喰い、歩き、思考しているだけであり、そのようなかたちでよどみなく生が流れているにすぎないように思われる。

自己が生成するといえるのは、むしろそうした現実のありようが、何らか他なるものによってふいに破られるそのときなのではないだろうか。つまり、よどみなく流れすぎる非人称の現実が他なるものの出現によって中断されるとき、その他なるものへと何らかの仕方で応じることが迫られる何かとして、いわば非我へと応じる主体として、はじめて自己というものは生成するように思われる。たとえば、ふともらしたひと言が他者からの思わぬ非難を招いたとき、その非難に対して何かしら応じることが求められている主体として、あるいは眼前にうずくまる動物から突如まなざしがさし向けられるとき、じつはまさに暴力をふるっていた、そしてその暴力の停止を迫られている主体として、である。

自己とは、だとすれば、つねにあらかじめ「存在するもの」とはいえない。むしろ人がまさに外化してしまうことにおいて、つまり現実のありようが他なるものによって揺さぶられ、その他なるものへと何らかの仕方で応じることがつきつけられるそのことによって、はじめて「生成するもの」である、そういうべきであると思われる(9)。

アドルノの視点からすれば、まさにそれゆえに、自己保存への囚われは、むしろ自己を抹消することになる。つまり、他なるものから距離をとり、自己を保持し続けようとする生、そうした外化することなき生は、他なるものに応じることを拒み、それを自らの既存の知へと回収し、同一化してしまうそのことにおいて、自己の生成の可能性を閉ざすことになる。そうした生のあり方においては、自己はしだいに稀薄なものとなり、生なるものがあるとしても、それは何かによって中断されることなく、何ものにも応じえないものとして、ただやみくもに、あるいはいわば自動的に継起するものとなる(10)。たとえば、傷つけられるもののまなざしを前にしながら、それをふり払い、暴力をふるい続ける者にとっては、その暴力はひとまず誰のものでもない、ある種の与えられた事実として、ただ反復されるだけのものとなるように思われる。

そのような生がまさに「虚偽なる生」であることを認め、そこからいわば解放されることは、しかしはたして可能なのだろうか。次節ではそのことを考えてみたい。

3　非同一的なもの

★「正しき生」をめぐる困難

自己保存に囚われた生が「虚偽なる生」であることに気づくこと、つまりよどみなき生の現実を揺り動かし、暴力を停止するように迫る何らか他なるものへと応じ、それを正当化すること、アドルノはそのようなあり方に「正しき生」の可能性を見いだそうとする。

そうした正しき生の可能性には、しかしはじめに示したように、さらに困難が伴われているように思われる。なぜなら、まさに自己保存に囚われた主体にとっては、自らのありようを不正として問いただすその他なるものに応じる可能性が、いわば原理的に閉ざされているのではないか、そう考えることもできるからである。つまり、人が自らの暴力を正当化し継続させるのは、いかなる他なるものも、たとえば自らを脅かす不正なもの、とるに足らぬものとして、そもそも同一化してしまうことが可能であり、またそうせざるをえないからなのではないか。それに反して、もし他なるものが、ほんらいそうした同一化の及びえないものなのだとすれば、むしろ逆に、人がそれに気づき、それを認めることはもともと不可能であるともいえるのではないか。

このような疑念に、アドルノの思考はどう答えうるであろうか。アドルノからすれば、自己保存に囚われた主体にとって、その暴力を問いただす他なるものは、一方ではまず、「同一化」されてしまうことが原理的に不可能であり、しかし他方では、やはり何らかの意味で「気づかれる」ことが可能である、そういえなければならないはずである。自己保存への囚われを不正として反省させうるそうした他なるもの、アドルノはそれをとりわけ「非同一的なもの」(das Nichtidentische) と呼ぶ。知の成り立ちに関わる場面へと視点をうつしながら、非同一的なものをめぐるアドルノの思考に焦点をあててみたい。

★「同一化」と非同一的なもの

人はつねに多様なものごとにとり囲まれ、曝されながら生を営んでいる。しかし人はまた、生き続け、同じ自分であり続けるためには、そうしたものごとに対して、漫然とつき従うことなく、距離をとりながら、しかもなお関わりをもつことができなければならない。そのことは、知においてはとりわけ「同一化する」(identifizieren) という働きとなる。

同一化という言い方は、ただし多様な意味を伴う。知のありようとしてあらためてその意味を確認するなら、それは、経験のうちに与えられる多様なものごとを「概念」によって何かとしてとりおさえる働き、いわば「概念の論理的な同一性を通じて対象化する」思考の働きである。[11] たとえばいま眼前に、さまざまな人の姿を認めたとする。その場合、それらの人びとは身なりやふるまいはそれぞれ異なっているにせよ、いずれも「人」として、つまり同一の人の「概念」を通じて把握されている。与えられる多様なことがらを、そのように同一性を伴う概念によって規定し、対象としてとりおさえること、まずはそのことが知における同一化の働きといえる。

アドルノはしかし、同一化というこのごく当たり前の思考の働きが、じつはほんらい不可能なことであり、いわば挫折せざるをえないものであると考える。たとえば『否定弁証法』のなかでは次のように述べられている。

同一性を求める思考（Identitätsdenken）が語るのは、あるものが何に属するか、それが何の類例であり、あるいは何の代表であるかということであって、それゆえ、そのあるものがそれではないところのものである。(12)

「同一性を求める思考」、つまり同一化する思考の働きは、何か「あるもの」を規定し、とりおさえようとするものでありながら、それによってもたらされるのは、むしろ「あるもの」がそれではないところのもの」である。何らかのことがらを同一化することは、それを概念によって、つまりそれ以外のことがらにも同一に当てはまるものによってとりおさえることであり、そのかぎり、ことがらをその概念の「類例」として捉え、いわばことがらそのものの特殊なありようをとり逃がすことになる。アドルノの視点からすれば、それゆえ、同一化の対象となることがら、つまり「あるもの」そのもののは、むしろ同一化されえない「非同一的なもの」であり、たえず「概念から逃れでてゆくもの」（das dem Begriff Entschlüpfende）[13]であらざるをえない。

アドルノのこうした思考はしかし、必ずしも自明なものとはいえない。一方で、アドルノが考えるように、概念的に捉えられたものは、捉えられようとしていた当のものをとり逃がしている、そういえるためには、人はその両者を、同時に捉え、つき比べることができなければならないようにも思われる。しかし他方で、同一化の働きはやはり、それが捉えようとすることがらを、まさにとり逃がし、捉えそこねてしまう、そのようにみなされる。だとすれば、同一化がいわば挫折し、概念から逃れゆくものがあることに、同一化をとり行なうその主体は、なぜ気づくことができるのだろうか。経験的な知の成り立ちにそくして考えてみたい。

★逃れゆくものとしての「感覚」

同一化とは、「概念の同一性を通じて対象化する」思考の働きであった。しかしあらためて考えてみれば、同一化とは、そもそも何を同一化しようとすることなのだろうか。先ほどの例にそくしていえば、むろん、人を、ではない。むしろ人として、何かを、同一化するのであった。同一化されるその何か、つまり先の引用の言葉でいえば「あるもの」となるのは、どのようなものごとなのだろうか。

伝統的な考えに従えば、ひとまずそれは、経験の「素材」ないし「質料」となるもの、つまり「感覚」（Empfindung）であるといえるように思われる。たとえば、ともかく見え、聞こえている何か、触れることで感じられる何か、である。アドルノはしかし、その感覚されるものごとが、あくまで「非同一的なもの」であり、概念から逃れゆくものであると考える。なぜだろうか。たとえばアドルノは、ある講義のなかで次のように述べている。

経験の内容は、「われわれにおそいかかってくるもの」、われわれに外からふりかかってくるものとして、けっしてあらかじめ確定されることはありません。われわれにふりかかってくるものは、それゆえに、そうした［思考による］統一から逃れさるのであって、われわれはそれについて、厳密な意味での同一性を主張することはできないのです(14)。

経験の内容、つまり感覚されるものごとは、どこか「外からふりかかってくる」ものである。ふと気づくと、すでに何かが見え、聞こえてしまっている。いかに見慣れた光景、聞き慣れた声であっても、それが見えたり聞こえたりするそのこと、そしてどのように見え、聞こえるかということは、「あらかじめ確定されること」ができない。そして「それゆえに」、経験の内容は、同一化する思考のもたらす「統一」から「逃れさる」ことになる。

こうしたアドルノの言い方は、しかし単純にすぎるようにも思われる。たしかに、感覚はさしあたり、どこかから「ふりかかってくる」ものである。しかし、「それゆえに」ただちに「逃れさる」といえるのだろうか。つまり、どのような感覚であれ、まさに感覚され、気づかれるものであるかぎり、それは「意識」のうちにとりおかれているのであり、そうである以上、そこにはすでに何かしら同一化がなされている、あるいは少なくとも同一化する可能性が開かれているのではないか。アドルノもまた、そうしたことがらをただちに否定するのではない。しかしアドルノは、感覚にはいわば、意識そのものからもなお逃れゆく要素がはらまれていると考える。たとえば『否定弁証法』のなかでは次のようにも述べられている。

感覚は、認知的な様式化原理に従えば意識に属することになるが、認知的な規則にあらかじめとらわれることのない感覚の現象学は、感覚をまた、意識のうちに回収されないものとしても記述しなければなるまい。いかなるものであれ感覚は、それ自体において、肉体が感じとるもの（Körpergefühl）でもあるのである。(15)

感覚は、たしかに意識されるものでありながら、しかしまた、いわば「肉体が感じとるもの」として、「意識のうちに回収されないもの」ともみなされなければならない。こう述べることで、とはいえアドルノはいかなる事態を示そうとしているのだろうか。まず、感覚は「肉体が感じとるもの」であるということは、いずれにせよ感覚が身体において受容されるという、それだけのことを意味しているのではない。ここでは、それをとくに、感覚の成り立ちのうちにおそらくアドルノが見込んでいる事態、つまり何かを「対象化することなく」、しかしそれに「引きよせられる」という事態を示すものとして捉えておきたい[16]。感覚において人は、何かをそれとして意識し、対象化する以前に、すでにその何かにいわば引きつけられ、それを漠然と受容してしまっている。それゆえに、感覚には意識に回収されない要素がつねにはらまれている。ほぼそのようにアドルノは考えていると思われる。

ごく日常的な場面を考えてみる。目の前にはテーブルがあり、そのうえには白い皿が見える。手にはコーヒーカップの温もりが、背には椅子の固さが感じられる。いずれもたしかに意識されている。しかし、である。考えてみれば、そのように意識されているものごとは、じつはすでに漠然と感じとっていることがらの、ごく一部なのではなかろうか。あらためて意識をさしむけてみれば、白い皿として捉えられたものには、今度はかすかな光沢や微妙な陰影が見いだされる。手にはコーヒーカップの滑らかさが、背には衣服のかすかな感触が感じられる。それらは、先ほどもおそらく感覚されていたはずのものである。しかし、いわば背景に退き、意識から逃れさっていた。すでに与えられ、身体が受容していたはずであるにもかかわらず、それとして意識され、対象化されていなかったもの、そうした多様なことがらが、感覚のうちにはつねにはらまれている。感覚を「意識のうちに回収されないもの」としても捉えるアドルノの視点は、このようにも解釈しうるはずである。

そして、概念から逃れゆくものがあることに、同一化を遂行する主体が気づきうる、そのようにいうことができるのは、まさにこうした感覚のあり方のためであるといえる。人はつねに、外からふりかかってくる多様なことがらへと、それを対象化する以前に身を委ねてしまっている。感覚のうちに与えられるその多様なことがらは、一方では、何かがそれとして意識されるときには背景に退き、同一化されることからはたえず逃れさってゆく。しかし他方では、すでに何かしら受容されていたものとして、まさに同一化から逃れゆくものがあるそのことに気づかせるものともなる。

たとえば、そこに見える何かを白いものとして同一化するとき、感覚のうちにはそれと意識されることなく、なおさまざまな要素がはらまれている。かすかな光沢として、微妙な陰影として、後から意識され、同一化されるようなそれである。そうした多様な要素は、先の同一化にあっては、意識にとって背景に退き、とり逃されていた。とはいえ、それらの要素は経験にとって無なのではない。むしろ、それとして対象化されることなく、しかしすでに与えられていたはずである。まさにそうした多様な要素こそが、白いものの概念から逃れゆくものがあることに気づかせ、そのことを知らしめうるものとなる。

同一化の働きは、「肉体が感じとるもの」としての感覚に、つまり経験の内容そのものに、つねにすでに遅れてしまっている。それゆえ、同一化は不可能であり、しかしにもかかわらず、そのことに気づく可能性はなお開かれていることになる。非同一的なものをめぐるアドルノの思考の一端は、このようにおさえることができると思われる。

★非同一的なものと「正しき生」

人は外部の多様なものごとから距離をとり、それを同一化しようとしながら、しかしそうする以前に、すでにそのものごとに身を委ね、身体においてそれを受容してしまっている。それゆえに、自らがそのものごとについてとり行なう同一化が不当であり、その同一化から逃れゆくものがあることに気づく可能性へとさし向けられてもいる。アドルノは、すでに引いた、迫害されるもののまなざしをめぐる一節のなかで次のようにも述べていた。

その残虐行為において犯罪者たちは、そうした「動物にすぎない」を、たえずくりかえし自らに言い聞かせなければならない。なぜなら、彼らは、もともと動物に対しても、そのことを完全に信じることができずにいたからである。

他なるものに暴力をふるう者は、傷つけられ、まなざしをさし向けてくるその他なるものを「たかが動物」として同一化し、自らの暴力を正当化する。しかし暴力をふるう「犯罪者」自身が、じつはその「動物にすぎない」を、もともと動物に対しても「完全に信じることができずにいた」。つまり、そのように同一化してしまうことが不可能であることに、なかば気づいていた。なぜなら、傷つけられるもののまなざしは、暴力をふるう者にとって、外からふりかかってくるものであり、何かとして捉えられる以前に、すでにその身を曝し、何かしら呼応してしまっているものだからである。傷つけられるもののまなざしは、それゆえに、暴力をふるう者が反復する「たかが動物」という同一化から非同一的なものとして逃れさり、まさにそのことにおいて、そうした同一化がじつは不可能であることに気づかせるものともなる。

そのように、同一化されることから逃れゆく他なるものに気づき、それを認めることは、しかしその他なるものを、いわばただちに知の対象とする、あるいはそのものとして直接受容するといったことではない。なぜなら他なるものは、あくまで「非同一的な」ものとして、つまりある特定の概念から差異し、逃れゆくものとして、それゆえ同一化のもたらす知に何かしら揺さぶりをかけ、いわば傷痕を刻むものとして、はじめて気づかれることになる、おそらくはそういえるはずだからである。アドルノは『否定弁証法』のなかで次のように述べている。

支配的原理の統一に従わないものは、いかなるものであれ、この原理の尺度に従い、そうした原理と無関係な異なるものとしてではなく、論理の傷として現われる(17)。

ここで「支配的原理」といわれているのは、同一化する思考の原理と考えてよい。その「統一に従わないもの」、つまり同一化されることに抗う他なるものは、しかしあくまで何かから逃れ、何かと異なるものである以上、その同一化の働きと「無関係な」ものとしてではなく、むしろ「論理の傷」として、いわば概念的な知そのもののほころびとして、はじめて「現われ」、気づかれるものとなる。

他なるものに気づき、それを認めるということは、同一化のもたらす知に何かしらほころびが生じ、それがどこかしら破綻しているそのことに気づくことにほかならない。そして、このようなアドルノの思考が妥当であるとすれば、他なるものを認めるということはまた、人が自らの同一化のありようのほころびや破れにどこまでも向きあってゆく、いわば無限に課された営みであることになる。なぜなら、非同一的なものは、あらゆる概念的規定に抗うものとして、「自らの概念」、つまり非同一的なものの概念にもやはり「解消されないもの」であり[18]、それゆえ、同一化しえぬもの、わかりえぬものとしてまさに同一化されてしまうことにも抗い、むしろそうした同一化がなおも破綻するそのことにおいてまざまざと出会われるはずのものだからである。それゆえたとえば、傷つけられ、まなざしをさし向けてくるものは、「たかが動物」という同一化が、そしてさらには、わかりえぬものといったわりきり方も含めて、そもそもそれを同一化する試みが挫折することに人が気づき、いわばそのわりきれなさそのものに向かいあうことによってこそ、おそらくはすぐれて他なるものとして認められ、正当化されることになる、そういえるはずである。

自己保存に囚われ、同じ自分であり続けようとする生は、他なるものへの暴力を正当化し、継続させる。そうした虚偽なる生から脱しうるためには、人は非同一的な他なるものに応じ、それを正当化することができなければならない。そしてその可能性は、人が他なるもののありようにつねにすでに身を曝しているかぎり、同一化のもたらす知にはてしなく伴われるほころびに気づき、それに向きあってゆく営みのうちにたえず開かれている。同一化に抗い、暴力を問いただす非同一的な差異するものへとどこまでも応じてゆくこと、まさにそのことにこそ、アドルノは「正しき生」の可能性を見いだそうとするのである。

(1)　環境や他者へとつき従い、いわば直接応じようとするこうした人のありようを、アドルノは「ミメーシス」という多義的な概念によってとりおさえる。本稿では以下、いくつかの論点において、ミメーシスをめぐるアドルノの思考を背景としながら論をすすめる。

(2)　Adorno, *Probleme der Moralphilosophie*, in *Theodor W. Adorno Nachgelassene Schriften*, Frankfurt am Main, Ab. IV, Bd. 10, S. 251.

(3)　Vgl., Adorno, *Negative Dialektik*, in *Theodor W. Adorno Gesammelte Schriften*.（以下、*GS*. と略記）、Frankfurt am Main, Bd. 6, S. 381. アドルノ、木田元ほか訳『否定弁証法』（作品社、一九九六年）四七八頁参照。

(4)　*ibid.*, S. 174. 同書、二一二頁。

(5)　Adorno, *Minima Moralia*, in *GS*. Bd. 4, S. 116. アドルノ、三光長治訳『ミニマ・モラリア』（法政大学出版局、一九七九年）一五〇頁。

(6)　*ibid.*, S. 260. 同書、三六二頁。Adorno, *Eingriffe. Neun kritische Modelle*, in *GS*. Bd. 10-2, S. 567. アドルノ、大久保健治訳『批判的モデル集Ⅰ　介入』（法政大学出版局、一九七一年）一七六頁。

(7)　Adorno, *Stichworte. Kritische Modelle 2*, in *GS*. Bd. 10-2, S. 643. アドルノ、大久保健治訳『批判的モデル集Ⅱ　見出し語』（法政大学出版局、一九七一年）六七頁。

(8)　Adorno, *Ästhetische Theorie. Paralipomena*, in *GS*. Bd. 7, S. 424. アドルノ、大久保健治訳『美の理論・補遺』（河出書房新社、一九八八年）四九頁。

(9)　Vgl., Adorno, *Negative Dialektik*, S. 293 f., 273 f. アドルノ『否定弁証法』三六一頁以下、三三六頁以下参照。

（10）Vgl., Horkheimer/Adorno, *Dialektik der Aufklärung*, in GS. Bd. 3, S. 205 f. ホルクハイマー／アドルノ、徳永恂訳『啓蒙の弁証法』（岩波書店、一九九〇年）二八三頁以下参照。

（11）Adorno, *Negative Dialektik*, S. 157. アドルノ『否定弁証法』一八八頁。

（12）*ibid.*, S. 152. 同書、一八二頁。

（13）Vgl., *ibid.*, S. 55. 同書、五九頁参照。

（14）Adorno, *Philosophische Terminologie*, *Bd*. 2, Frankfurt am Main, 1974, S. 84.（［　］は筆者）。

（15）Adorno, *Negative Dialektik*, S. 193 f. アドルノ『否定弁証法』二三六頁。

（16）Horkheimer/Adorno, *Dialektik der Aufklärung*, S. 208. ホルクハイマー／アドルノ『啓蒙の弁証法』二八九頁。

（17）Adorno, *Negative Dialektik*, S. 58. アドルノ『否定弁証法』六三頁。

（18）Adorno, "Kierkegaard noch einmal", in GS. Bd. 2, S. 250. アドルノ、山本泰生訳「キルケゴールいまひとたび」『キルケゴール』（みすず書房、一九九八年）三四四頁。

■文献案内

アドルノ、木田元ほか訳『否定弁証法』（作品社、一九九六年）

一九六六年に公刊されたアドルノの哲学的主著。カント、ヘーゲル、ハイデガーなどの思考を題材としながら、「同一性」（そして「自己保存」）に向かう思考のあり方を批判し、「非同一的なもの」へと哲学的思考の照準をあわせようとする試み。とくに、非同一的なものにかんしては、序論、第二部を、倫理にかかわる主要な論点としては、第三部Ⅰ、Ⅲなどを参照。

ホルクハイマー/アドルノ、徳永恂訳『啓蒙の弁証法——哲学的断想——』（岩波書店、一九九〇年）
アメリカ亡命中に共同執筆され、一九四七年に公刊された書。後に広範な反響を呼ぶ。「自己保存」への衝迫に根ざした「自然支配」のプロセスとして広く「啓蒙」の概念を捉えながら、その啓蒙の営みこそが現代のさまざまな「野蛮」に通じることを、多様な観点から論ずる。自己保存をめぐるアドルノの基本的視座をおさえるうえで必読の書。

アドルノ、三光長治訳『ミニマ・モラリア——傷ついた生活裡の省察——』（法政大学出版局、一九七九年）
亡命中の一九四四年から四七年にかけて書かれた多彩な断章群により織りなされた書。身のまわりの微細な事象から哲学的主題にいたるまで、ごく多様なことがらを対象としながら、後に『否定弁証法』などへと結実するさまざまな思考のモティーフが、鋭い批判的視点のもとで豊かに書きつづられている。

なお、アドルノの思考を紹介した入門的文献としては、たとえば以下のものがある。

ジェイ、木田元・村岡晋一訳『アドルノ』（岩波書店、一九八七年）
細見和之『アドルノ——非同一性の哲学——』〈現代思想の冒険者たち15〉（講談社、一九九六年）
ヴィガースハウス、原千史・鹿島徹訳『アドルノ入門』〈平凡社ライブラリー〉（平凡社、一九九八年）
シュベッペンホイザー、徳永恂・山口祐弘訳『アドルノ——解放の弁証法——』（作品社、二〇〇〇年）

2 刻まれる差異
――ドゥルーズ＝ガタリとラカンにおける創設の機能をめぐって――

●荒谷大輔

1　差異の刻印
――問題の所在――

次のような例から考察をはじめてみることにしよう。薄明かりの中に二人の影が抱き合っている。二人は、過度に想像的に構築された恋愛システムの内部にあることにおいて、二人が二人であることによって生じる差異を、限りなく無に近づけているということもできよう。後にソクラテスに論難されるものではあるものの、『饗宴』においてアリストファネスが提示した愛の神話が指し示すように、二つのものが二つであることによって生じる差異は、まずは仮構的と呼ばれるような仕方であるとはいえ、無化することができるようにも思われる。自らの感覚の内在の領野に、対するものが感覚され、対するものの「対する」という性格が失われてゆく。両者を分かつ差異は、こうして意識の内在に溶け込んでいくことになるのである。

そうした、混濁した時間の流れの中で、突然、ひとつの声が響き渡る。「──触らないで。あなたの手で触られるくらいならナイフで刺された方がまし。私が十歳のときには、父でさえ私がじっと見つめたら触れようとしなかった」(1)。対するものの「対する」性格が失われている状態の彼らにとって、その言葉は、どこともいいようのない場所から突然切り裂くものであるといえるだろう。しかしながら、まさにその言葉の響きによって、それまで意識の中に溶け込んでいた差異が突き刺すように二人を分かつことになる。「触らないで」というその言葉は、自分が「何」か自分に「対するもの」に触っていたことを気づかせ、それまで胸に浸透していた相手の体にある輪郭を与える。そしてその言葉によって指示される禁止は、対するものの他性を暴き出し、それに隔絶した物としての性質を与えることになるだろう。内在の領野に融即していたように思われた世界は、こうして隔絶と差異の様相を帯びることになるのである。確かになお二人は、抱き合い続けている。しかしながらその所作は、分別も確かな大人同士が、互いに互いを溶け込ませようとすることに失敗しつづけるような、喜劇へと、すでに転化していることになる。想像的に構築された浸透する世界は、天上から響くその言葉によって、乗り越えることのできない差異を刻印する。その言葉は、世界を世界たらしめる創設の言葉のように、フランツとマリーという二人の人間の間に厳然と差異を打ち立てるのである。

本稿においてわれわれが扱うのは、こうした、言葉がもつ創設的としかいいようのない機能についてである。実際確かに、言葉はそれ自身において差異によって自らを成り立たせているものである。構造主義的な言語学が示すように、例えば「触る」という語は、他の語との差異によって否定的に意味を持つといわなければならないものだろう。ある語が何らかの意味を指し示しうるのは、その語が他の語から区別される限りにおいてなのである。しかしながら、その「触る」という語が厳然たる強度を持って確定するような、二人の人間の間に刻まれる差異は、このような語自体を成り立たしめているような差異とは全く次元を異にするものであるといわなければならない。

想像的な浸透のもとに差異を純粋な流れに帰する恋愛システムの中の二人は、同時に互いに「フランツ」、「マリー」と呼応しあう関係にもある。しかし、もし仮に「フランツ」や「マリー」といった語が他の語からの差異によって自ら意味を持つものであったとしても、その差異は、その浸透的な時間の流れにおいて、流れの浸透性を維持するようにしか働くことはないであろう。「フランツ」と「マリー」という語が他の語との関係において対照的に際立ってくるものであるとしても、そうして浮きあがる差異は、ひとつの融和的なメロディーの中に「フランツ」と「マリー」というアクセントを添えて、浸透的な流れの存続を謳歌し、賛美するものでありこそすれ、二人の人間を厳然と分かち、隔絶した世界を出現させるような機能までは持ち得ないといわなければならない。メロディーとしてその連なりを支えていたはずの言葉たちが、しかしある特別な場合において、厳然たる差異として存在を分かつ特殊な機能を持つ。本稿におけるわれわれの関心とは、このような言葉がもつ創設的な機能にあることになるのである。

ところで、こうして一般的に投げかけられる問いは、より限定された枠組みの中に位置づけられうるものでもある。別のところで筆者は、ドゥルーズ＝ガタリの『アンチ・オイディプス』の「三つの総合」の概念を扱い、混沌と流れる純粋な差異としての接続の総合から、登録の総合によって世界に存在者が出来する有り様を、経験内在的に記述する試みを提示した。様々な差異を含みながらも定まるところのない経験の流れから、時間を通じて変わることのない確固とした同一性がいかにして立ち現われるのか、その問題をドゥルーズ＝ガタリに即して考察したのである。(2) 想像的に合一な流れのただ中から差異を確定する、言葉の創設的な機能について検討する本稿は、そうした議論に対するひとつの補助線となりうるものだろう。とりわけ、先の論考においては十分な規定が与えられてはいなかった「神」という概念について、より立ち入った考察がなされることになる。同一化しようとするものの性質を確定することで、まさにそのものを同一的に存在せしめる「神」という機能は、それが超越的な独断によって規定されるものではないとするならば、一体どのようなものなのであろうか。差異を確定する「神」の創設的な機能について、それを経験内在的に記述することが必要となるのである。

そのためにわれわれは、『アンチ・オイディプス』において批判の対象にされ、それだけに多分にその理論的前提となっていたと思われる、ジャック・ラカンの論述を参照することになる。ラカンは、初期のセミネールにおいて、確固たる意味を形成しないままに流れていくシニフィアンと、不確定な塊として流動する意味の交錯のただ中から、揺らぐことのない同一的な主体を立ち上げる機能をもつような、創設的なパロールについて論じていた。われわれは、そうしたパロールの創設的な機能を検討することによって、経験の流れのただ中から立ち現われて差異を確定する「神」の働きについて、何がしかの手がかりを見出すことができるであろう。流動し断片化する身体に、いかにして差異が刻印されることになるのか、その出来の構造を明らかにすることが目指されるのである。

2　接続と登録

★接続の総合と想像的浸透

「マリー」とフランツが呼びかけ、「フランツ」とマリーが応える。このように互いに呼応する関係をなす二人の世界において、「フランツ」と「マリー」という語が指し示す意味の領域は互いが互いを排除することなく混濁している状態であるということができよう。「マリー」、「フランツ」という語は、それに連なる様々な形象を喚起し、「フランツ」や「マリー」という色に染まる世界全体に行き渡っている。『失われたときを求めて』におけるアルベルチーヌに例をとりながらドゥルーズ＝ガタリが考察したように、「アルベルチーヌ」とは、他とは区別されたひとつの人格としての「アルベルチーヌ」を指し示す以前に、バルベックの海岸やエルスチールの絵、あるいは「ゴモラの系列」に連なる様々な形象に関係しつつ、それらの形象と混じりあってあるものであるといわなければならない。[3]「アルベルチーヌ」として見出されるものには、常にすでに、他の様々な形象が浸透しているのである。しかるに、ここでの「フランツ」と「マリー」の場合においても、とりわけ、その「フランツ」と名指されるものが「マリーのフランツ」であり、「マリー」と呼ばれるものが「フランツのマリー」であってみるならば、両者は互いを互いに浸透させているといわなければならないことになる。自らを「フランツ」と名乗るものの同一性にはすでに「マリー」の影が大きくかかっており、「マリー」という同一的なものの幾分かには常に「フランツ」の響きがある。両者は、相互に排他的で時間を通じて自らと同一なものではなく、相互の影響のもとに常にすでに自らの同一性を互いに浸透させているものなのである。

ヒュームがロックにおける人格同一性の議論を批判しながら語っていたように、われわれが通常、時間を通じて同一的なものと考えている「自分自身とは、絶えざる流れと運動のうちで、把握不可能な速さで継起する諸知覚の束、あるいは集合（collection）以上のものではないといわなければならない」［Hume, 1.4.6.4］。同一的な人格とは、次々に流転してゆく知覚をスナップショットとして手元に残しておき、そうして残しておいたものを後からアルバムに編集したものにすぎない。だとするならば、知覚とは、アルバムとして同一的な人格へとまとめあげられる以前には、ただただ溢れるばかりの膨大な蒐集物（collection）のようなものと考えなければならないことになるだろう。われわれの経験とは、自分自身の同一性を確立する以前に、まずもってそのような「アルバムなき蒐集」[4]として、溢れていくものだと考えられるのである。

そのように考えるならば、流れゆく経験のうちにおいて、「フランツ」や「マリー」が、時間を通じて変化することのない「フランツ」と「マリー」でありつづけることの方が、実は事後的な仮構を施されているものだといわなければならないことになる。流れのうちに「自己」と呼ぶべき同一性を喪失しているフランツは、そのとき目の前に見出される「マリー」の姿を、「マリー」という他から区別される一つの独立した人格へと閉じ込めてしまう前に、「フランツ」と名指されるべき自己との関係において見出す。互いに互いの姿を浸透させながら流れゆく経験のなかに存することの方が、時間を通じて同一的な「マリー」や「フランツ」であることに先立っているといわなければならない。「フランツ」と「マリー」という二つのものは、純粋な流れとして与えられる経験においては、時間を通じて同一的な主体を指し示すよりも以前に、互いに互いを浸透し合っている状態にあるといわなければならないのである。

★登録の総合と主体の生起

それでは、そうした同一性が融解している流れの中から、いかにして時間を通じて同一的な「自己」が立ち現われることになるのであろうか。ドゥルーズ＝ガタリは、そうした純粋な経験の流れから同一的なものが出現する事態を、「登録の総合」と呼ばれる概念で説明しようとしていた。対象化以前の経験の流れのただ中において、彼らが「神」と呼ぶものが到来し、「登録の総合」を果たす。「神」は、様々な区別（例えば、「男／女」）を用いて、同一化しようとするものの諸性質を確定し、そのことによってそれを時間を通じて同一的なものとするといわれていたのである。[5] こうして、流れのただ中にあってさまざまな形象に浸透され、諸々の部分的なものへと寸断されていた身体は、時間を通じて同一的な「自己」を獲得すると同時に、それを中心とした対象的に同一な世界を切り開くことになるであろう。同一的な自己が獲得されるや否や、その「自己」にとっての「外部」が同時に確定し、それを基点とした世界が構成されることになる。「神」は、他とは区別される同一的な自己を生起させると同時に、それを中心とした世界を切り開くことになるのである。

流れの中に自己の同一性を溶解させ、自己と呼ぶべきものに他の様々な形象を浸透させているフランツに、どこからともなく「触らないで」という言葉が聞こえてくる。あるいはその言葉は、彼にとってそれまでと変わらない単なる戯れとして響くだけのものかもしれない。その言葉は経験の流れのメロディーの中で不協な音を響かせながらも、まさにその不和によって流れの全体をいきいきと活性化させるようなものでもありうるのである。しかしながらその言葉は、あるとき、ある種の揺らめきと共に、「神」の到来を告げるものとなる。その言葉を契機として、経験の流れのメロディーのただ中から「神」が立ち現われ、他から排他的に区別された同一的な主体として、彼を混濁した流れから切り離すことになる。「神」はあまたの区分に照らしてフランツの諸性質を確定し、そのことによってフランツを他の侵入を免れた独立した主体として立ち上がらせる。流れの中にあって自己を喪失していたフランツは、こうして「神」によって根拠づけられることで、他から区別された主体として生起すると共に、相互に浸透していた流れから対象的な世界へと身を引き上げることになるのである。

しかし、このとき差異を刻み込み、自己と世界の揺るぎない同一性を確定する「神」とは、一体どのようなものなのであろうか。そのことについてドゥルーズ＝ガタリは、なおそれ以上の説明を与えることはなかった。しかしわれわれは、一方において精神分析における理性の誤謬推理を強く糾弾したドゥルーズ＝ガタリが、ここで自ら超越的な概念を用いることで問われるべき更なる問いを隠蔽したと考えることはできないだろう。経験の流れの「ただ中から」立ちあがるといわれる「神」について、われわれはそれを経験内在的に記述することはできるのであろうか。自らを根拠として差異を刻印する「神」について、われわれは問いを深めていかなければならないことになるのである。

3　「大文字の他者」と「神」

★「寸断された身体」と「大文字の他者」

経験の強度的な流れのうちに自己の同一性を融解させたものは、自らのうちに他の様々な形象を浸透させ、絶え間ない接続のうちにある。いかなる同一性をも刻み込まれていない状態にあるものとは、それゆえ、バラバラに分断された形象に浸透されつづけている「アルバムなき蒐集（collection）」のようなものと考えなければならなかったのである。ところで、こうした様態の記述は、ドゥルーズ＝ガタリが『アンチ・オイディプス』という書物で批判の標的にし、それゆえに多分にその理論を踏まえていたと考えられるラカンの議論に、その原型を認められるものである。ラカンは、「寸断された身体」という表現を用いながら、流れのうちに主体がその同一性を失っている様態を描き出していた。「主体は、その起源においてバラバラな欲望の集積（collection）であり、そこにおいてこそ、「寸断された身体」と表現されるものの真の意味があることになるのです」（［Lacan］50／上、六三）。主体は、他と区別された同一的な主体として立ちあがる以前においては、様々な欲望の形象に自らの同一性を寸断されている。「人間の自己とは他者であり、主体は、もともと自らに固有の傾向が現われるよりも、ずっと他者の形に近いものであるのです」（［Lacan］50／上、六三）といわれるように、主体は、自己という固有なものが立ちあがる以前においては、他なるものに浸透されており、自己として他を排除するよりもむしろ、ずっと他者と呼ぶべきものに近しいと考えなければならない。流れのただ中にあって未だ「自己」と名指すべきいかなる同一性をも持つことのないものは、他なる形象に寸断され、そのうちに他者性を含みこんでいる。こうしたラカンの議論に、われわれはドゥルーズ＝ガタリが描き出した経験の流れの様態に類比的なものを見出すことができるのである。

それでは、ラカンにおいて他なるものに寸断された身体は、いかにして「自己」と呼ばれうる同一性を持つことになるといわれるのであろうか。ドゥルーズ＝ガタリにおいて、同一性を根拠づける働きを持たされていた「神」の機能を探求せんとするわれわれにとって、それに関してラカンが記するところを参照するに、如くはないだろう。様々な形象によってバラバラに寸断された身体が、確固とした主体として生起するというその有り様を、ラカンは、「真のパロール」とも呼ばれる「創設的パロール」という概念によって記述しようとしていたのであった。

真のパロールにおいて、大文字の他者とは、その前で皆さんが自己を認めるようなものであることになります（［Lacan］62／上、八二）。

パロールが真に創設的な働きをなすとき、そのパロールのうちに大文字の他者が立ち現われ、われわれが「自己」と呼ぶところの同一的な主体が生起する。様々な形象に寸断された身体は、こうして大文字の他者の前でそのように認められることによって、時間を通じて流動することのない同一的な自己を獲得するといわれるのである。

★「神」と「大文字の他者」との関わり

しかしながら、このときに主体に自己を認めさせる「大文字の他者」とは、一体どのようなものと考えるべきものであるのだろうか。とりわけわれわれが注目しなければならないのは、こうして語られる「大文字の他者」が、われわれの経験から端的に超越したものと捉えられているのではないという点である。

他者に話しかけるものとしてのパロールとは何かということを明らかにしましょう。それは、他者をしてそのように語らしめることです。お好みであるならば、この他者を大文字で書くことにしましょう（［Lacan］48／上、五九）。

差し当たって大文字の他者とは、我々の通常の経験において具体的なものとして見出されるあれやこれやの他人とは異なる次元に位置するものだと考えなければなるまい。それによって主体の同一性が確定されるような創設的なパロールにおいてわれわれが「話しかける」他者とは、予め確立された自己を前提としているような通常の意味での他人とは異なったものであるのである。しかし、大文字の他者とは、このように通常のわれわれの経験を離れて考えなければならないものであるにも関わらず、われわれにとって端的に超越したものであるわけではない。「[大文字の]他者をしてそのように語らしめる」といわれるように、「大文字の他者」とは、われわれがそこに関与しうるものと考えられている。創設的なパロールが機能するまさにその時「主体は、主体に語りかけるものについて語る」（[Lacan] 51／上、六五）。主体が自己の同一性を確立する際に機能するパロールにおいて、「大文字の他者」は、主体にとって端的に超越したものとしてではなく、ある特殊な仕方において主体と関わるものだと考えられていたのである。

さて、翻ってみるに、ドゥルーズ＝ガタリが描いていた「神」もまた、経験の流れのただ中から立ち現われながら、なお超然と同一的な自己を確定するものだとされていた。「神」は、経験の流れのただ中から立ち現われるものでありながら、なお超然と経験の流れをせき止め、同一的な自己を生起させるものであったのだ。こうした内在的でありながらも同時に超然とある「神」とは、まさにその点において、ラカンが「大文字の他者」として規定したものと構造を等しくしているということができるであろう。「主体の中から、主体を越えて、主体以上に語り出す」（[Lacan] 52／上、六六）ような大文字の他者は、寸断された身体のただ中から立ち現われるものでありながらも、同一化されるものにとって絶対的に他なるものとして、主体の「自己」を確定する。われわれは、こうした大文字の他者の機能を、バラバラな形象に寸断された経験の流れの中から立ち現われて同一的な主体を根拠づける「神」の働きと類比的に捉えることができるのである。次節では、ラカンが規定した大文字の他者とそれが立ち現われる契機となる「創設的パロール」の機能の具体的な有り様を検討することで、ドゥルーズ＝ガタリが「神」として語り出そうとしていた事柄を掘り下げていくことにしたいと思う。

4　クッションの綴じ目

★浮遊する対話

経験の流れのただ中に自らの同一性を失ったものを、時間を通じて変転することのない「自己」へと確定する創設的なパロールとは、一体、どのようなものだと考えるべきなのであろうか。そのような創設的なパロールの機能する場面を浮かび上がらせるために、ラカンは、ラシーヌの描いた『アタリー』におけるアブネルとジョアドの対話を分析していた。

異端の神を信じダビデの王族を根絶やしにして王位についた女王アタリーに仕えながらも、それ以前の「永遠なる神」の「栄えある日々」を忘れがたく胸に残している将軍アブネルは、かねてからアタリーやその追従者たちによって企てられていた神殿の封鎖の時がいよいよ間近に近づいていることを、ヤハウェの神に奉じる大祭司ジョアドに伝えにくる。「何も隠さず申し上げるが、私が恐れている（Je tremble）のは、アタリーがあなたまでも祭壇から無理やり引き離し、つまり、あなたの命を奪う復讐を成し遂げて、強いられた尊敬をあまねくいきわたらせるのではないかということなのだ」（[Athalie] 39／三一五）。アブネルは、「恐れ」というある種の強度を含み持った言葉をもって、ジョアドに危機の到来を告げるのである。

ここでアブネルは、ヤハウェの祭壇が潰されバアル信仰がユダの国を覆い尽くしてしまうことに対して、二つの相容れない態度の間で揺れ動いている、とラカンはいう。「誰しもが祭壇の前に整然と進み、それぞれおのが畑から摘み取った初生の果物を捧げて、全世界を統し召す神に初ものを献上した」（[Athalie] 38／三一五）ような過去の栄光の日々に、今でも自己の拠り所を持ち続けているアブネルとって、異端の神が国教化されることは少なからざる喪失をもたらさざるを得まい。ゆえに、アブネルが恐れるのは、まずもって、そうした自己の根拠を失うことだと考えることができる。しかしながら他方、「証の櫃は黙して、もはや神託をもたらさない」（[Athalie] 46／三一七）時代にあって、アブネルは自己の無力を嘆きながらも、自分が将軍としての今の自分に止まらざるを得ないことを同時に強く感じている。彼は自らの身を、アタリーに与することでしか保つことができず、自らの拠り所をそうした地点に求めざるを得ない状態にあるのである。それゆえに、ここでのアブネルの「恐れ」とは、それを提示することによってジョアドに「恐れ」を喚起させ、彼にアタリー側への改宗を迫るような方便でもありうることになる。「恐れ」という言葉を軸として、このときのアブネルは二つの極を揺れ動き、いまだ定まらない状態にあることになるのである。

実際、ここでのアブネルの行為が、いかなる意味をもつものであるのか、彼自身、未だ知りかねる状態にあったともいわなければならないだろう。「この男は何をしに来たのだ」（［Lacan］298／下、一八〇）。その時、対話相手の老祭司は、やってきたアブネルの真意をいぶかしく思ったに違いない。その都度の彼の一挙一動が、どのような意味を持っているものなのか、そこに確たる指標を見出すことができないまま、ジョアドは対話を進めなければならなかったのである。だがしかし、それはアブネルにとってもまた同じことであったといわなければならない。対話にのぞむアブネル自身が、その問いの答えを、まさにその対話のうちに見出そうとしていた。アブネルと名指されるものは一体何ものであるのか。その都度の彼の一挙一動は、深い決意をもった反抗者へと方向づけられることもなく、かといって女王アタリーの臣下として彼を立ち上がらせることもない。彼の挙動は、確固とした方向を指し示すことなく、反抗者と臣下という二つの形象を同時に含ませながら、定まることなく揺れ動いているのである。

このように確固とした自己が不在なままに流れていく対話は、必然的に、空虚に語られる言葉を伴うことになるだろう。対話は、自己を巡る揺れ動きすらも指し示すことなく、空虚なままに浮遊することになる。

将軍の言葉は続きます。

「いかにも、私はこの神殿に参った、永遠なる神を崇めるために。古き昔より年毎に行なわれる祭儀の習わしに従って栄えある日を、あなたとともに祝いに参った、シナイの山で掟が下された忘れもせぬ栄えある日を」。

要するに何も言っていないようなものです（［Lacan］298／下、一八〇）。

ラカンがいうように、アブネルとジョアドは多くの言葉を費やしながらも、対話を形式的なやりとりに終始させているように見える。アブネルとは一体何ものであるのか、アブネル自身もまたそれを未だ見出すことができないままに紡がれる対話は、空虚なままにシニフィアンを浮遊させることになるのである。

それでは、このように、揺れ動き定まることのないアブネルの挙動の「真意」と、空虚なままに浮遊するシニフィアンは、最後まで乖離したまま、単に過ぎ去っていくだけのものなのであろうか。確かに、差し迫る危機の前に臣下と反抗者という相容れない二つの形象の間に揺れ動くものと、その動揺すらも表明されることのないままに紡がれる空虚なシニフィアンは、ふたつながら定まるべき極を持たずに、互いに接点を持つことはないようにも思える。しかしながら、ラカンはここで、空虚なままに費やされていくシニフィアンの役割を見てとらなければならないという（［Lacan］300／下、一八五）。ラカンによれば、この二人の対話者たちは、空虚な言葉を重ねつつも、そのうちに鍵となるべきシニフィアンを探りあてながら、徐々にある極点を目指して対話を展開していくことになるのである。

★クッションの綴じ目

ダビデの王統を根絶やしにして王位についたアタリーに対する反抗の切り札として、虐殺の際に奇跡的に救い出された子ジョアスを内に抱えているジョアドは、空虚に積み重ねられる対話のうちにも、自らに対してある絶対的な確信を持っていた。しかるに彼は、そうした動かざる点を礎にして、揺れ動くアブネルに対してある種の介入を試みることができることになる。「神への恐れ」という言葉を持ち出しながら大祭司は、アブネルに対して、彼が揺れ動きながら問いつづけている当のものを、「餌」という隠れたあり方で、空虚な対話のうちに含ませることになるのである。

そなたは「神は恐れ多い。神の真理が我が心を動かす」と言われる。神に代わって私の口からお答えしよう。「我が掟に熱心らしくみせたところで何になろうか。無用な誓いを立てて神を崇めるつもりなのか。……断ち切るがよい、不敬な輩との契約をことごとく断ち切るのだ。わが民のなかより、罪咎を根絶やしにせよ。さすればその時こそ私に生贄を捧げに参るがよい」（[Athalie] 44 f.／三一七、[Lacan] 301／下、一八六）。

こうしたパロールは、まずもって儀式の中のお決まりの説教として捉え得る。初生を贄として捧げるものに対して、その身を純粋ならしめよと説くことは、祭司のジョアドにとっては、日常的なことであるわけだ。しかしながら、こうした言葉にジョアドは同時に、単なる「坊主の説教」ではない、「詩人か予言者」（[Lacan] 302／下、一八八）めいた含みを持たせることも忘れてはいなかった。ジョアドが発するこのパロールは、日常における空虚な言葉でありつづけながらも、同時に、アブネルにアタリーに対する反抗を促すように仕向ける、「餌」の役割を果たすことになるのである。

こうして与えられる餌を契機として、対話はある極点を目指して進行しはじめることになる。語られる対話はなお空虚でありつづけ、アブネルもまた表立って自らの立場を表明することはない。しかしラカンがいうように、餌として放たれたパロールを境にして、空虚に積み重ねられていく対話は、未だなお空虚なままに、ある確かな地点を指し示すに至ることになるのである。揺れ動き、確たる自己へと帰着されることのなかったアブネルのその都度の挙動と、空虚なままに浮遊していたシニフィアンは、空虚なままに進められる対話のうちに手繰り寄せられ、ある極点において、確固たる決意のもとに折り重ねられる。こうした極点のことを、ラカンは「クッションの綴じ目」という言葉で表現したのである。

> クッションの綴じ目とは、シニフィアンと意味されるものが結びつく点、つまり二人の登場人物の間を現実に巡っているような、常に揺れ動く意味の塊と、このテクストとが結びつく点であることが解ると思います。……ここでのクッションの綴じ目は、横断的な意味を含み持った「[神への]恐れ」という語です。このシニフィアンを中心として、綴じ目によって布の表面にできた

小さな皺のように、すべてが放射状に広がり、組織化されるのです。この収斂点によってこそ、この対話に起きているすべてのことを遡及的にも予見的にも位置づけることができるのです（［Lacan］304／下、一九〇）。

対話においてジョアドによって「神の恐れ」という言葉が持ち出されたことを契機として、徐々に対話はある極点へと移行しはじめる。「クッションの綴じ目」と呼ばれるその極点において、それまで空虚なままに戯れていたすべてのシニフィアンが遡及的に配置しなおされると同時に、それまではっきりと分化されず「塊」として積み重ねられるだけだったアブネルの挙動の「真意」が、構造化されたシニフィアンの背後に意味として綴じ込まれることになる。その点から振り返るならば、これまで空虚だと思われていたすべてのシニフィアンは、実はアブネルのその確信へと向って周到に配置されていたかのように思われ、様々に話された事柄の裏には常にアブネルの強い意志が垣間見られていたようにも思われることだろう。双方共に乖離したものだったはずの、揺れ動き定まることのなかったアブネルのその都度の挙動の連なりと、空虚なままに浮遊するだけであったシニフィアンは、「クッションの綴じ目」という極点へと対話がもたらされるや否や、その点を中心として構造化され、折り重なることになるのである。空虚だったシニフィアンは統一的な視点のもとにありうべき位置づけを獲得し、揺れ動き定まることのなかったアブネルの挙動の連なりは、神の僕という確固たる自己を中心として、綴じ込められる。シニフィアンの連鎖が自らの運動のうちにある極点に達するとき、それまで空虚だったシニフィアンが構造化され、同時に揺ぐことのない自己が立ちあがることになるのである。

★綴じ目における大文字の他者

さて、このように空虚であったシニフィアンを構造化し、確たる自己を立ち上げるようなクッションの綴じ目が、対話のただ中において形成されるという点にわれわれは注意を向けなければなるまい。綴じ目とは、空虚なシニフィアンと浮動する意味の塊の混濁のただ中から立ち現われるものでありながら、なおその地点から超然と、確固たる自己を確定するものだった。こうした、揺れ動き定まらない流れに内在しながらも、なおそれを越え出でて、その流れ自体を構造化し、時間を通じて変ずることのない自己を生起させるような「クッションの綴じ目」がもつ創設的な働きに、われわれはあの「大文字の他者」の機能と同じ構造を見てとることができるのである。

「主体の中から、主体を越えて、主体以上に語り出す」大文字の他者とは、寸断された身体のただ中から立ち現われながらも、主体にとっての絶対的な外部から「自己」を確定する機能をもつものであった。こうした大文字の他者と同じ機能は、ヤハウェとバアルという二つの「神」の間にその身を引き裂かれ、戯れるシニフィアンの連鎖のうちに自己を失っていたアブネルに、時間を通じて動かざる「自己」をもたらした「クッションの綴じ目」という概念にも、負わされているということができる。空虚なシニフィアンと揺れ動く意味の塊が混濁する対話のうちから、折れ返って「自己」を確定するような綴じ目が立ち現われる。主体は自らその対話におけるパロールの応酬に関与しながらも、かえってそのパロールによって自ら規定されることになる。こうして創設的な働きをなすパロールのうちに立ち現われる大文字の他者によって、寸断された身体の上に差異が刻まれ、確固たる自己が立ちあがることになるのである。

5　内在的超越としての「神」

こうしてわれわれは、経験のただ中から立ち現われながらも、なお超然として世界を構造化する「大文字の他者」の創設的な機能を、超越的な概念を持ち出すことなく記述できることになったということができる。「大文字の他者」とは、空虚なシニフィアンと揺れ動く意味の塊のただ中において、対話のうちに徐々に出現してくるような、内在におけるある極点のようなものであることになるのである。それを基点としてシニフィアンが構造化され、すべての意味が確定するような「クッションの綴じ目」とは、両者から超越することなく、なおそうした構造を留め支える点となる。そうした極点は、われわれの経験の構造の外部から超越的に与えられるものではなく、かえって内在的な領域から析出してくるものだったのである。

そのように考えるならば、われわれが問題としてきたようなドゥルーズ＝ガタリの「神」という概念についても、同様な解決を見ることができることになる。流れをせき止めて時間を通じて変化することのない自己を確定するといわれるドゥルーズ＝ガタリの「神」とは、流れにおける様々な形象の接続がある極点に達するときに、その経験のただ中から立ち現われるものと考えることができる。

欲望する諸機械と器官なき身体の争いが顕著に現われる。諸々の機械がそれぞれに接続し、おのおのに生産をはじめ、音を立てて活動しはじめることは、器官なき身体には耐え難いことなのだ。器官なき身体は、器官となるべきもののその下に、胸の悪くなるような幼虫がうごめくのを感じて、神の作用が到来するのを感じることになる。この神の作用は、器官なき身体を有機化することによって、これを陵辱し、圧殺するのだ（［ACE］15／二一）。

「諸々の機械」としての形象の、その浸透的な連なりのただ中において、「神」の「到来」が予感される。その「神」は、「器官なき身体」という流れのただ中に埋没していた主体に、「器官」を圧しつけ、時間を通じて変化することのない同一的な「自己」を刻み込むことになる。こうして諸機械の接続的な流れは、それ自身の連なりにおいて、「神」という流れ自体をせき止めるものを準備することになるのである。ラカンにおいて、空虚なシニフィアンと揺れ動く意味の塊の混濁した対話のただ中に「大文字の他者」という極点が準備されたように、ドゥルーズ＝ガタリの語る「神」もまた、経験の接続的な流れのうちに立ち現われ、その流れ自体をせきとめるものであることになる。こうした意味において、「神」という概念は、経験に内在的でありながらも、その内在のある極点としてあるものであることになる。「神」とは、われわれの経験から超越的に与えられる概念ではなく、われわれの経験に内在的に記述されうるものだということができるのである。

一方においてドゥルーズ＝ガタリは、『アンチ・オイディプス』という書物を、ラカンをはじめとした精神分析の理論が超越的に物事を論じるその有り様を批判することにあてていた。とりわけ、ファルスと呼ばれる、「大文字の他者」とも深い関連を持つ概念を、ドゥルーズ＝ガタリは、われわれの経験から超越しているものとして糾弾したのである。ラカンにおいて当初複数形のかたちで導入された「クッションの綴じ目」という概念は、ある構造的な「街道」[6]を経由することによって、やがて唯一なるファルスへと必然的に至る。そして、その一なるファルスは、それがあまりにも「現実」的であるがゆえに、われわれの経験から「排除」されざるを得ないものだとされることになる。ドゥルーズ＝ガタリは、そうしたファルスという概念が、われわれの経験に対して超越しているとしてラカンの理論を批判したのである。

こうしたラカンのファルスを巡る議論が、ドゥルーズ＝ガタリがいうような理性の誤謬推理にあたるものであるのかどうか、本稿においてその判定をつけることはできない。本稿においては、ドゥルーズ＝ガタリ自身の展開する理論が、われわれの経験を超越することなく語りうるものであるのかどうか、ラカンの提示した具体的な事柄に即して検討しえたところでひとまずは議論を終えなければならないことになる。われわれはラカンの「クッションの綴じ目」に関する議論を検討することで、ドゥルーズ＝ガタリの語る「神」という概念が、経験を超越した項を前提にすることなく、記述されうることを確認した。「神」は、経験の接続的な流れのただ中から立ち現われながらも、経験の内在における ある極点として、折れ返って流れ自体の同一性を確定するものであることが明らかになったのである。ドゥルーズ゠ガタリとラカンという二つの思想の間に優劣をつけ、哲学の歴史の中に彼らの理論を位置づけるという大きな仕事について、ここで拙速に判定を下すことは控えることにして、まずは事柄に即して事態を検討しえたところで、本稿の結びをつけることにしたいと思う。

流れの中に自己の同一性を溶解させ、自己と呼ぶべきものに他の様々な形象を浸透させているフランツに、どこからともなく「触らないで」という言葉が聞こえてくる。その言葉は、それ自体他からの差異によって対照的に浮き上がるものでありながらも、しかし、それだけでは単なる戯れとして響くばかりのものだろう。言葉は、経験のメロディーの中に自らを響かせながら、流れをせき止めて動かざる何かを指し示すことなく、ただ揺らめくだけである。しかしながら、「触らないで」というその言葉が、流れのうちにある不穏なものを呼び起こし、積み重ねられた経験のメロディーの全体に呼応してあるひとつの確固たる世界へともたらすとき、その経験の流れのただ中から、「神」が到来することになる。経験の全体との呼応において、主体に差異を刻み込む「神」が、経験の内在から立ちあがるのである。「神」は、経験のメロディーのただ中から立ちあがりながらも、なお流れから超然としつつ、流れ自体をせき止める機能を果たすことになるだろう。そうして、時間を通じて変化することのない「フランツ」という同一的な自己を刻み込まれるとともに、対象的に同一な世界が開かれることになる。「触らないで」という言葉を契機として、フランツは、それまで積み上げられてきた経験のメロディーが収斂するところを知り、他とは区別された「自己」として、対象化された世界に自らを見出すことになるのである。

＊本文中および註において参照した文献の略号は次の通り。略号の後ろの数字は、原著頁/邦訳頁である。なお、読者の参照の便宜のため邦訳の頁数を付したが、本稿の引用はそれを参考にしつつも、新たに訳出したものである。

[AŒ] G. Deleuze et F. Gattali, *L'Anti-Œdipe*, Les éditions de Minuit, 1972. ドゥルーズ/ガタリ、市倉宏祐訳『アンチ・オイディプス』（河出書房新社、一九八六年）。
[Athalie] J. Racine, *Athalie tragedie tirée de l'écriture sainte*, notes littéraires, grammaticales et étymologiques par L. Humbert, quatorzième édition, Librairie Garnier Frères, Paris, 1923. ラシーヌ、佐藤朔訳「アタリー」『ラシーヌ戯曲全集第二巻』（人文書院、一九六五年）。
[Deleuze] G. Deleuze, *Empirisme et subjéctivité - essai sur la nature humain selon Hume*, PUF, 1988. ドゥルーズ、木田元他訳『経験論と主体性』（河出書房新社、二〇〇〇年）。
[Hume] D. Hume, *A Treatise of Human Nature*, Oxford Philosophical Texts, 2000. ヒューム、大槻春彦訳『人性論』一 - 四〈岩波文庫〉（岩波書店、一九四八 - 一九五二年）。
[Lacan] J. Lacan, *Le Séminaire livre III "Les psychoses"*, Seuil, 1981. ラカン、小出浩之他訳『精神病』上・下（岩波書店、一九八七年）。

（1） G・ビュヒナー原作、ロバート・ウィルソン演出『ヴォイツェック』公演プログラム（日本文化財団、二〇〇三年）三八頁。

（2） 拙稿「出来の論理学」『情況』二〇〇三年七月号（情況出版、二〇〇三年）。

（3） ［AŒ］81／八八参照。この論点について詳細な議論を求められる向きは、前掲拙稿、一五一頁以下を見られたい。

（4） かつてドゥルーズがヒュームについて論じたとき、ヒュームの人格同一性批判の議論について、「アルバムなきコレクション」と表現していた（［Deleuze］3／八参照）。

（5） ［AŒ］19／二一参照。この論点については、前掲拙稿、一五四頁以下を参照されたい。

（6） ［Lacan］sec. XXIII、参照。

■ **文献案内**

Aristoteles, *Metaphysica*, recognovit brevique adnotatione critica instruxit Werner Jeager, Scriptorum classicorum bibliotheca Oxoniensis, 1957. アリストテレス、出隆訳『形而上学』上・下〈岩波文庫〉（岩波書店、一九五七、一九五八年）

存在するものが、差異を刻まれてそのように存在しているのはなぜか。本稿で貫かれているこうした問いを根源的に追求した最初の書である。自らは動くことなく動く者を動かしめる「神」の概念は、ドゥルーズ＝ガタリやラカンの思考を深いところで規定する。

Locke, John, *An Essay Concerning Human Understanding*, collated and annotated with prolegomena,

biographical, critical, and historical, by Alexander C. Frazer, 2 vols., Oxford, 1894. ロック、大槻春彦訳『人間知性論』一－四〈岩波文庫〉（岩波書店、一九七二－一九七七年）

右のアリストテレスに典型的に見られるような「形而上学」を、近代において徹底的に批判した書。本書における生得概念批判は、当時の論客のみならずそれまで積み重ねられてきた思想の構造をも揺るがすものであった。

Deleuze, Gilles et Guattari, Felix, *L'Anti-Œdipe*, Minuit, 1972. ドゥルーズ＝ガタリ、市倉宏祐訳『アンチ・オイディプス』（河出書房新社、一九八六年）

フロイトが創始しラカンが発展させた精神分析を、その「家庭主義」から脱却させ、社会制度的なものへと開こうとする。精神分析という手法自体、どこまで哲学的な吟味に耐えられるのか、いまだ不確定な部分が大きい。しかし、その可能性を見極めるためにも本書は必読である。いわゆるポストモダニズムの潮流だけに収まらない射程をもつ。

Lacan, Jacques, *Le Séminaire livre III "Les psychoses"*, Seuil, 1981. ラカン、小出浩之他訳『精神病』上・下（岩波書店、一九八七年）

ラカンの精神分析の初期になされた講義集。J・A・ミレールによる編集の問題などが指摘されることもあるが、現在流通している唯一の版。「神経症」と「精神病」に大別される精神疾患のうち、フロイトが主たる対象とすることができなかった後者を扱っている。

Chemama, Roland et Vandermersch, Bernard, *Dictionnaire de la Psychanalyse*, Larousse, 1993. シェママ編、小出浩之他訳『精神分析事典』（弘文堂、一九九五年）

特殊専門化されたラカンの用語を手短に参照するために便利な事典。Laplanche, Jean et Pontalis, J.-B., *Vo-*

cabulaire de la psychanalyse, PUF, 1967 が、フロイトの概念を説明するものであるのに対して、本書ではラカン派の立場からの規定をみることができる。

3　差異としての他者

――レヴィナスの思考をめぐって――

●木元麻里

他者とはこの私からの差異である。他者はそれでは、どのような差異なのだろうか。本章ではレヴィナスの思考を辿りながら、この問題を考えてみたい。

レヴィナスが、「絶対的に他なるもの」としての他者について語っていたことはよく知られている。その主張は、他者との間を生きている、ひとの日々の現実からかけ離れたものであるかに見える。けれども、果たしてそうなのだろうか。

われわれはまず、生をその具体性において問いかえそうとするレヴィナスの立場を跡づけ（1）、さらに差異としての他者を身体性の次元から考えなおしてゆくことにする（2）。生の具体相が問題となるのは、レヴィナスにとってあくまで、具体的な他者が問題であるからである。この私にとって具体的な他者こそが問われなければならない。本章では最後に、唯一性をめぐる、この二つの水準を問いかえしてみたい（3）。

1　具体性の次元
——あるいは言葉と存在——

★具体的なものへ

『存在するとは別の仕方で』のなかでレヴィナスは、「ここで提示された思考法の本義は、存在を過小評価することでも、存在を見くびることでもない。それは愚かしい思い上がりというものだ」（［AE］19／五三）と書いていた。レヴィナスの思索はあくまで、「存在の正当な意味」を獲得することを目標とするものなのである。

存在の「正当」な意味とあるのは、そこに存在論批判が籠められているからである。問題は、存在論的思考が存在を了解する際、存在がつねに形式的構造によってのみ了解されるという点にある。これに対しレヴィナスは、そもそも存在論的な知解可能性の条件は、具体的なものをめぐる分析ではなかったかと問い直す。「現象学とは言語が覆い隠し、忘れさせる思考を問いただすことによって、言語を統御するだけのものではない。なにより、抽象的な所与の、最初の「志向」の周囲に開かれる地平において、人間の〈思考されないもの〉（思考されないものは単に否定的なものではない！）の具体性である、人間の構成を探求し思い起こすことである」（［TrI］28／三五）。対象化する思考は、自ら生起する体験を、自らが生起するなかで形式化するが、思考の形式的構造が成就される瞬間に、これら諸出来事の具体性は消失し忘却される。しかしこの形式的構造は、その出自からして絶えず具体的な体験によってこそ維持されるはずである。レヴィナスにとって問題の核心は、思考を問いただす過程のうちで、思考それ自身を可能にする出来事をみとどけることにあるといってよい(1)。

レヴィナスは、自身の言及が「特異な、あるいは時代錯誤的な性格を呈する」がために「私たちのリベラルな精神に背き、……私たちの近代的な頭脳と抵触するかもしれない」ことを認めたうえで、次のように述べている。

けれども、一見すると古びたものとうつる言葉が使われているにもかかわらず、ある意味が保存されているのであり、この意味に赴くためには、何よりもまず――寓話や演出の諸規約が承認されるのと同様に――テクストのデータをそれに固有な世界において忍耐強く承認しなければならない。これらのデータが動き出し、幕が上がって、時代錯誤と地域色から解き放たれるのを待たなければならない。この「奇矯」で「廃物となった」言語が、そこにはらまれた地域色豊かな光景によって、それが名指す諸事物や行為の直接的意味によって、思考を停止させるようなことがあってはならない。……諸々の観念は、隠された世界あるいは他と隔絶された世界に侵入しつつ、秘密の光によってかかる世界を探求しようとする思考を照らす。と同時に、微のなかに埋め込まれそこに埋没したこの世界も、規範の外部あるいはその端から到来した思考によって照明されるのである（[ADV] 127／一七四）。

レヴィナスの哲学的著作を解釈する者に対しても、この言葉は語りかけられている。レヴィナスの「隣人」「顔」「愛撫」「身代わり」「苦しみ」といった用語の内に、宗教的モラルないしユダヤ思想のみを看取し、哲学的思考の厳密性ないし普遍性を過小評価することは許されない。それらの語を単なる隠喩として、真理の同一化へと至り「倫理一般」を語るための「跳躍台」と解することもまた否である。レヴィナスが終始一貫こだわり続けたのは、そもそも抽象的でも一般的でもありえない出来事の特異性に対して思考の形式性がどのように介入し、いかにしてその存在をわれわれの前に明らかにするのかという問題ではなかったか。ここでは、隠喩として顕われる諸々の用語の内に潜みながら、思考の抽象性によって排除される「存在」の運命が問われているのである。

偶然的・経験的な生の諸場面とは、概念の一般性に反転しその具体性を消失するような、単なる事例ではない。それはむしろ、思考にとって必然的で本質的な事柄である(2)。具体的なものを具体的なままに救いだそうとする思考が、倫理的要請を喚起させる。レヴィナスにとってその思考は、具体的他者との根源的関係へと向けられるからである。もう少し立ち入って考えてみる。

★特異性と形式性

レヴィナスの思考にあって賭けられているのは、生の「具体的なるもの」という「特異性」である。

「知的なものは具体的な基礎なしには理解不能であり、具体的なものに基礎付けられている」（[EDE] 29／八三）ならば、この個別的なものの特異性は、いかにして概念の一般性と交わり、「絶えず交流を続ける」（[ADV] 127／一七四）のか。存在の意味の起源である個別的なものを捉えるためには、概念という思考の力を必要とする。このことは何を意味しているのだろうか。

思考の力は言葉と不可分である。「思考を語るに先立って発語を思考する思考、発語の世界を構成し、発語の世界を世界に付加する思考は神話にすぎない」（[TI] 225-226／三一二）。言葉はむしろ、意識の意味付与の形式的構造に合致している。意識の志向性は単に「なにものかについての意識」を示すのではなく、「或るもの」を或るもの「として」思念し理解することであり、この「理解」が「意味の宣告」として、真理を顕現させる言葉と結ばれている。世界の「もの・こと」を名づけ同一化し、宣告する言葉は、「とみなすこと」という意識の志向性と連動して機能し、思考を思考としてあらわれさせる力を持つ。われわれはこの「とみなす」了解の構造と共に思考をすすめていくほかはない。レヴィナスもまた、ことのそうした事情を十分に認識している。

思考が言葉と連動しているのだとすれば、思考それ自体にとっては、普遍的なものが個別的なものに先立っていることになるだろう。この意味で存在の顕示とは避けがたく普遍化である。この普遍性を飛びこえて「意味を満たす必要もなく、意味を裏切る必要もない」（[EDE] 218／三二〇）。「存在とは何か」という問いに戻れば、それは「問い」として、言葉という形式とともに成立するがゆえに、存在へのアプローチは、言葉というこの形式から出発しなければならない。「存在とは何か」という問いが「存在の意味とは何か」という問いの形をとるにいたるのは、言葉と存在が、本質的にこのような連関のもとにあるからである。

このことはしかし同時に、「存在の発見」への問いがたてられるとき既に、問うものに対して存在が現出することが不可避的に要請され、あるいは実現されてしまうことをも含意しているのではないか。存在了解への問いそれ自体が、「存在の意味」「として」存在が「あらわれる」ものであることを前提してしまっているのではないのか。レヴィナスは、こうして、「存在の性起」における、「現象からの隠蔽」と「顕わになること」の内に、依然として形式化による「存在性の占有」（［AE］123／一三〇）を見ることになる。

事実性、具体性としての個体化が概念化へと転じるとき、その特異性は普遍性の内に失われてしまう。レヴィナスが、存在論を「個体をその個体性においてではなく、一般性において把持」（［TI］14／四八）する学として批判するのも、このゆえにである。

存在論的な思考によっては、かくて具体性への通路が塞がれる。けれども、と翻ってレヴィナスは問いかける。個体性は、言葉としての思惟の背後にある哲学的思考によって探られうるかもしれない。意識それ自身もまた生として生きられる「体験」であるとするなら、それが基づけられている感覚の次元において個体性を維持することが可能なのではないか。この問いかけの根底でレヴィナスがみているのは、「対象が〈現在すること〉は感覚の質料性に由来する」（［EDE］150／二三七）というテーゼである。この質料性の考慮によってこそ存在は「それ自体として」顕現しうる。そうであるなら、意味付与の手前の、志向性の基底にある「感覚の質料性」によって、理念化されることのない個体性が思念されていることになるだろう。果たしてそうなのだろうか。あるいは、それはどのようにしてなのだろうか。

★感覚の次元と身体

思考にとって普遍的なものは個別的なものに先立つと同時に、個別的なものによってのみ普遍性が規定される。そう考えられるとするなら、思考は個別的なものと普遍的なものとの間で、自己を差異化しつつ自己同一化するものであることになる。意識の志向性の基底にこの自己差異化が潜むことは、「言葉としての思惟の背後」で明らかになるはずである。これが「感覚すること」の次元である。「個別的なもの」はここで「感覚するものの個別性」（［TI］31／七五）として問いなおされることになるだろう。

レヴィナスはまずフッサールに依拠しながら、感覚の次元を問題とする。「感覚を感覚すること」は、感覚することと感覚されるものとの一致を意味するだけでない。一箇の志向性としては、両者の隔たりをも意味している。「作用は構成される対象の素材に後行して」（［EDE］155／二四四）いなければならず、あるいは対象は知覚に「最小限でも」先立っていなければならない。この「後行」「先立ち」が、時間的ずれとして意識の自同性のなかに瞬間の位相差を生み出し、意識はその自同性の分裂を「として」の構造によって再把持し同一化する。点的現在において過去把持される「瞬間」が現在という「今」の意識であり、その「今」の過ぎ去りがひとつの体験流を成して、時間は時間化されるにいたる。このとき、「今」「ここ」としての主体の身体（感覚）が構成され、定位されることになるはずである。とすれば、時間とは「感覚を感覚すること」そのものであり、時間化として生起した意識は、「意識の時間」を構成要素としてすでに含んでいることになる。

他方、この現在化が感覚における不断の再把持であることに重点を移すなら、身体とは対象への知覚の後行を取り戻す反復の運動である。レヴィナスはここで、この反復が、対象の理念的同一化に限らず、身体における自我の自己関係的なあり方でもあると考える。実存者の実存に対する関係とは、感覚による時間化のなかで「あたかも手が摑んでいるものを徐々に離してしまい、なお摑んでいるその瞬間に放しているように、存在が自分の執着しているものと不断にますます食い違ってゆく」（［EE］42／五二）ことである。このとき、感覚の統一を行なう身体とは、自らの自己差異化から同一性を取り戻そうとする運動としての「所有」と「労働」の原点であり、「努力にともなう労苦」として解されることになるだろう。

再把持の感覚の内で、意識の根源にある第一次印象（原印象）のみが、「知覚されるもの」と「知覚するもの」とが同時的なものとなる現場でありうる。原印象は、現在における過去把持により、印象として、対象となることなしに現在的に意識されうる。この原印象においては能動性と受動性が交じりあい、この根源的同時性としての「今」がひとつの主観の受動的能動性として保持される。原印象とは、意識による対象構成の根源にあって主観の個別化を維持する可能性なのである。

しかし、持続それ自体に潜む位相差が、意識の生起を遡って原印象の根源的現在に還元されうると考えることは議論の余地のないことがらではない。レヴィナスにとってはむしろ、位相差――「意識することの事後性が時間の後そのものである」（[EDE] 154／二四二）という事態は、実は身体が自らのそのつどの現在化を取りこぼしていることを意味するからである。感覚する身体の定位が現在化であるとしても、時間の流れのなかで否応なく身体に付随して起こる「疲労」「老い」という事実は、現在化への不可避的な遅れをこそ指し示しているのではないか。疲労の感覚とは「実存者によって実存することにもたらされる遅延のようなものであ」（[EE] 51／六二）り、この遅延の疲労がやがては「老い」となって身体に刻まれるのではないだろうか。生から死へと流れる時間の中でさまざまに移りゆき、やがては朽ち果ててゆく身体的変化のしるしについて思考することは、感覚と時間化が密接に結ばれている限り見落とすことのできない問題である。

志向性の構造をあくまで保持しようとするならば、感覚することの根源における原印象においても、知覚は根源的源泉に対して常に遅れてしまっていると考えるべきである。レヴィナスは、そうした「遅れ」「ずれ」の構造が存在の現われの背後に潜んでいると考える。原印象もまた「意識なしに印象として刻印されることはない」（[AE] 41／八八）。「時間の意識は時間についての反省ではなく、時間化そのものであ」るとは、「原印象の遠ざかり」（[EDE] 154／二四二）を確証するまなざし自身が、原印象からの、この遠ざかりそのものであるという、意識の自己構成に対する致命的な欠落を示唆する。レヴィナスは、感覚することと感覚されることとの時間的な「最小の隔たり」としてのこの「遅れ」

を「隔時性」と呼ぶ。この「隔時性」こそが原印象の本質として、問われる必要がある。

このように、時間を構成することが感覚することと連動しているのだとすれば、構成する主体は意識主観ではなく、むしろ身体であることになるだろう。問う私は、身体性としての主体でなければならない。このことは他方また、意識主観そのものは、原印象に関して不分明で曖昧な部分をもつことを意味していよう。レヴィナスが無限は有限のなかに包含し得ないと語るとき、意味されているのは、意識の明晰さに生じる、この翳り、曖昧さではないか。それはしかし、身体であることに起因する綻びではない。逆である。具体的なものを意識が明晰に表現するためにこそ、身体が必要とされるのである。こうして、原印象の検討を通路に、自己の限界とその彼方のありかが、身体性の問題として提示されたことになるといってよい。「原印象」の「卓越した非理念性」（［EDE］154／二四五）は、文字通り「具体的な他なるもの」によって与えられなければならない。具体的に他なるものとは、それでは何か。問題はここから始まるのである。

2　差異としての他者
――エロス的な経験と可傷性――

★性　愛

レヴィナスは、世界という「他なるもの」の関係のなかで、感覚する身体が世界を享受する側面を強調している。自我はここで、「美味しいスープ」（〔TI〕112／一五八）や「空気」、「光」を「糧」として諸感覚の内に吸収し、自己満足する、享受する生と捉えられる。感受性はすでに世界という「他なるもの」と結ばれている。

欲求を満たす享受の内で、諸事物の他性は自我に同一化され消失する。原印象が、「「同」のなかに浸透してくる一つの「他」なるものの受容性であり、生であり、「思惟」ではない」（〔EDE〕154／二四五）ならば、主体はこの原印象という「具体的に他なるもの」と、どこでどのようにして出会うことができるのだろうか。

レヴィナスは、「理念的なものの媒介なしに一つの個体と関係」（〔EDE〕229／三三七）を持ちうる典型的事例として、愛する他者との「性愛（エロス）」の場面を提示している。確かにエロスとは一面では感覚の享受である。しかし、エロスが世界をめぐる経験と異なるのは、エロスにおける他者の身体が、認識や感覚による同一化の対象としてではない肉体として、「私」に接触するものであると考えられるからである。「特異性」の意味が、対象化をいかにしても逃れる個別的なものに賭けられているとすれば、さしあたりそれは、「私」が特別に愛する最も「近き者」（le prochain）との経験であることになるだろう。

レヴィナスの「性愛」はしたがって、愛する二人の「融合」や一者による他者の「所有」の概念とは異なる。性差は「多様なものとしての現実の可能性そのものを条件づける構造」（〔TA〕78／八五）であり、性愛とは、具体的な次元において他なるものを他なるものとして求め、「他者性を維持する」

ことを本来欲するものと考えるからである。エロスの欲望は、あくまで自らと異なるものを愛することによって生起する。

私を駆り立てるものが他者という対象ではなく、他者の他性であるとするなら、それは他者の生――他者が感覚する感覚――を同時的に感覚することへの欲望であるとも言えよう。しかしその意味で、愛ははじめから「悲劇」（［TA］78／八五）でもある。

確かに、愛するとき私は、他者と、ただひたすら直接的で「純粋なコミュニケーション」を結ぶことを欲する。愛する者に触れ、「愛撫」するとき、両者の間には、肌の肌理《きめ》とその厚みが広がるばかりである。だが、愛撫の経験においてあらわになる「他性」とは、私にとって「曖昧さ」（ambiguïté）そのものなのではないか。官能が、「いかなる概念の内にも流れ込まず盲目的に体験であり続けるような体験である」（［TI］238／四〇二）とするなら、いかなる概念化をも拒否して結ばれる他者の身体は、「剥き出しにされたある法外な現存の裸出性」として「超質料性」（［TI］234／三九五）を私に向けているはずだからである。

愛撫という出来事において、「他なるもの」との差異が、志向的意識にとっては把握不能であると同時に「曖昧」なまま印象に刻まれる可能性が残されている。レヴィナスは、隔たりが隔たりとして成立しない他者との感性的関係を「近さ」と呼ぶが、この愛撫の内で、感じるものと感じられるものとのずれはもっとも微小であり、その「無限小の差異」（［AE］116／二一九）を、志向的対象としての隔たりの内で測ることができない。愛撫される他者の肌の「やわらかさ」とは、いかにしても「これなるあるもの」として意味付与し、切り取ることのできない、意識にとっての根源的「曖昧さ」なのである。愛撫された皮膚と愛撫する感覚との間には、ノエシス－ノエマ構造に変換不能な「ずれ」が、すなわち現在化（présentation）と現在すること（présence）の間のずれがある。他者の存在――他性――を私は決してとらえることはできない。

愛が「悲劇」であるのは、私の感覚の構造に、このようにあらかじめ「自己に反して」、愛する者の、自分の内に占有することの根源的不可能性が刻まれているからである。「愛撫の内で、そこに存在するものは、いわばそこに存在し得ないものとして探求される。いうなれば、この場合、皮膚は自分自身の撤退の痕跡であり、それゆえ愛撫とは、このうえもなくそこに存在するものを、不在として探求し続ける憔悴なのである」（〔AE〕114／二一六）。

「私」という主体の身体感覚をめぐる時間の内部にある限り、原印象を探りあてることができないとすれば、「感覚するものと感覚されるものとの共同行為」（〔TI〕249／四二〇）ともいわれる愛撫におけるこの身体こそが、原印象の「非理念性」でありうる。愛撫の内では、私という主体は、他者という絶対的な外部によって触れられる身体であり、かつ他者の他性に触れようとする身体であるという両義性をはらむ。他なるものと関係しつつ志向的契機に構成されることのない身体が、ここに可能である。

とするなら、原印象は志向性を限界づけるものとなるだろう。ここで限界とは、決して認識されることも把握されることもないが、そこからのみ認識が可能となるものを意味する。意識の生成の過程からみるのであれば、「愛撫された皮膚の優しさ」（[EDE] 230／三三八）は、いわば「一度も足をつけることのできない流れ」（[TI] 31／七六）の源の「痕跡」を「私」に差し出しているといえよう。時間における他なるものとしての過去の把持が再生的であるのに対して、他者は時間そのものにとって「他なるもの」として、時間の構成とともに生起する主体の「私」に絶対的に超越している。愛撫とは、他者がその超越のなかで私に与えられる肉体的キアスムである。そして「私」とは、性愛の場面において異他触発され、感覚し時間を構成する主体なのである。

★可　傷　性

レヴィナスは後に、エロスの重要性を弱める発言を繰り返している。『他者のユマニスム』では、「善が存在する受動性は、みずからエロスとなることはない」（[HAH] 80／一三二）とし、『存在とは別の仕方で』の中で、他者への近さを「非エロス的な召還であり、欲望をそそらないものに対する欲望であ」（[AE] 157／二八三）ると語る。エロスの記述が後期にいたって影を潜めたことはしかし、「愛撫」の概念もまた共に退けられたということを意味してはいない。同じ著作の中でレヴィナスは、愛撫における「皮膚の傷つきやすさ」の問題をあらためて提示している。「それは、接触へ、愛撫へそれはつねに、たとえ官能の内にあってさえ両義的に、他者の苦痛のための苦痛なのであるが――と差し出された皮膚の裸体である」（[HAH] 92／一五二）。主体と他者との複数の出来事が愛撫の概念を支えている。もう少し立ち入って考えてみよう。

「他者の苦痛のための苦痛」という表現が意味するところについては後に見る。確かにcaresse（愛撫）は、性愛の場面を根源的に意味する。それはだが、官能にのみ限られる経験だろうか。caresseは他方で、エロス的なものを離れ、ただ「そっと触れること」「優しく触れること」という意味をもつ。それはなお親密なものとの「近さ」の経験である。しかし「そっと触れること」と解されたcaresseは、依然として他者の官能を追い求める欲望として、あるいは他者を感覚するという対象なき志向性として捉えられるだろうか。

「そっと」触れるのは、「私」が、他者の他性に触れ、その還元不可能性に抵触することに、すでに身を震わせているからでもある。性愛が、他者との極値的な具体的経験であったとして、無論、性愛における肌と肌との接触のみが他者との接触の経験ではない。たとえ皮膚同士が触れ合わずとも、私の身体と他者の身体とは、両者の間を埋める空気のなかで触れ合っている。私の身体が、太陽に焼かれ、風に吹かれ、水にひたるという形で世界に曝され、疲労し老いゆくという形で時間の流れに曝されるように、他者に対しても私は曝されている。他者との関係にこそ、あらゆる感性的体験のモデルがあるとレヴィナスが語るとき、愛撫という他者への「焦燥」は同時に、他者の感覚に敏感に感応しうるという弱さの危険性をもはらんでいることになるだろう。愛撫の官能が他者の官能を感受するものでありながら、他者の感覚に敏感に感応するものであると言われるのは、愛撫が自らの「限りない露出」（［AE］114／一二六）でもありうるからなのである。「感受性は接吻の両義性を一種の媒介として、把持することから把持されることに転じる」（［AE］94－95／一八三）。レヴィナスは愛撫の両義性をもとに、主体の受動性の問題をたどりなおすことになる。

「把持される」感受性としての愛撫の解釈は、さきにみた隔時性の構造に対応している。身体の構成、ついで意識の構成が、一致ではなく、感覚における非合致の時間の根源的ずれ（遅れ）から成るものであるなら、同一化の構造にある享受、ないし充足は、主体の滞留であり、むしろ後退である。ずれをとりもどそうとする感覚は決して欠如を埋める努力ではなく、そのずれそのものが現在の意味を構成する感覚の本質なのである。「私」の身体が、他者を求める感覚の内で、逆に自らの身体が他者にあらかじめ曝されてあることを事後的に看取すること、このことが主体の主体性に決定的な仕方でかかわっている。主体の同一性とは、ここではもはや自身に対して同一的なものを意味してはいない。

それならばこの「ずれ」はどのように感受されうるのか。それは感覚の合致が阻まれるものとして「感覚としての矛盾」（［EN］107／一二九）であり、同一化としての「意識に反して」いる。志向による充実を阻まれる意識は、感覚されたものを自己に引き受けることができない。レヴィナスは、このような「統合することの不可能性」（［DQV］197／二四二）が「肉体的苦痛」の意味であると述べる。意識・感覚の統一は、その統一を維持することができないという不可能性によって強迫的に構成されるのである。ここで、苦痛の事実性の分析によって主体の受動的構造が解き明かされる。「軽々しくも肉体的苦痛と呼ばれているものを強調したい」（［TA］55／五五）と述べるように、レヴィナスは、具体的な感覚の苦しみこそが、意識の志向性の限界を見極める可能性をもっており、したがって現象学にとって根源的な問題のひとつと考えていたと思われる。

苦痛こそが「自己を再把持することなき主体」（［AE］141／七二）である。身体が苦痛を感覚するのではない。むしろ、苦痛そのものが身体を構成する。意識の運動は、その苦痛が身体の内に広がるその仕方に似ているのだ。「意識の哲学は、感性的経験から出発して身体性を構成しようとするが、他者による強迫……としての感性的体験はそれ自体で既に身体性そのものである」（［AE］97／一八六）。いまや主体性そのものが「傷つきやすさ（可傷性）」であることになる。苦痛という触発が主体を構成するために、身体的内在はもはやありえない。ここでは、内在の統一に対して「苦痛として顕われる否の具体性」（［EN］108／一三〇）が、「具体的なるものの特異性」として解されている。感覚とは「〜への開け」でも「〜についての経験」でもなく、同一化に対する逆行性そのものとして「苦しみ」なのである。思考と意識の構造的合致という問題に戻るなら、思考における「否定性」は、この苦痛の含意する否定性に合致して形式化されていることになるだろう。意識が、「(同一化する）自己に反して」他者の差異を被る苦痛と共に獲得されるのだと言われるとき、この「被る」という語の受動性もまたこの肉体的苦痛によってひらかれているのである。

caresseという出来事がはらむ諸可能性を考慮しながら、レヴィナスは、あらかじめ他者に曝されて脆くある「皮膚」そのものとしての主体性を明らかにする。レヴィナスにおいて感受性は、固有の身体と意識主観を一方で構成するものであると同時に、他者に曝されるという「傷つきやすさ」の可能性でもあることになる。この「傷つきやすさ」は、志向的意識が主体を第一義的に構成するものでないことを示す。とともに、身体もまた主体を定義するものでないことを意味する。

他者との関係こそが私にとって不可避であり、私は既に他者との関係を身体の内部に抱え込んでいる。空間として測ることのできない「近さ」とは、このことである。他者との隔たりを測ることができないのは、測る私自身がその「近さ」そのものであるからである。志向性それ自体が他者による触発によって生起するとするならば、私の身の内に食いこんでいる他者との関係は非‐志向的なものであり、主体自身が非志向的な構造を有していなければならない。「近さ」が主体性の誕生にかかわるものであるとき、この「近さ」としての他者の非志向的経験は、感覚の次元から「限界」を思考する可能性であることになるだろう。

3　近さと遠さ
——二つの唯一性をめぐって——

★コミュニケーション

普遍性を逃れる個別性の可能性は、他者との「近さ」にある。であるとするなら、ここで、言葉とはそもそも形式的なものであるのか、ともう一度、問い直す必要があるだろう。レヴィナスの言語論は、言葉の形式的側面の背後に潜む具体的側面を、他者との「近さ」によってくみ上げていこうとするものであるからである。

感性的なものの経験（「混濁」（［EDE］227／三三四））から形式的なものとしての言語（「純粋」）への移行とは、個別的なものの感覚が固有なその意味を失い、「〜についての意識」という言葉の形式性へと変質する過程である。それは意味が意味として生成する過程であるが、この過程において意識はいまだ、客観化を可能とする主観の構造を有していない。レヴィナスは、この主観なき受動的意識の内に、客観化する意識の構造によってではない仕方で言語を問い直す可能性を見いだしている。それが、「意味することの口を開く」「コミュニケーション」（［AE］61／一二四）としての言語である。レヴィナスは、この原初的コミュニケーションを「語ること」（le Dire）と名づけ、これに対して、形式性としての言葉を「語られたこと」（le Dit）として区別する。

レヴィナスにおいて、「存在の問い」が言葉の生起の過程を追うことに重ねあわされている限り、言葉とは本来、「語られたこと」の次元にあるメッセージの記号とその交付であるだけでなく、具体的な「触れること（感覚すること）」と「触れられるもの（感覚されるもの）」との交叉する地点そのものでなければならない。レヴィナスの言う「コミュニケーション」とはしたがってこの「交叉」であり、「他者の差異の承認」といった「相互理解」の倫理とは似て非なるものである。それでは、この次元で主体と他者とはどのような形で立ち現われることになるのだろうか。本章の最後に、この問題を考えてみよう。

★二つの唯一性

主体は他者との差異を含んでいる。対他の関係が主体性を構成する。主体は他者との関係を自らの内に含み、その本質は自己同一性のはたらきではなく、他者との関係によってその意味を支えられるものであるからである。

他者との差異の関係が主体の意味であるという思考はしかし、なお概念の内に回収される可能性をはらむ。「体系において別の項と共存するある項は、別の項を意味するもの――別の項の徴――として、ある項がみずから「形をなすこと」を断念しつつ、「別の項へ向けての死の移行をなす」こととして現前する。このような仕方で、ある項が別の項に向けて存在し、別の項の代わりをすることが、体系における意味ないし知解可能性なのである」（［AE］210／三七五）。レヴィナスにとっての自我とは、個別性の概念によって定義されるものではなく、概念を生み出す個別的な出来事でなければならない。レヴィナスの哲学的思考は、いかにして、この概念なき自我を示すのだろうか。なお問われなければならない。

「私」とは「自己自身に対して同一的でない者」のことであり、「自己自身に対して同一的でない者」とは「苦しむ」自我であった。さらにレヴィナスは、次のように問う。「ある秩序や意味の統一性に統合されないものであるがゆえに、苦しみという苦痛はある逃げ場の可能性、より正確に言うなら、嘆き声や叫び声やうめき声の通路であるような逃げ場の可能性なのではなかろうか」（［EN］109－110／一二二）。苦痛の耐え難さは、出口を求めやがて叫びや呻きとなって顕われる。「生と存在の行き止まり」に他ならない他者の苦痛の叫び声こそは、私の感受性を留保なしに触発するものである。

このことが示しているのは、苦痛の響きそれ自体が他者との「接触」――コミュニケーション――でもあることにほかならない。呻きは、客観化によってその生々しさを失うことを拒否しつつ、有意味化することを私に要請している。私は他者の苦痛にいやおうなく感応し、呼応することによって主体として成立するのである。「具体的なるもの」の「特異性」とは、いまや「他者の苦痛のための苦痛」のうちでこそ可能であることとなる。

ここで、苦痛から主体の身体が構成されるという点に戻れば、苦痛に触れるのは「この私」以外にないということになる。他者の苦痛に触れることを「この私」のほかに代わる者はいない。なぜなら、他者のために苦しみを被り「身代わる」ことが、「私」の「条件」として身体の内にすでに書き込まれてしまっているからである。この「身代わり」という条件の必然性をレヴィナスは「責任」と呼ぶが、ここから「他者のための一者」(l'un-pour-l'autre) として、主体の「唯一性」が説かれることになる。「責任を負った「私」以外には、なにものも概念に逆らって唯一的ではありえない」(〔AE〕177／三一七)。私の唯一性とは、自分は他者に代わって苦しむが、私以外の誰一人としてその私の身代わりとなりえないことを意味する。

しかしレヴィナスが、「身代わりになるのはこの私である。……コミュニケーションが開かれるのは、他の自我のうちにでも自我の概念の個体化のうちにでもなく、この私のうちにおいてなのである」(〔AE〕161／二九〇)と述べるとき、われわれには、差異としての他者論から逸脱した感を否めないのではないか。すなわち、われわれは他者との差異を優れて「具体的なもの」として想定しながら、最終的には肥大した自我論にたどり着いたことになるのではないだろうか。

確かに『存在とは別の仕方で』のなかで「唯一者」の語はもっぱら「私」に充てられている。だが、一九八〇年代の論考では、「唯一性」の語が他者に対しても頻出する。(3) レヴィナスのこれまでの思考に従うとするならば、主体の唯一性と他者の唯一性とは異なるものでなければならないはずである。

次のように考えることが可能であろう。レヴィナスの思考は、他者の唯一性が私の唯一性を理解するためのものであり、他者の比類なき唯一性と共に「私」の唯一性を両立させる。「私」の身体が意味するのは、私の唯一性と他者の唯一性である。「唯一者」としての私はここで、存在の言葉の意味生成を担っている。しかしこの唯一性は、他者の唯一性によって、ないし他者の唯一性のために、語り思考する者であるがゆえにのみ、有意味である。他方、他者の唯一性はそのつどそのつど一回きりに絶対的に新しく生起する意味の源泉、ないし世界の存在の意味の源泉として、私の身体に不断に刻まれる。私の身体は、主体の唯一性だけでなく他者の唯一無比を証する鏡であり、その差異を表出する世界の襞なのである。レヴィナスにおいて「唯一性」とは、類における唯一的なものをさすのではなく、概念を越えて、多元的な意味によって担われる語となるといってよい。

とはいえこのとき、他者の近さと遠さが問題となることだろう。なぜなら、「愛する他者」だけが、「近き者」だけが、私に「意味」を与えるのか、と問われうるからである。家族が、恋人が、同胞たる民族のみが、私にとって「近き者」なのか。なお問いが残る。

家族が常に「愛する他者」であるとは限らない。恋人ははじめから愛するものであったわけではない。すでに近しいものを当然のように「近き者」とすることはできない。他方、家族の苦しみに無関心な者が、マス・メディアによって、遙か遠い地で傷を負う見知らぬ者に想いを寄せることがありうる。私の身体が他者に曝されているとは、それゆえ、いついかにして、何者かとの近さの内に自らが滑り落ち、任意の何者かが「愛する者」となり、その差異のうちに自らを見出すのかわからないという危険性でもあるはずである。

このように考えるとき、特定の経験的他者から複数の唯一的他者たちを思考することへの可能性は開かれている。レヴィナスが「隣人という最初に到来せし者（任意の者）は、先験性を排した偶然性をつうじてはじめて私とかかわる（たとえ隣人が私の社会的ネットワークに含まれた旧知の者、旧友、長年の恋人であったとしても、隣人ははじめて私とかかわる）。……隣人は……一切の先験性の埒外にあって、現れることなきその絶対的特異性によって私と関わる」（［AE］109／二〇八）と語り、「先験性に先立つものという概念に価値を与えようとする」（［AE］109註／四二七）とき、単なる受容性を更に遡る「絶対的受動性の概念」とは、私に唯一性の意味を与える「他者」の偶然性を意味していたのである。私の源泉とは、だから単に、無起源的過去の内にただ一度きりの絶対的他者によって与えられたものでもない。それは、私が生を生きる限り不断に無数の他者たちによって更新されてゆくものであるほかはないのである。

★倫理と存在――むすびにかえて――

コミュニケーションとしての私の身体は、他者の触発によって意識主観と共に存在の意味が生起する場である。そのように考えられるとき、存在論的問いがなぜ倫理的問いと関わり、さらには倫理的問いに先行するのかが理解されよう。

だがそもそも、存在の問いがなければ存在の「正当な意味」が探り当てられないように、私の「無知」は他者への責任の条件でもあるのではないか。レヴィナスにとって「無知」とは同一化する生であり、同時に享受する幸福な自我である。この享受する自我が、そのまま、他者へ自らを身代わりとして与えることの可能性となる。したがって同一化の契機としての享受がたとえエゴイズムとされていようとも、享受の次元そのものが否定されているわけではない。享受は、責任観念へと結ばれる苦しみの意味の内にあらかじめ含まれ前提されている。苦しむという事実は「苦しむことができる」生を包含しているのであり、生を享受する生は他者に曝される苦痛に「裏返される」ために必要な条件なのである。レヴィナスは『存在するとは別の仕方で』のなかで、主体の主体性を「呼吸」の運動としても捉えている。ここでは、息を吸いこみ吐き出すという、かつて身体による享受と解釈された生物固有の運動が、「他性の圧倒的な重み」を支えることであると述べられる。自我の実質的な核あるいは個体の単一性は、ちょうど生き続けるための呼吸が「他性の風」に曝されることによって機能しているように、その個体が無限の他性を内にはらみながら、世界に向けて表出している在り様なのである。これは確かに、主体性をめぐる一箇の隠喩ではある。けれども、生が絶えず分裂しながら生成していく個体性であるかぎりでは、隠喩は単なる隠喩ではない。それはむしろ、レヴィナスの個体観そのものを描きとるものとなるのである。このような思考の内では、享受と苦痛とは感覚において互いに差異でも対立項でもなく、不可分であり連続している。快感は苦しみへと続いている。だからこそ、愛撫の経験が優れて他者をめぐる経験のモデルともなるのではないだろうか。

具体的なものを思考する可能性からはじまって、感覚と身体をめぐる論点を跡づけ、差異としての他者をめぐって展開されてきた本章の考察もまた、こうして思考の経路を一巡したことになる。なお残された問題についていえば、それはおそらくは、レヴィナス解釈という次元を超え出た、存在そのものの多元性をめぐる思考を要求するものとなることだろう。

＊本文中のレヴィナスからの引用は以下の略号と版による。略号の後ろの数字は、原著頁／邦訳頁である。

［ADV］ *L'au-delà du verset : Lectures et discours talmudiques*, Minuit, Paris, 1982. 合田正人訳『聖句の彼方』（法政大学出版局、一九九六年）。

［AE］ *Autrement qu'être ou au-delà de l'essence*, M. Nijhoff, La Haye, 1974. 合田正人訳『存在の彼方へ』〈講談社学術文庫〉（講談社、一九九九年）。

［DQV］ *De Dieu qui vient à l'idée*, Vrin, Paris, 1982. 内田樹訳『観念に到来する神について』（国文社、一九九七年）。

［EDE］ *En découvrant l'existence avec Husserl et Heidegger*, Vrin, Paris, 3 éd., 1974. 佐藤真理人他訳『実存の発見』（法政大学出版局、一九九六年）。

［EE］ *De l'existence à l'existant*, Vrin, Paris, 1990. 西谷修訳『実存から実存者へ』〈講談社学術文庫〉（講談

社、一九九六年)。

[TA] *Le temps et l'autre*, Fata Morgana, Montpellier, 1979. 原田佳彦訳『時間と他者』(法政大学出版局、一九八六年)。

[TI] *Totalité et infini : Essai sur l'extériorité*, M. Nijhoff, La Haye, 1961. 合田正人訳『全体性と無限』(国文社、一九八九年)。

[TrI] *Transcendance et intelligibilité*, Labor et Fides, Genève, 1984. 中山元訳『超越と知解可能性』(彩流社、一九九六年)。

(1)「具体物に基づく意味作用の可能性」が存在論的差異の問題に接近する方法となるという、このような論理の背後にあるのは、観念が概念化のプロセスによって固定化されるものではなく、それが画定されるのがまさにそのつどの事例によってであり、決して事例から分離されては維持されないという思考である。これは、「理念は、それを連想させかつ固定する範型と不可分である」というタルムード解釈において採用される方法論だが、レヴィナス的パラディグムとして、今日タルムードに限定されることなく重要な思考法である。*Nouvelles lectures talmudiques*, Minuit, 1996 pp. 17-18, 内田樹訳『タルムード四講話』(国文社、一九八七年)四八頁、合田正人訳『聖句の彼方』(法政大学出版局、一九九六年)一二七頁。paradigme lévinassien という語は、*Revue philosophique de Louvain*, Édition de l'Institut Supérieur de Philosophie Tome 100, 2002 no 1-2, février/mai, p. 2 に記されているほか、*Universalis* ENCYCLOPÆDIA UNIVERSALIS, 1996 の paradigme (philosophie) の項でも「レヴィナスにおける範列的方法」について言及されている。

(2) ディディエ・フランク、本郷均他訳『現象学を超えて』(萌書房、二〇〇三年)「六 現象の演劇的展開」。

（3）　合田正人・谷口博史訳『われわれのあいだで』（法政大学出版局、一九九三年）、ピエール・アヤ編、合田正人・松丸和弘訳『他性と超越』（法政大学出版局、二〇〇一年）参照。

■文献案内

Lévinas, Emmanuel, *Le temps et l'autre*, Fata Morgana, 1979. レヴィナス、原田佳彦訳『時間と他者』（法政大学出版局、一九八六年）

レヴィナスの初期の著作。一九四六年から四七年にかけてコレージュ・フィロゾフィックで行なわれた講演をまとめたもの。その十数年後に、『全体性と無限』で展開されるレヴィナス独自の思考や概念がすでにちりばめられている。

Lévinas, Emmanuel, *En découvrant l'existence avec Husserl et Heidegger*, Vrin, 3 éd., 1974. レヴィナス、佐藤真理人他訳『実存の発見』（法政大学出版局、一九九六年）

一九三二年から一九六七年までの論考を集めたもの。（邦訳は一九二九年の論文も収録。）自らを常に現象学者と呼び続けた著者の、三十数年にわたるフッサールとハイデガーとの対話の軌跡ともいえる。二大主著に挟まれる時期に書かれた「言葉と近さ」は後期言語論への過程を知る上で興味深い。

Lévinas, Emmanuel, *Totalité et infini : Essai sur l'extériorité*, M. Nijhoff, 1961. レヴィナス、合田正人訳『全体性と無限』（国文社、一九八九年）

レヴィナスの二大主著のうちの第一のもの。二十世紀における代表的な哲学的著作のひとつといえる。西洋哲学の伝統にある存在論を、他を同化する全体性の哲学であると批判し、「絶対的に他なるもの」へと向かう倫理学こそが第一の哲学であると説く。

Lévinas, Emmanuel, *Autrement qu'être ou au-delà de l'essence*, M.Nijhoff, 1974. レヴィナス、合田正人訳『存在の彼方へ』（講談社、一九九九年）

レヴィナス第二の主著。「いまだ存在論的言語を用いていた」と後にふりかえる前作の思想を究極にまでおしすすめ、人間性の意味を「他者の身代わりになること」として提示する。デリダによる『全体性と無限』批判への応答の書ともいわれる。

4「個人的なもの」と平等をめぐる問い

●吉澤夏子

フェミニズムにおいて、個人的なもの／政治的なものの区別は、性差別の根源を成すものとして捉えられている。個人的なもの（私的なもの）＝女性／政治的なもの（公的なもの）＝男性という近代社会の二元論的な枠組みは、性別役割分業の規範として機能し、性差別的な社会構造を生成・強化してきた。したがって、「個人的なことは政治的である」というフェミニズムの基本的なテーゼは、この区別自体の消滅を志向している、ということもできる。しかしそれは最終的に、個人的なものの消滅という破壊的なインプリケーションを導く。そのために、「個人的なことは政治的である」というテーゼは、その内容が必ずしも周到に吟味されることなくスローガンとして使われている一方で、経験的な事実としては、誰もがこの区別（公私区分）を受け入れている、という捩れた状態がつづくことになった。「個人的なもの」や「政治的なもの」がいったい何を意味するのか、をめぐる繊細な議論はあまり行なわれてこなかったのである。

「個人的なことは政治的である」というテーゼに含まれる「政治的」とは、アーレントのことばでいえば「社会的」という意味である。アーレントは、近代になって「社会的なもの」が勃興し、公的なものと私的なものを同時に侵犯し歪めていった結果、現代では、両者の区別が曖昧になりその固有の領域としての意味――公共性と私秘性――をほとんど失っている、という。アーレントの考えでは、公的なものと私的なものは、互いが互いの存在理由を形成するという意味で密接な関係がある。そして「社会的なもの」は、この双方を同時に危機に陥らせる。そうだとすれば、一九六〇年代のアメリカで、公民権運動の高まりとともにその姿を現わしたフェミニズムの第二の波に対して、なぜアーレントがあれほど冷淡であったのかがよくわかる。アーレントは何よりもまず、社会的なものから、公的なものを守り確保しようとした。そしてその公的なものが、私的なものを前提としてのみ成立するものなら、そうした領域が社会的なものに呑み込まれてしまうことの危険性にも敏感だったはずだからだ。

アーレントは、古くて保守的な「政治的なもの」の概念にしがみついていたために、ウィメンズ・リヴの思想の「新しさ」を理解しえなかった、と批判される。しかしはたしてそうだろうか。アーレントは確かに六〇年代のフェミニズムを退けた。しかし九〇年代以降のフェミニズムはそれとは違った展開をみせている。アーレントの議論が新しいフェミニズムの展開にとって積極的な意味をもつ、ということも考えられる(1)。本稿では、そうした関心にも導かれ、アーレントの公私区分原則の厳格さ、

「社会的なもの」という概念、平等についての独特の考え方を手がかりにしながら、「個人的なものの領域」とは何か、またそこで志向される関係性において成立する（べき）平等とは何か、を改めて問い直す。そして「個人的なことは政治的である」という共通の出発点を確認したうえで、「個人的なものは個人的である」といいうる地点に立つことにどのような意味があるのか、を明らかにする。

1　社会的なものと平等

★古代ギリシアにおける公的領域と私的領域

アーレントは、よく知られているように、公的領域と私的領域を古代ギリシアのポリスと家族の関係に準え、両者の間に決定的な区別を設けている。[2]「政治的であるということは、ポリスで生活するということ」（四七）、このことばは「政治的」ということの意味をまさにあますことなく伝える。ポリスで生活しているのは、市民である男性だけである。そして市民である男性だけが人間の範疇に入るとみなされていた。市民は市民である限り平等である。アーレントの考えでは、人間はすべて（同じではなく）異なっている。平等とは、その差異をあえて無視することである。そうやって人為的にポリスのメンバーを「平等に扱うという規範」が共有されたとき、そこに平等が成立する。「人間が厳密な意味で平等でありうるのは、政治的領域においてのみである。いいかえれば、市民としてのみ人間は平等でありうる[3]」。そして同じ人間、同じ市民として平等であるという前提のうえで、彼らは、言論を通して、政治的生活を行なう。ポリスでは、言論がとりわけ重要である。なぜなら、言論を駆使することによって、市民は自分が「誰であるのか」というアイデンティティを、他者に対して明らかにすることができるからだ。つまりポリスでは、市民がそれぞれ唯一の存在者としてそこに集い、いかに自分が他者と違っているかを言論と活動によって示すことにおいて、平等なのである。これが「異なるものの平等」である。

この「異なるものの平等」は、しかし、決定的な不平等を前提にしていた。つまりポリスのメンバーである市民が政治的生活に参加するためには、彼らの生活の欲求（食べること、排泄すること、着ること、子どもをつくること、住むこと……つまり生きるということ）を満たす家族という私的領域が必要だったからだ。家族は、不平等の中心である。家族においては生命の必然にしたがって生きるしかない。男性と女性は、男性が個体を維持するために、女性が種の生命を維持するために、お互いがお互いにとって必然（必要）であるという関係において結びつき、家族を形成する。そこでは、男性家長が女性と奴隷を支配するという関係性の中で、時として力や暴力が正当化された。なぜなら、男性家長は、家族の必然を克服し、市民となってポリスの自由を獲得しなければならないからだ。自由とは何か。それは必然への従属から自由であること、そして支配する／支配されるという関係そのものから自由であるということだ。自由であるためには、生活の欲求＝生命の維持に関わるいっさいの事柄に拘束されていない、ということがどうしても必要である。そのために、男性家長は、奴隷や女性に命令し、時として暴力をふるっても、家族生活を支配しなければならなかった。(4)

私的（privative）とは、何ものかを奪われている（deprived）状態を意味しているという。それは人間として何かが欠けている、不完全であるという状態だ。つまり、私的生活にのみ関わっている人間は、ほとんど人間ではない、ということになる。だから、私的領域さえもつことを許されない奴隷ははじめから人間だとはみなされないし、私的生活にのみ関わる女性、そして私的生活に関わっているときの男性は、不完全な人間である。そして、男性家長だけが、市民として政治的生活に関わることによって、完全な人間の範疇に入ることができるのである。

公的領域（ポリス）と私的領域（家族）は「家族内における生命の必然を克服することがポリスの自由のための条件である」（五一）という関係にあった。両者はこのように互いが互いの存在理由になっているという密接な関係にある。しかしこうした「公私の関係」、「政治的なもの」、「私的なもの」の典型、その純化されたかたちは、ギリシア時代にしか見いだされない。両者の間に、「社会的なもの」という新しい領域が現われ、この二つの領域を変質させていくからである。

★「社会的なもの」の出現

「社会的なもの」は近代になってから現われた、という。「社会的なもの」とは何だろうか。アーレントはたとえば次のように言う。「社会が勃興し、「家族《オイキア》」あるいは経済行動が公的領域に侵入してくるとともに、家計と、かつては家族の私的領域に関連していたすべての問題が「集団的」関心となったからだ。現代世界では、公的領域と私的領域のこの二つの領域は、実際、生命過程の止むことない流れの波のように、絶えず互いの領域の中に流れこんでいる」(五五)。「家族の集団が経済的に組織されて、一つの超人間的家族の模写となっているものこそ、私たちが「社会」と呼んでいるものであり、その政治的な組織形態が「国民」と呼ばれているのである」(五〇)。つまり、社会的なものの勃興とは、かつて私的領域の中だけで完結していた経済的なもの(家族の生命維持の営み)が、公的領域へと浸出していく、ということを意味している。経済も政治も社会の機能の一部になり、家族の事柄も社会的関心を惹くようになった。こうして公的領域と私的領域の境界は曖昧になり、経済も政治も家族も社会に呑みこまれてしまったのである。

「社会的なもの」の勝利、それはいわば画一化、同一化、一体化という力の勝利である。社会的な領域には、そこに集う人々を「すべて、平等に、かつ平等の力で、抱擁し、統制する」(六四)力が働いている。政治的なものと社会的なものの決定的な違いは、ここにある。ポリスは、個人主義的でいかなる意味でも画一的ではない。つまり一人一人がその差異性において捉えられ、異なるものとして平等なのである。しかし社会的な領域では、一人一人はその同一性(匿名性、代替可能性)において捉えられ、いわば「同じものとして」平等であるにすぎない。「社会というものは、いつでも成員がたった一つの意見と一つの利害しかもたないような、単一の巨大家族の成員であるかのように振る舞うよう要求する」(六二)。社会は家族に似ているのである。家族は圧倒的な不平等の源泉だが、外から見た場合、それは家長の専制的権力の下に一つの意見一つの利害を共有しているものとして現われる。家族にも社会にも支配/被支配の構造がある。ただ家族は顔の見える「一人」の支配、社会は顔の見えない「無人」の支配であるという点だけが違う。

★「同じものの平等」の拡張

アーレントのこうした議論にそって考えると、フェミニズムの「個人的なことは政治的である」というテーゼに含まれる「政治的」は、「社会的」という意味に近いことがわかる。近代社会になって公的領域は政治的なものというよりは、より社会的なものへと変質していった。近代社会の基本的な理念の一つ、それはいうまでもなく平等である。しかしすでに明らかにしたように、近代社会の平等は、「同じものの平等」である。近代社会は、近代的諸個人の間に成立している均質的な平等性を基盤にしているからである。均質的とは次のようなことを意味する。たとえば、経済学は、「経済人」という類型を前提にしてはじめて成立する。経済人は、ある状況が与えられたとき、ある一定の行動パターンに従う。AさんでもBさんでもCさんでも……誰でもが、同じように考え同じように判断し同じように行動する。「経済人」という同一性のもとで、AさんもBさんもCさんも……誰もが「平等」なのである。学校や会社、スポーツクラブやサロンなどさまざまな社会集団にも、それぞれある一定の行動パターンに従うような類型的役割が暗黙のうちに前提にされている。このとき成立している平等が、均質的で画一的な「同じものの平等」である。

「個人的なことは政治的である」とは、こうした近代的な意味での平等の概念を「個人的なこと」にそのまま拡張せよ、ということである。このテーゼは、遥か古代ギリシアの時代から近代にいたってもなお「個人的なこと」(性関係を核とする男性と女性の関係性、その典型は家族)の中に、家父長的抑圧の構造が温存されつづけているという事実を暴露した、という点においてまさに画期的であった。

それはどういうことか。ポリスでは、男性家長が市民として公的なものへと参入し、女性は私的なものの中で動物として生命の必然(個体の生存、種の保存)を支えていた。このとき女性は人間の範疇には入っていなかった。私的なものにのみ関わることは「愚かしい」ことであり、それゆえに、女性は劣ったもの汚れたもの取るに足らないものとして見られ扱われたのだ。そしてそれが要するに差別されるということにほかならなかった。近代になって「人間はみんな平等」になった。しかしこれは原理の上だけのことで、実際は依然として人間であることと男性であることが等置され、女性は「同じものの平等」が適用される範囲からは除外されたのである。それは、二十世紀も初頭になってようやくこの矛盾が表面化し、「男なみの平等」=「同じものの平等」の獲得を求めるフェミニズムの第一の波が起きた、という事実をみればわかる。こうして女性も「人間である」という認識が原理の上だけでなく、事実として制度の上に反映されるようになった。

しかし私たちは、このことを本当に十分に認識しているのだろうか。この鋭い問いかけが、六〇年代になって、フェミニズムの第二の波をかたちづくることになった。女性が男性と「同じもの」とみなされているなら、なぜ女性だけが依然として劣ったもの汚れたもの取るに足らないものとして見られ扱われるのか、説明がつかないからである。そしてラディカル・フェミニズムは、「個人的なこと」

において、女性が依然として——まさにアーレントのいう意味において——私的なものにとどまっている、つまり家父長的抑圧を受けている、という事実を暴露した。近代社会の均質的な平等性は、諸個人ではなく、諸（近代）家族の間で成立していた、ということである。だからこそ、ラディカル・フェミニズムのテーゼは、家族という「個人的なこと」の内部へと分け入って、男性と女性の間に「同じものの平等」を成立させせよ、と命じるのである。

★公的領域と私的領域の危機

「個人的なことは政治的である」というテーゼは、アーレントの視点から見れば、二十世紀も後半にさしかかったときに、「社会的なもの」が肥大化をつづけ公的領域と私的領域を同時に危機に陥れている、その現実を象徴的に示したものだといえる。ラディカル・フェミニズムのこのテーゼが、最終的に個人的なものを徹底的に否定するという破壊的なインプリケーションをもつということは、アーレントの議論から直接導きだされることでもあるからだ。私的なもの（家族）から公的領域の中へ、社会が現われ、それが政治的なものを死滅へと追いやると同時に、私的なものの基盤をも切り崩す。もし「社会的なもの」が世界を覆い尽くしたとすれば、そこに拡がっているのは、他者を欠いた平板な、のっぺらぼうな空間だけだ、ということになる。もし公的なもの（公共性）の復権ということが要請されるなら、そこには同時に、何らかのかたちで私的なものが確保されるということが含まれるはずだ。

問題は、どのような意味で私的なものが確保されなければならないのか、つまり私たちのことばでいえば、個人的なものを個人的なままに止めておくとはいったいどういうことなのか、ということである。

2　個人的なものの領域
——二つの力に抗して——

個人的なものを個人的なままに止めておくというとき、それは二つの、相反する対照的な力に抗している、ということが重要である。一つは、社会的なものの画一的な平等を、個人的なものの領域へ均質に一様に拡張していく力、そしてもう一つは、個人的なものの領域における関係性を差別的なものへ変えようとする家父長的な抑圧の力である。この二つの力に抗するとはどういうことか。

★社会的なものによる平等化の力

アーレントは、政治的・私的・社会的という三つの領域をそれぞれ独自の原理によって統括されている独立したものとして扱っている。しかしすでに述べたように、現代社会では社会的なものが他の二つの領域を侵食し、その境界は限りなく曖昧になっている。たとえば、アーレントが社会的な区別として正当だとみなしていたものの多くは、今や「差別」として認識されるようになっている。アーレントは、休暇をすごすリゾートホテルがある一定の基準で利用者を制限しても、それは「区別」であって差別ではない、しかしバスや電車、駅、ビジネス街のホテルやレストランへの自由な立ち入りを制限することは差別になる、という。後者は、厳密な意味で公的な領域ではないが、すべての人が平等に扱われるべき公的な領域とみなされているからだ。しかし前者は、どんな人とどんなふうに休日をすごしたいか、という「結社の自由」の権利の問題だから正当化されうるのだという(5)。現代の私たちの感覚では、前者の「区別」も当然「差別」だとみなされるだろう。つまり、社会的な領域では、こうした区別を差別として排除していく力＝平等化の力が働いている。その結果、半世紀前に許容されていた区別が、現在では差別だと認識されるようになったのである。

そしてこの平等化の力は、今この現代社会においては、社会的なものと個人的なものの領域の境界でせめぎあっているかのようだ。なぜなら、「誰とどのような集団をつくるか」という自由がさまざまな場面で制限を受けるようになっても、「誰とどのような親密な関係性をつくるか」という自由は、今のところ「個人的なものの領域」を形成する端緒として正当だとみなされている、と考えられるからだ。このような視点からみれば、ラディカル・フェミニズムのテーゼは、個人的なものの手前で立ち止まる平等化の力を、社会的なものの肥大化の圧力に沿って正当化しただけだ、という解釈もできる。そしてこの平等化の力を徹底的に押し進めていった先には、個人的なものの破壊という事態が待ち受けている。個人的なものを個人的なまま止めておくためには、まずこの力に抗して、その領域の固有性を確保しなければならない。「個人的なものの領域」の固有性は、それが時として社会的なものと鋭く対立し、「同じものの平等」という規範が及ばない、「平等性の彼岸」として現われるという点にある。

★「個人的なものの領域」の特異性

まずここでそれが、アーレントのいう「私的なもの」、そしてラディカル・フェミニズムのいう「個人的なこと」とどのような点で異なるか、を明らかにしておこう。「私的なもの」は、人間が生命の必然にしたがって生きる場所であり、それゆえそこでの営みは動物的で「愚かしいこと」だとみなされていた。しかしローマ時代にはすでに「公的なものの仕事から一時的に逃れる避難場所」、そして近代以降、私たちにとっては「親密な領域」と、その評価も格上げされていった。しかしその核心にあるもの＝本性は変わることはなかった。社会の出現とともに、私的なものは一方で社会へと拡散していき、他方ではますます「内面」へと封じこめられ、その主観にもとづく情緒や感覚の世界を強く豊かなものにしていった。

近代家族は、「情緒的絆を基盤とした、性別役割分業のシステム」と定義される。(6) ここで強調されていることは、家族を成す契機《モメント》が、外的な要請（この中核にあるのが生殖という必然）よりも多く内的な欲求（情緒ということばで表わされる個人的な感情）に収斂している、ということだ。家族は必然から解き放たれ、「内面」をもつ自由な主体によって形成される「親密な領域」に姿を変えたのである。この親密な領域は、近代以降、ロマンティック・ラヴ・イデオロギーの浸透によって形成されていった。ロマンティック・ラヴという観念は、性と愛と結婚に強固な結びつきを与え、人々の性愛生活を「結婚には愛が必要だ」という規範のもとに統合する役割を果たした。そして「人は一生に一度恋愛をして結婚する」とか「家族は愛の共同体だ」といった言説が自明の前提として流通するようになる。ラディカル・フェミニズムの「個人的なこと」はまさにこの「愛の関係」をさしている。そしてそれがイデオロギーにすぎないこと、つまり愛という名のもとに家父長的な抑圧が隠蔽されている、ということを暴露したのである。男性と女性の関係性は、実は、「愛の関係」ではなく支配‐被支配という「差別の関係」である、と。

かつて、家族には剥き出しの「差別の関係」が現われていた。近代以降、それは「愛」というベールに覆われるようになった。しかしベールを剥いでしまえば、そこには女性が女性である（生殖という生命の必然に関わる）がゆえに差別される（劣ったもの汚れたもの取るに足らないものとして見られ扱われる）というまったく同じ構造が見えてくる、というわけである。ラディカル・フェミニズムの「個人的なこと」は、近代家族の核心の部分に、アーレントが「私的なもの」ということばで指し示したもの、つまり家父長的な抑圧の構造が在るという事実に対応しているのである。(7)

私たちが「個人的なものの領域」ということばで掬いとろうとしているものは、まずアーレントのいう「私的なもの」ではない。これは明白なことである。「私的なもの」が指し示す家父長的な抑圧の構造は不平等の実質（実体）そのものである。私たちは当然そうした物質的基盤を斥ける。では、ラディカル・フェミニズムの「個人的なこと」はどうか。「個人的なこと」に対応する家父長的な抑圧の構造は、実は「私的なもの」のように物質的基盤をもっていない。つまり「愛の関係」が「差別の関係」である必然はどこにもないのである。それは、近代以降「内面」（個人の主観）へと私的なものが封じ込められていった、ということと関係がある。「個人的なこと」を形成する関係性は、内面に（のみ）根拠をもつがゆえに、それは究極的には相互に不可知な、論証不可能なものにとどまる。そこに「愛の関係」があるのか「差別の関係」があるのかは、結局恣意的な信念の問題だということになる。したがって、「個人的なものの領域」は、外形的にラディカル・フェミニズムの「個人的なこと」を包摂している。しかし内容的にはいくつか異なる点がある。

★コンフルエント・ラヴによる「個人的なものの領域」

それは、近代から現代へと、親密な領域を編成する原理が変容しつつあるからだ。ギデンズは、ロマンティック・ラヴに代わって人々の意識や行動に影響を与える規範として、コンフルエント・ラヴという概念を呈示している。[8] コンフルエント・ラヴは、生殖（母性）を基盤に据えるセクシュアリティの在り方を前提にしていない、という点でロマンティック・ラヴとは決定的に異なっている。コンフルエント・ラヴは、二人の「出会い」から始まる偶発的で能動的な愛である。二人がその関係を価値あるものと認めている限りつづき、そうでなくなったとき解消される。「個人的なものの領域」は、基本的に、このコンフルエント・ラヴを基軸に据えた関係性が集積される場である。[9] 社会的に「同じものの平等」を共有している無数の人びとの中から、ある人を特別な人として選びとり、その人と親密な関係を切り結びたいという「欲望」を基盤にして、一つ一つの個人的・私秘的な関係性を積み上げていく場である。そのような関係性は、それ以外の場所（社会的な領域）で他の無数の人びとと切り結ぶ関係性とは、本質的に異なるものである。「個人的なもの」とは、ある人を他の無数の人びとから区別する、区別したいと欲する、何らかの情緒＝欲望によって象られている。それはある人にとってある特定の誰かが特別な意味を帯びて現われるという事実を生み出すものであり、異性間、同性間、師弟間、親子間、友人間……などどのような関係性にも生じうる。したがって、「個人的なものの領域」は、きわめて広範囲な現象を包括することになる。

そしてこの「区別」こそ、「個人的なものの領域」がその外部に対して「一つ」として現われるということ、すなわち「平等性の彼岸」であるということの根拠となるものだ。そこでは個人と個人の結びつきが緊密で特別な意味あいを帯びているので、逆に一人一人を個人として区別することが、もはやそれほどの意味をもたなくなっているのである。「個人的なまま」止めておかなければならないのは、このような意味での「個人的なものの領域」である。[10] だからこそ、社会的なものの「平等化」の力に抗さなくてはならないのである。

コンフルエント・ラヴは、性的にも感情的にも自由で対等な二人の人間を前提にしている。つまり、「個人的なものの領域」の内部では平等な関係性が志向されているのである。しかしそれはつねに達成されるとは限らない。いつでも差別的な関係へと転化しうるのである。もし個人的なものの中に、不平等な関係がみいだされるとしたら、それが「一つ」として現われるということ自体が、まさにラディカル・フェミニズムが看破したように、差別の証だということになる。そうなれば、個人的なものを個人的なまま止めておくことを十分に正当化できない可能性もでてくる。だからこそ、「自由で対等な関係」を差別的な関係へ変えようとする家父長的な抑圧の力にも抗さなくてはならないのである。

しかし「個人的なものの領域」において志向される平等な関係性とはいったいどのようなものか。「自由で対等な関係」とはどのように達成されるものなのか。

3 隠されなければならないもの

★親密な関係性における「異なるものの平等」

個人的なものが、家父長的な抑圧の力に抗するとは、親密な関係性にある二人の結びつきが、どちらか一人に代表されてしまうことがない――どちらか一方が他方を支配することがない――ということである。したがって、ここで志向されている平等は「同じものの平等」ではなく、「異なるものの平等」だということになる。

では、親密な関係性にある二人の間に「異なるものの平等」が成立している、とはどういうことだろうか。まず重要なことは、二人がそれぞれお互いにとって他者として現われている、ということだ。アーレントのいう「私的なもの」にはそもそも他者が欠けていた。ラディカル・フェミニズムの「個人的なこと」には支配される他者（つまり、支配する男性に同一化する女性）しかいなかった。ここに現われる他者は、相手に同一化することのない他者でなければならない。つまり、支配－被支配の関係から逃れて、それぞれが主体として対峙することができる、そういう他者でなければならない。こうした関係性がはたして可能なのか。とりわけ男性と女性の場合は、女性は女性であるがゆえに（その核心には、女性が産む性であり、性関係において従属的な位置づけをされているという事実がある）、はじめから、主体であることは不可能だとみなされてきたからだ。この点について考えるとき、フーコーが古代ギリシア社会の若者に向けたあの繊細で執拗なまなざしが手がかりになる。(11)

★受け入れつつ拒み、拒みつつ受け入れる

フーコーが問題にしているのは、成人男性と若者という男性同士の愛の実践において、恋される者（若者）が、自由民であり後に支配する者になるという事実である。若者は男性であり、いずれ支配する者の位置を獲得しなければならない。つまり彼は主体でなければならない。したがって、愛の実践において恋される若者は、恋する成人男性の求愛をただ「受け入れる」わけにはいかない。「受動的」であることは、ある意味で「女性化」されることであり、それは自由民であること＝主体であること＝支配する者になること、の否定であるからだ。だから彼はけっして受動的に振る舞ってはならない。しかしまたただ単純に求愛を拒めばいい、というわけでもない。このようにギリシアの若者には、自分が他者にとって「快楽の客体」であるという事実＝関係様式をどのように受け入れ、克服す

るのかという問題、つまり支配するはずの者が支配される者になるという二律背反をいかに克服するのかという問題が課せられていたのである。

フーコーは、二つのことを強調する。一つは二人の愛の実践が「美しい」形式を保持していること、もう一つはそのために恋する者も恋される者もともに「自己統御」の能力を確保する必要がある、ということである。二人の間には、求愛（くどき）から性愛行為にいたるまで、複雑に細心の気配りをもって編み上げられた社会的関係の実践があった。愛の行為における存在の仕方、振る舞い方を規定するものは何か、どのような態度の型や自己自身との関係の型が必要とされているか、二人はこうした問いをめぐって慎重に繊細に心を砕かなければならない。何のために？　それは、まず恋される者が、恋する者に屈服することなく自己自身を統御する（主体である）ためである。そして二人の関係が、単なる愛欲を満たすというそのつどの快楽ではなく、それを何らかのかたちにするため、愛情の絆という社会的に貴重な絆へと変換するためである。そのような関係性においてのみ、愛の実践は「美しい」形式を保持しうることになる。「美しい」とは、この場合言葉を換えていえば、まさに「自由で対等な関係」が成立していることを示している。

成人男性と若者の恋愛は、その圧倒的な力の不均衡ゆえに、問題にされた。それはまさに男性と女性の力の不均衡とパラレルである。ギリシア時代は、女性はほとんど奴隷と同じであり、他者（人間）にはなりえなかった。しかし現代社会において、女性は男性と同じように「主体」である。したがってギリシアの若者が抱えていた苦悩は、そのまま現代の女性たちのものでもある。若者たちは、ただ「受け入れる」のでもただ「拒む」のでもない在り方、すなわち受け入れつつ拒み、拒みつつ受け入れる、そういう生の技法を身につけなければならなかった。女性もまったく同じように、そうした両義性を生きることを強いられている。

受け入れつつ拒み、拒みつつ受け入れる。そのとき、二人の愛の実践が「美しい」形式を獲得することになる。その形式とはどのようなものかを考えるとき、フーコーがプラトンの『饗宴』から引いた次の言葉はきわめて示唆的である。「そのこと（求愛者の想いを受け入れること）には、絶対的なものは何もない。そのことは、それ自体では、べつに美しくも醜くもないのであって、それが美しくなされるときには美しい、反対に、醜くなされれば醜いのである」（二六四）。何を拒み何を受け入れれば、それが美しくなされることになるのか、具体的なことは一切書かれていない。ただ確かなことは、すべてを拒むべきではない、しかしすべてを受け入れるべきではない、ということだ。

★自由な選択の可能性

ラディカル・フェミニズムは、「個人的なことは政治的だ」という。それはすべてを拒むべきだ、ということである。なぜなら、男性と女性の性関係はすべて支配‐被支配という差別の関係にほかならない、つまり、それは醜くなされるほかはない、それがラディカル・フェミニズムの信念だからだ。しかし事実は、「そのことには絶対的なものは何もない」のである。そのことそれ自体は、けっして醜い（差別的な）わけではない。それが美しくなされる（自由で対等である）可能性は、常にすでに、開かれているのである。そしてそれが美しくなされる可能性は、何を拒み何を受け入れるのか、それを決定する（若者の、そして女性の）自由な選択の可能性にかかっている。「若者たちから寄せられる好意はというと、彼らが進んで同意してくれる好意がもっとも快いのだ」（二五二）。支配－被支配という権力関係の中に、「美しい」愛の実践はない。しかしそれは必然ではない。何を拒み何を受け入れるか、を決定し実践する自由は、権力関係として現われるかもしれないその同じ関係性にまさに内在している。親密な関係性が、醜いか美しいかは、はじめから決まっているわけではない、ということだ。

個人的なものの領域は、外側からの社会的な平等化の力に抗し、内側からの家父長的な抑圧の力に抗する、と言った。それはあくまでプライバシーの領域をこの個人的なものの領域に限定するということだ。つまり、個人的なものの領域は「個人的なまま」に止めておく、ということだ。そして親密な関係性はその外側に位置する他者に対しては、一個の他者として対峙し、他者危害原則が最低限のルールとして適用される。しかしその内側においては、お互いがそれぞれ異なるものとして平等であるという関係を維持しなければならない。個人的なものの領域が、その内部に公的なものの領域における関係性を抱え込むようなかたちで営まれるとき、はじめて、公的なものと私的なものが社会的なものから掬い出され、絶妙なバランスにおいて存立することができるのである。

★公的なものと私的なものの峻別

しかしさらに次のように問うことができる。そうした異なるものの平等がもし個人的なものの中にみいだされるなら、それが個人的なままに止まることにどのような意味があるのだろうか、と。なぜなら、公的なものと私的なもの、その双方が異なるものの平等の原理によって構成されているなら、論理的には、両者を一元化してもかまわない（というより一元化したほうがよい）と考えられるからだ。アーレントの場合は、私的なものにおける関係性は徹底した不平等に貫かれており、公的なものとは隔絶した世界であった。したがって公的／私的という二元論は必然であった。しかし私的なもののなかに、「自由で対等な関係」が成立するなら、それはそのまま公的なものの構成原理として活用することが可能ではないか、ということだ。しかし私たちは、公的なものと私的なものははっきり峻別されなければならない、と考える。それは、事実問題としてまず、近代以降公的なものと私的なものの間には社会的なものが介在しており両者を直接一元化することができない、という点に求められるが、それは外在的な理由にすぎない。公的なものと私的なものは、その在り方が決定的に異なるため、「異なるものの平等」が同じ構成原理とはなりえないからである。

政治的領域では、平等を強制することが正当化されている。差異を無視してメンバーを平等に扱うという原理が徹底している。そのうえで、一人一人が「私」の唯一性＝「誰であるか」を言論によって示しつつ他者と共存する。ここで重要なことは、公的に現われているものはすべて、他者によって見られ聞かれる、ということである。一人一人が、そのすべてを見られ聞かれる価値のある存在として、それぞれ異なった場所から世界に関わる。そのことによって唯一性を示すことができる。そして政治的領域では、その過程がすべて、いわば「ガラス張り」にされているのである。

しかし私的領域は違う。まずそれは何よりも「隠されなければならないもの」として在る。それが、プライバシーの領域として現われるということの意味である。外側から見れば、それ（親密な関係性）は一つのブラックボックスであり、あくまで「一つ」のものであるかのように現われる。そして外側からは、内側の関係性はけっして「見える」ことはない。それは、他者の内面が外側からはけっして見えない、ということとパラレルである。そこに一人一人異なる他者たちがいるということ、それはあくまで隠されたままであり、外側からはその関係性自体を構成する一人一人を独立に識別することはできない。もし識別できるなら、それは、一人一人がすでに公的なものへ現われた他者であるということを示している。私的なものはあくまで隠されなければならない。そして隠されなければならないもの、その核心に在るのは身体であり、性愛そのものである。[12] 愛の実践が、美しくなされようが醜くなされようが、さしあたって、そのことはけっして外側から「見える」ことはない。つまり、外側から何ら関与すべきことではない、ということである。個人的なものを「個人的なまま」止めておくということは、最終的に、このけっして「見える」ことのないものをプライバシーの領域として放っておくということ、放っておくという決断をする、ということなのである。[13]

（1） cf., Honig, Bonnie（ed.）, *Feminist Interpretation of Hannah Arendt*, Pennsylvania State University, 1995.

ボニー・ホーニッグ編、岡野八代・志水紀代子訳『ハンナ・アーレントとフェミニズム——フェミニストはアーレントをどう理解したか——』（未來社、二〇〇一年）参照。

（2）Arendt, Hannah, *The Human Condition*, Chicago University Press, 1958. ハンナ・アーレント、志水速雄訳『人間の条件』〈ちくま学芸文庫〉（筑摩書房、一九九四年）四三-一三二頁。以下アーレントからの引用には邦訳の頁数のみを記す。

（3）川崎修『アレント——公共性の復権——』〈現代思想の冒険者たち17〉（講談社、一九九八年）二四八頁。

（4）アーレントの場合、公的領域は支配-被支配から逃れた自由の領域である。したがって、近代以降、政治的な力だとみなされてきた支配、統治、権力、暴力などの概念は、むしろ前政治的な力、私的領域に属するものとされている。

（5）川崎、前掲書、二五一-二五二頁、参照。

（6）吉澤夏子『女であることの希望——ラディカル・フェミニズムの向こう側——』（勁草書房、一九九七年）四四-四五頁。

（7）厳密にいえば、「差別の関係」と「愛の関係」は正確に同じ関係を示すことばであり、とりわけ近代以降「愛」という「内面」が発見されたことによって、いわばコインの裏表のようにいつでも反転しうると考えられるものになった。この点について詳しくは、吉澤夏子『フェミニズムの困難——どういう社会が平等な社会か——』（勁草書房、一九九三年）「Ⅱ　性愛という問題」（八三-一五七頁）参照。

（8）cf., Giddens, Anthony, *The Transformation of Intimacy: Sexuality, Love & Eroticism in Modern Societies*, Polity Press, 1992. アンソニー・ギデンズ、松尾精文・松川昭子訳『親密性の変容——近代社会における

セクシュアリティ、愛情、エロティシズム――』（而立書房、一九九五年）参照。
（9）コンフルエント・ラヴ（confluent love）を基軸に据えた関係性とは、ギデンズのいう純粋な関係性（pure relationship）である。それは、その関係のためにのみ切り結ばれる関係であり、それが純粋であるのは、その関係がいつ始まりいつ終わるのかということ、すなわちその関係性が選択され選択されつづける根拠が、まさに二人の愛それ自体のなかに在り、そこにしかないという事実に求められる。現代社会における「個人的なものの領域」は、このように、生殖という物質的基盤に縛られることのないセクシュアリティのあり方を前提としている。
（10）野崎綾子は『正義・家族・法の構造変換――リベラル・フェミニズムの再定位――』（勁草書房、二〇〇三年）の中で、家族単位のプライバシーを男女の不平等を隠蔽し維持するものとして退ける一方で、個人のプライバシーに委ねる領域を残す（個人の同意なくして他者が原則としてアクセスできない領域を確保する）というかたちで、公私の区分を維持すべきだ、と述べている（六七頁）。「個人のプライバシーに委ねる領域」とは、すなわち「個人的なものは個人的である」といいうる領域＝「個人的なものの領域」である。
（11）M・フーコー、田村俶訳『性の歴史Ⅱ　快楽の活用』（新潮社、一九八六年）「第四章　恋愛術」（二三九－二八八頁）参照。以下フーコーからの引用には文末に頁数のみを記す。
（12）アーレントは私的領域にのみ生存することのできる非常に重要なものの一つとして愛を挙げている。それは公的に曝される瞬間に殺され、あるいはむしろ消えてしまう。「愛はそれに固有の無世界性のゆえに、世界の変革とか世界の救済のような政治的目的に用いられるとき、ただ偽りとなり、堕落するだけである」（七七）。単純化すれば、アーレントの私的領域（そして最終的にはラディカル・フェミニズムの

「個人的なこと」）では、１＋０＝１であり、政治的領域では１＋１＝２である。そして「個人的なものの領域」では、１＋１＝１になる。受け入れつつ拒み、拒みつつ受け入れるという両義的な関係性が、この矛盾した等式に示されているのである。

(13)　個人的なものの領域における平等が、たえず家父長制の抑圧の力に曝されているとすれば、それはいつでも不平等な関係へと転化する可能性がある。児童虐待やドメスティック・バイオレンスのように、親密な関係性それ自体が支配－被支配の構造に絡めとられていることが明らかな（１＋０＝１となってしまっている、そしてそのことを０にされた側が個人権の侵害として了解している）場合、そこへと介入する回路（法的な制度）を確保しておくことの重要性はいくら強調してもしすぎるということはない。しかしもしそうした不平等な関係性自体を自由に選択されたものとして（つまり１＋１＝１であると）了解している場合は、そこへ介入することは禁欲されなければならない。したがって、この放っておくという決断は、現実の世界のなかでは、常にベストではなくベターな選択にとどまるしかないのである。そしてこの決断（だけ）が、「個人的なことは政治的である」と「個人的なことは個人的である」の間を隔てる、ほんの僅かの差異を構成しているといえる。両者のテーゼは、真っ向から対立するのではなく、むしろほとんどの場面で重なり合いながら、この「決断」の場面で僅かにずれるだけである。それは両者とも、そうした現実的な「決断」に関わるとき、そのラディカリズムをそのまま徹底させることがないからである。前者は公私の区分を完全に放棄するわけではないし、後者は（アーレントのように）「個人的なもの」を完全なブラックボックスとして放置するわけではないからである。たとえば、児童虐待やドメスティック・バイオレンスのような事実に対して、事前に介入する（未然に防ぐことを目的に積極的に動く）という選択を私たちはけっして行なわないだろう。「個人的なこと」とは、基本的に、隠されているもの、私たちの目には触れないものである、という点が重要である。そうした事実を私たちが「認識」した（＝社会へとその事実が浸出した）とたん、それは厳密な意味では「個人的なこと」ではなくなる。そのときはじめて事後に介入することが可能になるのである。

■**文献案内**

アーレント、志水速雄訳『人間の条件』〈ちくま学芸文庫〉（筑摩書房、一九九四年）

「社会的なもの」が勃興し、公的なものと私的なものの区別が揺らぎ消滅していく過程を描いた第二章「公的領域と私的領域」は、スリリングな展開で今なお読者を魅了する。現代社会におけるプライバシーの意義を改めて問い直そうとするとき、大きな示唆を与えてくれる。

ホーニッグ編、岡野八代・志水紀代子訳『ハンナ・アーレントとフェミニズム――フェミニストはアーレントをどう理解したか――』（未來社、二〇〇一年）

「アーレントにおける女性問題」から「フェミニズムにおけるアーレント問題」へと視点を転換させることによって、アーレントの議論が、男性／女性というジェンダーの二項対立それ自体を問題化する独自の射程をもっていたことを、さまざまな角度から明らかにする。アーレントとフェミニズムの新たな出会いを模索する刺激的な書である。

フーコー、田村俶訳『性の歴史Ⅱ　快楽の活用』（新潮社、一九八六年）

フーコーは、主体化＝従属化する権力から逃れる「自己への配慮」の可能性を、その権力の外部にではなく、その権力の生成過程の内部に見いだそうとした。フェミニズムはそこから、主体化＝従属化という権力の「結果」に照準するだけではなく、権力の過程に内在しつつそれを克服する関係性の在り方を模索することがいかに重要かを、学ぶことができる。

ギデンズ、松尾精文他訳『親密性の変容』（而立書房、一九九五年）

近代社会から現代社会へ、ロマンティック・ラヴに代わって人々の意識や行動に影響を与える規範として、コンフルエント・ラヴという概念を呈示し、親密性の領域が被る変容を包括的に論じている。「情緒的な達成」がもっとも重要な課題になっている現代社会の様相を大きく把握するためには必読の書といえる。

野崎綾子『正義・家族・法の構造変換――リベラル・フェミニズムの再定位――』（勁草書房、二〇〇三年）

リベラリズムとフェミニズムをいかに調停し接合させることができるか、この困難な問いに真正面から取り組み、ラディカル・フェミニズムの批判に真摯に応えるかたちでリベラリズムの理論的可能性を汲み尽くし、新たなフェミニズムの構想を呈示する。

なお近代社会の成立とフェミニズムの思想との必然的な結びつき、およびラディカル・フェミニズムの思想的な革新性とその限界（困難）を理論的に明らかにしたものとして、吉澤夏子『フェミニズムの困難』（勁草書房、一九九三年）と、「個人的なものの領域」を現代社会論的な文脈で論じたものとして、吉澤夏子『女であることの希望』（勁草書房、一九九七年）を挙げておく。あわせて参照して欲しい。

II　差異の系譜学

5　「バイオエシックス」から「バイオ政治＝倫理学」へ

――「ポスト人間」時代におけるヒトと人格――

●岡本裕一朗

1　「ポスト人間」時代の到来

★バイオエシックスの新たな段階

一九七〇年前後、アメリカでバイオエシックスが展開され始めた頃、「ヒトと人格」の差異はホットな話題となっていた。妊娠中絶をめぐって「胎児はヒトか人格か」が問い直され、中絶の是非が議論されたのである。この問題は「パーソン論」と呼ばれ、現在でもバイオエシックスの基本的な問題と見なされている。

しかし、その後のバイオテクノロジーの進展はめざましく、旧来の枠組みを大きく超え出てしまった。[1] 現在では、「胎児」が問題になるのではなく、それ以前の「受精卵」の段階で事は決まってしまうのだ。簡単に押さえておこう。七八年にはいわゆる「試験管ベビー」の第一号が誕生し、八四年には凍結受精卵から人間を誕生させることが可能になった。他方、遺伝子工学の発展によって、八〇年代には胎児の「出生前診断」が普及したが、九〇年代になると受精卵の「着床前診断」が可能になった。そして、この流れのなかで二十世紀末に衝撃的なニュースが次々と伝えられることになる。一つは、九七年に発表された「体細胞クローン羊」の誕生である。もう一つは、九八年に発表されたヒトの「ES細胞」つまり「ヒト胚性幹細胞」の樹立である。さらに、二〇〇〇年には「ヒトゲノム」配列の完全な解読が予定より早く終了した。こうして、遺伝子情報にもとづいて受精卵の段階で「人間の選別（差異化）」が可能になるだけでなく、やがては生殖細胞系の遺伝子を操作することによって「人間の本質」を改変（差異化）することも可能になるだろう。まさに、二十一世紀を迎えて、「ポスト人間」の時代が到来したように思われる。[2]

明らかに、バイオエシックスは今までとは全く異なる、新たな段階に立つに至ったのである。イメージ的に言えば、従来のバイオエシックスでは、臓器移植であれ、安楽死であれ「生身の人間」を対象として議論が展開されていた。「人間以前」を問題にする場合でも、せいぜい「胎児の道徳的地位」が問われるにすぎなかった。ところが、最近話題になり始めたのは、そうした具体的な人間を突き抜けた領域なのである。受精卵や「クローン胚」、さらには「ES細胞」といった「ヒト以前」の次元に、問題がシフトしつつある。このとき、バイオエシックスはどのように対処するのだろうか。

「人格」どころか「ヒト」とさえ呼べない場面で、いかなる議論が可能なのだろうか。

もしかしたら、「人間の尊厳」という古めかしい概念に訴えて、バイオテクノロジーの逸脱に、倫理的な「歯止め」をかけようとする人がいるかもしれない。しかし、ヒト以前の段階に「人間の尊厳」を語り得るかという疑問はさておき、現在の状況でいったい何が倫理的かさえも自明ではない。こうした倫理的な概念を最初から前提すれば、逆に現在進行しつつある事態に、目を塞いでしまうかもしれないのだ。むしろ、いま必要なのは、わたしたちの生命に対して、現在どんな状況が進展しつつあるのかを明らかにすることであろう。では、進行しつつある状況とは何か。

それをここでは、フーコーやアガンベンの「生政治」にならって、「バイオ政治」と呼ぶことにしたい。人間の「生命」の最もプリミティブな次元で、政治化が進行しているのである。生命を操作し、制御するという仕方で、生命を政治化するわけだ。しかも、この「バイオ政治」は上から強制的に作用するのではなく、人々の欲望を起点として多様に展開されるのである。個人の自由な選択決定によって、「バイオ政治」は推進されるのだ。その意味で、現代の「バイオ政治」は、「リベラルな優生主義」と考えることができる。問題は、このリベラルな「バイオ政治」において、いかなる倫理的実践が可能になるのか、ということである。

こうして、「ポスト人間」の時代において、バイオエシックスは「バイオ政治=倫理学」へと転換する。その準備をすることが、以下の議論によって遂行される。

2　「パーソン論」
――ヒトと人格をどう区別するか――

時間を三十年ほど遡って、ヒトと人格の区別が問題になる場面から始めよう。一九七三年にアメリカで妊娠中絶が合法化される以前に、その是非をめぐって激しい論争が展開されていた。その中でも、「妊娠中絶と新生児殺し」を擁護したマイケル・トゥーリーの論文（一九七二年）は、最も衝撃的でエポック・メーキングな議論を提出したのである。そのとき、トゥーリーが依拠したのは、ヒトと人格（パーソン）の区別であった。その後、「人格」概念は、バイオエシックスにおいて、いわば「パラダイム」のように通用し始めることになった。そこで、トゥーリーの「パーソン論」を確認しながら、「ヒトと人格」の差異について考え直すことにしよう。

★トゥーリーの「パーソン論」

一般に、妊娠中絶を擁護する場合、ジュディス・トムソンのように女性の「自己決定権」に依拠する「プロ・チョイス」派が多い。ところが、トゥーリーは「胎児」のあり方を問題にし、「生きる権利」をもつかどうかを検討する。(3) ここから、「人間の胎児と新生児は生きる権利をもたないので、妊娠中絶と新生児殺しは道徳的に許容可能である」というショッキングな結論が導出される。この過程で援用されたのが、「ヒト」と「パーソン」の区別である。personを日本語として「人格」と訳すのが適切かどうかは問題だが、生物学的人間、つまり「ホモ・サピエンス」から区別される点がポイントである。そこで、生物学的人間を「ヒト」と呼び、「パーソン」を「人格」と呼ぶことにしよう。しかし、「ヒト」と「人格」の区別が「生きる権利」とどうかかわるのだろうか。

トゥーリーの議論は、簡単に言えば次の三つにまとめることができる。第一に、「生きる権利」をもつのは「ヒト」ではなく、「人格」であること。第二は、「人格」は「持続的主体としての自己意識」をもつこと。第三に、可能性原理を徹底的に排除すること。つまり、潜在的にではなく現に今、持続的な自己の概念をもつ「人格」だけが、「生きる権利」をもつわけである。この条件（「自己意識条件」）から考えると、胎児だけでなく、新生児もまた「生きる権利」をもっていないことになる。胎児や新生児は、たとえ「ヒト」であるとしても、「人格」ではないのだから、「生きる権利」が認められないのだ。

★「人格」と「生きる権利」

この議論に、ピーター・シンガーは「種差別主義批判」の方向から、援護射撃を行なっている。[4]「ヒト」であるというだけで「生きる権利」を認めることは、「自分がたまたま属した種（ホモ・サピエンス）」を特権視する恣意的な考えだ、というわけである。人間以外の動物で、胎児や新生児以上に高い知能をもつ動物がいる。たとえば、チンパンジーは持続的な自己の概念をもち、「人格」と呼ぶにふさわしい、と考えられている。とすれば、チンパンジーは「生きる権利」をもち、殺害することはできないのである。それに対して、胎児や新生児は、「自己意識」をもっていないので、殺害しても道徳的には許される。

こうして、トゥーリー、シンガーの路線で行けば、「生きる権利」をもつのは、ヒトではなく「人格」であり、妊娠中絶や新生児殺しは認められることになる。そこで、三つの様態を区別できるだろう。まず、「ヒトでない人格」としては、たとえばチンパンジーやゴリラ、イルカなどがいる。次に、「人格でないヒト」には、胎児や新生児、無脳症児や植物状態のヒトも含まれる。そして、「人格であるヒト」と呼べるのは、知的な能力をもっている大人の人間である。この分類からすれば、「すべてのヒトが人格であるわけではない」し、また「すべての人格がヒトであるわけでもない」。そのため、ヒトと人格は存在のクラスが全く異なっている、と言われるかもしれない。

この大胆な議論に対して、割り切れない感情を抱く人がいるかもしれない。胎児はともかくとして、新生児や植物状態のヒトまでも「人格」と認めないのは勇み足ではないか、と考えられるだろう。そこで、折衷案として提出されたのが、エンゲルハートの「社会的意味での人格」の概念である。(5) エンゲルハートは「人格」概念が多義的であると考え、「自己意識をもつ理性的主体」という「厳密な意味での人格」に対して、「ある種の存在をあたかも人格であるかのように取り扱うことの有益性」という点から「社会的意味での人格」を想定する。この「社会的意味での人格」には乳児や新生児などが含まれ、尊敬をもって保護されなければならないとされる。ところが、エンゲルハートは「人格」概念をこのように広げているにもかかわらず、「胎児」を「社会的意味での人格」には含めない。

いずれにせよ、いくらか手直しをしても、パーソン論の視点からいえば、「胎児」は厳密な意味でも、社会的な意味でも「人格」ではなく、「生きる権利」をもっていないのである。「胎児」はヒトではあるが、「人格」ではない。

3「人間の尊厳論」
――「ヒトと人格の区別」をどう解消するのか――

★クローン技術は道徳的に認められるか

「ヒトと人格」をめぐる問題は、現在では全く違った状況を迎えている。バイオテクノロジーの発展によって、「受精卵」や「クローン胚」を体外で取り扱うことができ、そこからES細胞を樹立することも可能になったのだ。そのため、議論は胎児や新生児から、もっとプリミティブな領域へ移っている。(6)

たとえば、「受精卵」を着床前に遺伝子診断することによって、選択的妊娠が可能になってくる。妊娠中絶をしなくても、重い遺伝性疾患を回避できるのだ。また、ES細胞は「身体のあらゆる組織に分化する能力を持った細胞」で、移植用の臓器や組織を提供できると考えられている。とくに、クローン胚からES細胞を樹立すれば、拒絶反応のない臓器を作ることができるだろう。ドナー不足と拒絶反応という臓器移植の問題点を、一挙に解決する道が開かれるのだ。いずれも、技術的にはまだ完全ではないが、今後の研究によって次第に整備されていくはずである。ところが、こうした最近の研究や技術に対しては、倫理的な観点から根強い批判が存している。しかし、「ヒトか人格か」という観点からいえば、ここで問題になっているのは胎児以前の段階であって、明らかに「人格」ではない。とすれば、いったい何故、それほど反対されなければならないのだろうか。

問題を確認することにしよう。着床前診断をして選択的妊娠をする場合には、複数個の受精卵を作製し、その中から取捨選択することを含んでいる。選択されなかった受精卵は、廃棄されるだろう。また、受精卵やクローン胚からES細胞を樹立する際には、それらを破壊しなければならない。つまり、着床前診断にしろ、ES細胞にしろ、受精卵やクローン胚を廃棄したり、破壊したりするわけである。さらに、着床前診断は受精卵を選別（差別）することであり、ES細胞の樹立は受精卵やクローン胚を道具化することである、と言われるかもしれない。しかし、これだけでは十分ではない。パーソン論の観点からいえば、受精卵やクローン胚は「人格」ではないのだから、それらを廃棄・破壊しても道徳的には認められるはずだ。

★「人間の尊厳」とは何か

そこで、しばしば援用されるのが、「人間の尊厳」という古めかしい概念である。[7]「世界人権宣言」（一九四八年）や「ドイツ基本法」（一九四九年）などに依拠しながら、着床前診断やクローン技術やES細胞作製に反対するために、「人間の尊厳」が力説されるわけである。しかも、この概念は、カントの「実践的命法」(「人間性を目的として扱え!」) と関連づけることによって、権威化されることが多いのだ。しかし、この概念が有効に機能するためには、いくつかの前提が必要であろう。

まず、「ヒトと人格の区別」を曖昧にしてしまうことである。「人間の尊厳」という場合、「人間」とは「ヒト」なのか、「人格」なのか、はっきりしない。いずれと考えるにしても、多くの問題が控えている。次に、可能性と現実性の区別を完全に解消しなければならないだろう。受精卵は「人間」というよりも、「潜在的な人間」と見るべきだろうが、「人間の尊厳」を語る場合、この区別は解消されるのだ。さらに、「個体」と「普遍的な類」が同一視されてしまう。尊厳をもつのは「個体」なのか、それとも「人間的な本質」なのか、明確にはならない。

しかし、そもそも着床前診断は本当に「人間の尊厳」を侵害しているのだろうか。具体的な形で考えてみたい。一つは二〇〇〇年にフランスで発表された事例で、致命的な遺伝病のために既に二人の子どもを失っている女性が体外受精を行ない、遺伝病の原因となる遺伝子をもっているかどうか着床前診断をして健康な子どもを出産した、というものである。もう一つは、アメリカの事例だが、ファンコーニ貧血で白血病も発症していた六歳の娘を救うために、母親が着床前診断によって受精卵を選択し、誕生した男児の臍帯血を娘に移植した、という報告である。これと類似した事例は、おそらくどこの国でも発生するにちがいない。このとき、「人間の尊厳」は侵害されたのだろうか。そうだとすれば、侵害を回避するには、いったいどうすべきだったのだろうか。

確かに、どちらの事例も、体外受精によって複数個の受精卵がつくられ、その中で取捨選択されたのは間違いない。また、受精卵の遺伝子診断によって、優劣がつけられ選別されたことも事実であろう。しかし、もしこれが行なわれなかったならば、すぐに死亡するかもしれない遺伝性疾患をもった子どもが生まれたり、白血病の娘が死亡したりするだろう。こうした結果を引き起こすほうが、「人間の尊厳」にかなっているのだろうか。それは違う、と言いたい。遺伝的に問題のある受精卵が廃棄されたからといって、直ちに「人間の尊厳」を侵害すると考える必要はない。

★〈人間〉概念の無効化

そもそも、いったい何が「人間の尊厳」なのか、明確ではないのだ。この概念に言及するとき、カント倫理学が権威づけのために利用される(8)。しかし、カント倫理学は、受精卵における「人間の尊厳」を証拠立てているのだろうか。カントは次のように述べている。

自然の体系における人間は、取るにたらぬ存在者であって、大地の産物として、他の動物と共通の価値をもっている。人間がこれらの動物にまさって知性をもっているとしても、……せいぜい人間に、他のものにまさる有用性という外的価値を、つまり……商品としての価格を与えるにすぎない。……しかしながら、人格としてみられた人間、すなわち道徳的‐実践的理性の主体としてみられた人間は、すべての価格を超えている。なぜなら、このようなものとして人間は、他人の目的に対する、いやそれどころか自分自身の目的に対してさえも単に手段としてではなく、目的それ自体として尊重されねばならないからである。すなわち、人間は尊厳（絶対的な内的価値）をもっている。

つまり、カントでは、尊厳をもつ「人間性」は「人格」と切り離して考えることはできないが、「人格とは、その行為に対して責任を帰することの可能な主体である」。人間は、自然的な存在として考えれば、取り立てて尊厳をもつわけではない。むしろ、人間性が尊厳をもつのは、「人格」＝「道徳的な理性的主体」という点にある。だからこそ、「道徳性だけが、そして道徳性をそなえているかぎりの人間性だけが、尊厳をもつ」とも言われる。ところが、この意味での人格は、まさにエンゲルハートが「厳密な意味での人格」と考えたものでもあった。とすれば、カントに依拠して、受精卵における「人間の尊厳」を語ることは無理があるだろう。

実を言えば、クローン技術やES細胞といった「ポスト人間」の状況に対して、古色蒼然とした「人間の尊厳」を適用したことに問題があったのだ。M・フーコーによれば、〈人間〉なるものは、十八世紀末に登場した「近代」に固有の概念であって、現代ではすでにアクチュアリティを失っているのだ。[9]一九六六年の『言葉と物』のなかで、フーコーは次のように言い放っている。「人間は、われわれの思考の考古学によってその日付の新しさが容易に示されるような発明にすぎぬ。そして、おそらくその終焉は間近いのだ。……人間は、波打ちぎわの砂の表情のように消滅するであろう」。

4 「人格の混乱」
——差異化への戦略——

★「クローン人間」と「人格の混乱」

とすれば、尊厳をもつのは、「人間」ではなく「人格」である、と言うべきだろうか。そして、この「人格の尊厳」という点から、「クローン人間」に対して反対意見が提出されるかもしれない。しかし、「クローン人間」は、基本的には「胚の破壊」ではなく、むしろ「胚の作製」によって可能になる。そのため、着床前診断やES細胞と同じように考えることはできない。そうであれば、いったい「クローン人間」のどこが、「人格の尊厳」を侵害していると言えるのだろうか。

ひとまず、「安全性」という条件についてはクリアされた、という条件の下で考えてみよう。いくつかの誤解を、簡単に取り払っておきたい。一つは、「クローン人間」が全く同じ人格を複製したものだ、という誤解である。確かに、クローン人間は「遺伝子の複製」であるが、しかし、「遺伝子の複製」が「人格の複製」でないのは明白だろう。もう一つは、「クローン人間」をつくることが「人格」の道具化・手段化になる、という誤解である。しかし、「クローニングの可能性は、恐怖を引き起こすような目的に必ずしも悪用されるばかりではないだろう(10)」。クローン人間の子どもだって、普通の子どもと同じように親の愛情を受けることができるのだ。最初から邪悪な意図を前提して、クローン人間を議論することは間違っている。

では、クローン技術をめぐってしばしば指摘される「人格の混乱」は、どう考えたらいいだろうか。ただし、ここで「人格」という場合、あくまでも役割的な意味で理解されている。今まで自然だと見なされていた家族的な関係が、クローン技術によって混乱させられる、というわけだ。そのため、クローン人間に反対するひとつの理由になっている。とすれば、クローン人間は「人格の混乱」を引き起こすために禁止すべきなのだろうか。

★複数の父／母

具体的な事例を仮定してみよう。ある女性（A）は、子どもが欲しくて自分のクローンをつくろうと思っている。そのために、彼女は別の女性（B）から卵子を提供してもらい、女性の医師（C）によって、クローン胚をつくってもらった。このクローン胚を、さらに代理母である別の女性（D）に着床させ、分娩してもらった。ところが、Aはあいにく事故にあい、子どもを育てることができないので、その友人女性（E）が、生まれた子ども（X）を育てることになった。このとき、この子ども（X）には、いったい何人の母がいるのだろうか。ある女性（A）と子ども（X）の関係は、親子関係と呼べるのだろうか。

遺伝的なつながりから言えば、子ども（X）の母親は女性（A）であると見えるだろう。しかし、AとXが全く同じ遺伝子をもっている点から考えると、この二人は一卵性の双子のように思われる。

つまり、Xは年齢の離れたAの双子の妹と呼ぶことができるだろう。そのときには、Aの母親（GA）はXの祖母ではなく、むしろ母親になってしまい、もうひとり娘が増えたのだ。また、Xには生物学上の父親は不在であるが、Aの父親（LA）はXの祖父であるとともに、父であると見なすこともできるだろう。まとめて言えば、XはAの娘であるとともに妹であり、GAの孫であるとともに娘であり、LXの孫であるとともに娘である、ということになるだろうか。もちろん、他の女性たちについても母親であることを主張できるだろう。それぞれ、「遺伝的な母（A）」、「卵子の母（B）」、「作製の母（C）」、「借り腹の母（D）」、「育ての母（E）」と呼んでおこう。何と、複雑なことか。

★既にあった複数の父/母

しかし、こうした混乱は、クローン人間の場合が初めてではない。L・M・シルヴァーは『複製されるヒト』のなかで、体外受精によって「三人の母と二人の父」が出現した、と述べている。「父親には、生物学上の父親と社会的父親の二種類があり、母親には、遺伝的母親、産みの母親、社会的母親の三種類がある」[11]。そして、体外受精における遺伝の混乱として、次のようなシナリオを想定する。

フローレンスとゲイルは一卵性双生児だ。フローレンスはフランクと結婚し、ゲイルはゲイリーと結婚した。不運にも、フローレンスはフランクに出会うまえに、卵巣嚢腫を患い、左右の卵巣の摘出手術を受けていた。フローレンスとフランクは子どもをほしがっているが、フローレンスには卵子がない。そこでゲイルは、フローレンスを助けるために、自分の卵子を提供することを決意した。ゲイルの卵子とフランクの精子の体外受精が行なわれ、フローレンスの子宮に胚が移植された。九ヶ月後、フローレンスは女の赤ん坊を産み、その子をフィオラと名づけた。フィオラの遺伝的母親は誰だろうか。

これに対して、シルヴァーは次のように答えている。フローレンスとゲイルは一卵性双生児なので、「間違いなく、フィオラの遺伝的母親はフローレンスになる」と。

クローン人間の場合には、ここで取り上げることはできないが、もっと混乱するような事例をいろいろ想定できるだろう。もし、現実にクローン人間が誕生すれば、法的にも混乱を引き起こすかもしれない。このとき、自然な人間的な関係が解体され、深刻な「人格の混乱」が生じる、と非難されるかもしれない。

★「家族の脱構築」

これに対して、デリダは次のように述べている。[12]「誕生や家族的絆のあり方が〈自然〉だったことなど、……これまでなかったのであって、この傾向はますます強くなると思われます」。ここから、デリダはきっぱりと結論づける。「法制度によってクローンニングを妨げることはできません」。現在進行している「家族の脱構築」に対して、抑圧するのではなく、むしろ「歓待」すべきなのだ。つまり、「他なるもの――わたしたちに作用を及ぼすためにやってくる出来事」を、迎え入れることが必要なのである。では、その理由は何だろうか。

「科学技術の力（人工授精、代理母、クローニングなど）は、将来的に、父／母関係における変異を加速させるでしょう。しかし、その影響がいかに目覚ましく恐ろしいように見えようとも、それは単なる加速であり、差延にすぎません」。具体的に言いかえてみよう。クローン人間によって、確かに複数の父／母が想定され、人格の混乱が引き起こされるかもしれない。しかし、デリダによれば、こうした事態は既に以前から生じていたのだ。体外受精の場合にも、複数の父／母を考えることができることは既に確認したが、それだけではない。普通の場合でも、「生みの親」と「育ての親」が異なることは多いのだ。「人格の混乱」があるとすれば、それは既にずっと以前から始まっていたのである。「よく考えてみれば、なんらかの仕方で、なんらかのクローニングはかつてもあったし、今もあるし、そしてこれからもあるだろう」。だから、あらかじめ〈自然な〉家族関係を前提し、どれか一つの同一的な父／母だけを「本物」として固定化することは、認められないわけである。いま必要なのは、「差異化された漸進的なアプローチを準備する」ことなのだ。

5 「ヒトの改良」

――超人化と育種化――

★スローターダイク論争

「人間の尊厳」ないし「人格の尊厳」を声高に叫ぶのは、ドイツを中心としたヨーロッパである。[13] カトリック系からも、「啓蒙的＝批判的知識人」からも、バイオテクノロジーは敵意をもって迎えられている。とりわけ、ナチス時代の「優生学」との連想も働いて、生命に対する操作は直感的に拒否されている。クローン人間だけでなく、着床前診断やES細胞研究に対しても、反対者は多い。

そうした状況で、一九九九年に遺伝子操作技術をめぐって、ドイツで大論争が巻き起こった。事の発端は、ポストモダン派のP・スローターダイクが行なった講演（「人間園の規則」）である。[14] 彼の講演は、元々はハイデガーの『ヒューマニズム書簡』に触発されて「ヒューマニズム」批判を展開することにあったのだが、予想外にもその中のニーチェ的な議論が批判を呼び起こすことになった。スローターダイクは、最近のバイオテクノロジーを念頭に置きながら、次のように述べている。

長期的な発展が、種族の特性の遺伝的改良にもつながるかどうか、将来の人間技術が明示的な形質計画にまで足を踏み入れるかどうか、人類が種族全体として、誕生時における運命論から選択的誕生、誕生前の選別への転換を遂げるか否か、このような問いのなかで——たとえぼんやりとして、不気味な形ではあっても——進化の地平がわれわれの眼前に解明され始めるのである。

この議論そのものは、取り立てて新しいわけではなかったが、「種族の改良」や「選択的誕生」という優生学的匂いのする表現に、批判が集まったのである。しかし、「種族の改良」や「選択的誕生」は、いったいどこに問題があるのだろうか。生殖細胞系の遺伝子を操作して、人間の特性を改良することは批判すべきだろうか。たとえば、受精卵を着床前に遺伝子診断して、遺伝性疾患が見つかったとしよう。このとき、遺伝子組み換えが技術的に可能になり、受精卵の段階で治療可能になれば、健康な子どもが誕生するだろう。そして、バイオテクノロジーの発展とともに、遺伝性疾患は減少していくと考えられている。つまり、受精卵の段階で遺伝子を組み換えることによって、遺伝性の疾患を回避できるのだ。

もちろん、遺伝子の改変はこれだけにはとどまらない。将来において、身体的能力と知的能力を向上させるために、遺伝子改変が可能になるかもしれない。エンゲルハートは次のように言っている(15)。「体細胞の遺伝子だけでなく、ヒトの生殖細胞の遺伝子操作に関わる能力が開発されるにつれて、われわれは人格が選んだ目標を雛形にし、それになぞらえてヒトの本性を加工できるようになるだろう。そして、このような加工はついに、ヒトの本性を根本的に変化させてしまい、その結果われわれの子孫は後世の分類学者により、新しい種と見られるようになるかもしれない」。つまり、生物学的人間、つまりヒトの種が変化するのだ。

こうしたヒトの改変が、バイオテクノロジーによって、どこまで現実化できるかは今のところ不明である。そうだとしても、この方向がどこへ導くのか、考えておく必要はある。ヒトの改変は何を意味するのだろうか。

★バイオテクノロジーと「超人化」

スローターダイクの議論が示唆するように、ヒトの改変はニーチェの「超人」化への道である、と考えられるかもしれない。[16] ニーチェは人間と超人の関係について、『ツァラトゥストラ』のなかで次のように語っている。「わたしはあなたがたに超人を教える。人間とは乗り超えられるべきものである。あなたがたは、人間を乗り超えるために、何をしたか。……人間は、動物と超人のあいだに張り渡された一本の綱である。……人間において偉大な点は、かれがひとつの橋であって、目的ではないことだ」。現在の人間は、バイオテクノロジーによって、「超人」へいたる道を歩み始めたわけである。とすれば、遺伝子改良技術の果てに生みだされる新たな種が「超人」なのだろうか。

しかし、スローターダイクの議論のポイントは、むしろニーチェの文脈から「育種・飼育・培養(Züchtung)」の概念を取り出すことにある。『ツァラトゥストラ』のなかで語られる、「徳によって人間自身を、人間にとって最良の家畜にしてしまった」というニーチェの批判を、スローターダイクは広い視野に置き直して次のように述べている。「人間というものは、その内のある者が自らの同類を育種する一方で、他の者たちは前者によって育種されるような獣である」。この表現を使えば、ニーチェが批判する「人間の家畜化」は、「人間を〈小さく〉育種すること」であって、その「小育種」が「ヒューマニズム」の正体と言えるだろう。しかし、問題は、この「育種」が超人化にもつながっている、という点である。

ニーチェの思惑では、人間の「家畜化」と「超人化」は全く対立した方向を目指している。しかし、翻って考えてみると、超人化もまた、ひとつの育種の営みと考えることができるのだ。では、どこが「家畜化」と異なるのか。まず、超人化は「人間を〈大きく〉育種すること」である。次に、超人化は「能動的・選択的に自己自身を育種すること」である。そして、現代のバイオテクノロジーによる遺伝子改良技術の発展によって、人間はそうした立場に立つにいたった、とスローターダイクは考えている。

人間たちが次第に、選別において能動的かつ主体的な立場に立つようになること――しかもその際に彼らが自ら望んで選別者の役割に到達したわけではないこと――は、技術的、人間技術的な時代の兆候である。……将来においては、ゲームを能動的に活用し、人間技術のコード体系を定式化することが重要な意味をもつようになるだろう。

では、「育種」という視点から、いったい何が見えてくるのだろうか。スローターダイクによれば、プラトン以来人間を育種することは、「ポリティックス」の重要なテーマであった。人間共同体のなかで、いかに人々を飼育・育種するかが周到に分析されてきたわけである。その点では、現代の遺伝子改良技術による育種も、「ポリティックス」であることに変わりはない。従来の育種が「人間の家畜化」であるのに対して、現代の育種は「種族の改良」であるが、ともに人間共同体の管理として「ポリティックス」なのである。現代の遺伝子操作が果たして「超人化」への道であるかどうかは別にして、スローターダイクの議論は「バイオ・ポリティックス」への手がかりを提供しているだろう。

6　バイオ政治＝倫理学へ向けて

バイオテクノロジーの発展によって、「ポスト人間」の時代が到来したように思われる。二十一世紀を迎えて、今までとは異なる次元の問題に直面していることは間違いない。この状況を解明するには、どのようなアプローチが必要だろうか。

M・フーコーは『知への意志』において、人間の生物学的な生（生命）そのものが統治の目標となる政治を、「生政治（ビオ・ポリティック）」と名づけている。この「生政治」は人間が単に「生きているということ」を直接に管理するという点では、「人間の一種の動物化」とも考えられている。フーコーの議論を受けて、G・アガンベンは『ホモ・サケル』のなかで、「剥き出しの生」という概念を提示し、こうした「剥き出しの生を政治の圏域に包みこむこと」を「生政治」と見なしている。(17)

フーコーにしても、アガンベンにしても、こうした「生政治」の概念を提示する際、必ずしもバイオテクノロジーを念頭に置いているわけではない。しかし、遺伝子操作技術によって、「生命」が直接に制御される現代の状況に対して、「生政治」の観点は非常に有効ではないだろうか。バイオテクノロジーの発展によって、人間の生命は「生きている」という最もプリミティブな次元で統治されているからだ。

「バイオ・ポリティックス（生命政治）」を考える場合、注意しておきたいのは、上から権力が抑圧的に働くのではなく、個々人の内部での自由な選択決定によって作用することだ。「バイオ・ポリティックス」は、「生命」をめぐって多様な欲望を形成するのである。この点から言えば、現在の「バイオ・ポリティックス」は「リベラルな優生主義」と呼べるもので、国家的な優生主義とは区別されなければならない。個人的であり、かつ主体的な優生主義であって、遺伝子操作技術は個人により自由に選択されるのである。着床前診断であれ、クローン技術であれ、遺伝子改変であれ、個人の欲望を起点として推進されていく。このとき、個人の自由に訴えて、遺伝子操作技術を批判することは不可能である。むしろ、必要なのは、「生命」と「政治」との密接な連関を解明することであろう。

このように考えると、「ポスト人間」の時代において、「バイオエシックス」は「バイオ政治＝倫理学」とならなければならないだろう。「生命政治」に対する分析こそが、倫理的な実践に方向を与えるはずである。

（1）バイオテクノロジーの発展については、粥川準二『人体バイオテクノロジー』〈宝島社新書〉（宝島社、二〇〇一年）を参照。

（2）「ポスト人間」という言葉は、F・フクヤマ、鈴木淑美訳『人間の終わり』（ダイヤモンド社、二〇〇二年）を参考にして使っている。しかし、フクヤマは「人間の尊厳」に基づいて、バイオテクノロジーを規制しようと考えているので、議論の方向は本稿とは全く異なっている。

（3）トゥーリー、トムソンの議論は、岡本裕一朗『異議あり！生命・環境倫理学』（ナカニシヤ出版、二〇〇二年）第1章を参照。

（4）シンガーの議論は、P・シンガー、山内友三郎・塚崎智監訳『実践の倫理』（昭和堂、一九九一年）第6章を参照。

（5）「社会的意味での人格」については、H・T・エンゲルハート、加藤尚武・飯田亘之監訳『バイオエシックスの基礎づけ』（朝日出版社、一九八九年）一五一頁以下を参照。ただし、エンゲルハートの議論では、どこまでが「社会的意味での人格」かを明確に境界づけることは意味をなさない。

（6）ES細胞については、大朏博善『ES細胞』（文春新書、二〇〇〇年）、粥川、前掲書を参照。また、遺伝子操作技術についてはR・ドゥウォーキン、小林公訳『平等とは何か』（木鐸社、二〇〇二年）五六〇頁以下を参照。

（7）「人間の尊厳」については、長島隆他「生命倫理と人間の尊厳」『理想』六六八号（理想社、二〇〇二年）を参照。

（8）カントの「人格」については、I・カント『人倫の形而上学の基礎づけ』、『人倫の形而上学』〈世界の名著32　カント〉（中央公論社、一九七二年）二八〇、三四六、五九四頁を参照。独立引用文は『人倫の形而上学』による。
(9) 「人間の消滅」については、M・フーコー、渡辺一民・佐々木明訳『言葉と物』(新潮社、一九七四年)三三八、三四二、四〇八、四〇九頁を参照。
(10) J・デリダ/E・ルディネスコ、藤本一勇・金澤忠信訳『来たるべき世界のために』(岩波書店、二〇〇三年)八〇頁。また、次のものを参照。Humber, J.M. and Almeder, R. F. (ed.), *Human Cloning*, Humana Press, 1998, p. 96.
(11) L・M・シルヴァー、東江一紀・真喜志順子・渡会圭子訳『複製されるヒト』(翔泳社、一九九八年)一六〇頁以下、一九九頁を参照。
(12) デリダ/ルディネスコ、前掲書、「3 秩序化されない家族」「4 予測不可能な自由」を参照。
(13) ドイツ系の議論については、次のものが参考になる。山内廣隆・松井富美男編『ドイツ応用倫理学の現在』(ナカニシヤ出版、二〇〇二年)、J・P・ベックマン編『医の倫理課題』(富士書店、二〇〇二年)。また、ハーバマスの議論についてはHabermas, J., *Die Zukunft der menschlichen Natur*, Suhrkamp Verlag, 2002. の論文S. 34 以下を参照。
(14) スローターダイク論争については、P・スローターダイク、仲正昌樹編訳『「人間園」の規則』(御茶の水書房、二〇〇〇年)の訳者解説三頁以下、および、フクヤマ、前掲書の議論一八六頁以下を参照。また、藤野寛『アウシュヴィッツ以後、詩を書くことだけが野蛮なのか』(平凡社、二〇〇三年)一九九頁以下にも紹介されている。
(15) ヒトの改造については、エンゲルハート、前掲書、四五九頁以下、シルヴァー、前掲書、二九四頁以下を参照。

(16)　F・ニーチェ『ツァラトゥストラ』〈世界の名著57　ニーチェ〉(中央公論社、一九七八年)二五八頁参照。

(17)　「生政治」については、M・フーコー、渡辺守章訳『性の歴史I　知への意志』(新潮社、一九八六年)一七一頁以下、『ミシェル・フーコー思考集成VII』(筑摩書房、二〇〇〇年)三六四頁、G・アガンベン、高桑和巳訳『ホモ・サケル』(以文社、二〇〇三年)七頁以下を参照。

■文献案内

Engelhardt, H.Tristram, *The Foundations of Bioethics*, 2nd ed., Oxford U. P., 1996. エンゲルハート、加藤尚武・飯田亘之監訳『バイオエシックスの基礎づけ』(朝日出版社、一九八九年)

生命倫理学の問題を体系的に理解したい人には、まずこの本がおすすめである。現在は第二版が出版され、エンゲルハートの「転向」が興味深い。しかし、分厚い本なので、最後まで読み通すには忍耐が必要だ。また、生命倫理学についての簡便な概観としては、次のものがよい。岡本裕一朗『異議あり!生命・環境倫理学』(ナカニシヤ出版、二〇〇二年)。

Fukuyama, Francis, *Our Posthuman Future*, Farrar, Straus & Giroux, 2002. フクヤマ、鈴木淑美訳『人間の終わり』(ダイヤモンド社、二〇〇二年)。

かつて「歴史の終わり」を表明したフクヤマが、今度はバイオテクノロジーの発展に警鐘をならした本である。彼の提言に賛同するかどうかは別にして、「ポスト人間」の段階を明確にした点で、参考になる。

Habermas, Jürgen, *Die Zukunft der menschlichen Natur*, Suhrkamp, 2002.

現代の有名な哲学者であるハーバマスが、生命倫理学に対して主題的に取り組んだ本である。ナチスの伝統にもとづいた、いかにもドイツ的な議論である。最近、日本ではドイツの議論がよく紹介されるようになったが、それについては次の二つの本が参考になる。山内廣隆・松井富美男編『ドイツ応用倫理学の現在』（ナカニシヤ出版、二〇〇二年）、Ｊ・Ｐ・ベックマン編『医の倫理課題』（富士書店、二〇〇二年）。

Sloterdijk, Peter, *Regeln für den Menschenpark*, Suhrkamp, 1999. スローターダイク、仲正昌樹編訳『「人間園」の規則』（御茶の水書房、二〇〇〇年）

ドイツのポストモダン派、スローターダイクが批判を呼び起こした問題の書である。この議論が、どうしてそれほど話題になったか、注釈なしでは理解しにくいかもしれない。訳者の丁寧な解説があり、参考になる。

Derrida, Jacques and Roudinesco, Elisabeth, *De Quoi Demain.....*, Galilée, 2001. デリダ／ルディネスコ、藤本一勇・金澤忠信訳『来たるべき世界のために』（岩波書店、二〇〇三年）

デリダが生命倫理学や環境倫理学にどんな考えをもっているかを知りたい人には、おすすめの一冊である。対談形式であるため、デリダにしては（？）理解しやすい議論である。

Foucault, Michel, *La volonté de savoir, Histoire de la sexualité 1*, Gallimard, 1976. フーコー、渡辺守章訳『性の歴史Ⅰ　知への意志』（新潮社、一九八六年）

フーコーの「生権力」の概念は、最近新たな視点から捉え直されつつある。たとえば、アガンベン、高桑和巳訳『ホモ・サケル』（以文社、二〇〇三年）、ネグリ／ハート、水嶋一憲ほか訳『帝国』（以文社、二〇〇三年）などを参照すると、新たな可能性が見えてくる。

⑥ 自然と環境

●藤村安芸子

1　はじめに

家の前の通りをしばらく行くと、すぐ目の前に緑なすゆるやかな斜面がひろがる。櫟や榛の木のしげるその丘には、ささやかながら清流がながれ、そこにつどう鳥たちのさえずりを聞くことができる。春になれば、こぶしの白い花がはなやかな彩りをそえ、夏には濃さをました緑が、涼やかな木陰をつくる。冬になると木々は葉を落とし、細くのびた枝のむこうに、冴えわたる青空をのぞむことができる。そうしたところに住んでいると、その折々に「環境のよいところですね」という言葉や「自然が豊かなところでいいですね」という言葉を耳にすることになる。

この二つの言葉は、相似たほめ言葉として、なにげなく聞き流してしまいそうになる。たしかに現在では、「自然」と「環境」は、ほとんど同じ意味をもつ語として扱われることが多い。それらは、私たちをとりまき、私たちの生活を支える、水や空気や生き物たちであり、さらに、今まさに破壊されつつあるものたちのことを指している。「自然にやさしく」と「環境にやさしく」という言葉は、そうした共通の意味を背景にして、使われているといえるだろう。

けれども、先ほどの言葉をよく眺めてみると、「自然」と「環境」では、異なった使われ方をされていることに気付く。「豊かな自然」や「よい環境」と言うことはあっても、「よい自然」と言うことには、どこか違和感がある。そうした使い分けがごく当たり前になされているとすれば、「自然」と「環境」を、それほど簡単に同一視することはできないだろう。

この論文では、そうした「自然」と「環境」のあいだにひそむ違いについて考察を進めていく予定である。その上で、そうした違いをもつはずの「自然」と「環境」がなぜ同じような意味あいで使われるようになったのか、さらにまたそのことによって、何が見失われていったのか、たどることにしよう。

そこで取りあげるのは、環境倫理や環境問題について日本語で論じているさまざまな書物である。その中には、自然科学の立場のものもあれば、具体的な活動を中心に語ったものもある。そうした書物において、「自然」や「環境」がどのように定義されているのか、あるいはどのような意味あいで使われているのか、丁寧に見ていくことにしよう。

したがってここでは、直接、環境倫理のさまざまな主張を取りあげ、その当否を問題にする、ということは行なわない。むしろ環境倫理を含むさまざまな学問や活動が、どのような意味で「自然」と「環境」という語を使っているのか確認することをとおして、それぞれの前提となっている世界の枠組みについて問うていこうとするものである。

2　「自然」と「環境」

あらかじめ「自然」と「環境」という言葉の歴史をさかのぼっておけば、両者はひとしく、近代になって新しく翻訳語として流通しはじめたという経歴をもっている。すなわち、「環境」は「environment」の訳語として、「自然」は「nature」の訳語として選び出された(1)。もっとも「環境」の場合は、それまでほとんど使われていなかったので混乱は少なかったが、「自然」はすでに独自の意味をもっていたため、複雑な様相を呈することとなる。元来「自然」は、「自然の」や「自然に」というように、形容詞や副詞の形で用いられ、そこでは「おのずから」という意味を担っていた。この場合「自然」はあるものの動きについて表現する語として用いられている。それが近代以降は、名詞として、そうしたものそのものをさす語としても使われることになった(2)。現在に至るまで続く、「自然」という語の曖昧さの根は、一つはここにあるといえるだろう。

ここではそうした事情に深入りすることはしないが、「自然」も「環境」も、近代の語彙という性格を強く帯びていることは見逃せない。この二つの語を使うことは、実はすでにある枠組みのもとで、ものと人の関係をとらえることになる。「自然」と「環境」だけが、世界を語る言葉ではないことを、あらかじめ心に留めておく必要があろう。

★主体と「環境」

いささか前置きが長くなったが、それでは二つの語の意味を見ていくことにしよう。ただし「自然」と「環境」では、圧倒的に「環境」の方が意識的に使われている。いいかえれば、明確に定義された上で用いられることが多い。そこで、ここでもまず「環境」という語を取り上げることにしよう。「環境」は、たとえば次のように整理されている。

> 環境とは、広い意味で、生物を取り囲む外的なさまざまな条件の総体をさす。狭い意味では、こうした外的な条件の中のうち、生物に何らかの影響を与えるものをさし、環境を構成する個々の条件を環境因子という。(3)

したがって、大きくいえば「環境」とは、ある主体をとりまく周囲の物や状態、ということになろう。一方で、右の説明で取り上げられている「狭い意味」こそが「環境」であると主張している論考も存在する。たとえば生態学者の沼田真は、次のように語っている。

この環境というのは生物をとりまく条件と考えられるが、そうかといっていわゆる外界の条件そのものと同じではない。環境という以上は外界の条件の中で生物の生活にとって意義のあるものがそうよばれるのである。……

環境というのはつねに生態系の主体からそれがどうとらえられるかという観点からあつかう必要がある。(4)

すなわち、私たちをとりかこむすべてが「環境」とよばれるのではない。私たちの生存にかかわりを持っているものが「環境」とよぶに値する。この言葉は、「環境」という語に、「関係」という概念が含まれることを強く主張したものといえるだろう。「環境」には、そうしたかかわりの存在を訴えかける力がある。

それは、そもそも「環境」が、ある主体が存在することによってはじめて成立するものだからであろう。この特徴は、狭い意味であれ、広い意味であれ変わらない。「環境」はあくまでも何ものかにとっての「環境」であり、その主体によって、その姿を変える。人間にとっての環境とイルカにとっての環境では、当然異なってくる。このように「環境」とは、設定された主体に応じて、何らかの実体を獲得する。さらにまた、「環境」が主体にとって「意義のあるもの」であるとすれば、「環境」とは基本的には主体の生活を支えるものと言うことができよう。逆に「環境」が悪くなるとは、それらが主体の生活をそこなう形でかかわるようになったことを意味している。

このような特徴をもつ「環境」という語が、最近の地球の異変をあらわす語として選び出された。今現在「環境問題」といえば、地球の温暖化や熱帯林の減少や野生生物の減少を指すことは、自明のこととなっている。

ではなぜ、それらは「環境問題」とよばれることになったのか。それは、このような異変が、人類の生存を脅かすものとして捉えられたからである。「環境問題」という語には、安定した形で己の生存を支えるはずのものが、急激に変化しつつあることに対する危機意識がこめられている。

この「環境問題」について、「環境」という語を定義した上で語ろうとする書物が、くり返し告げるのは、「環境問題」はあくまでも人間にとっての「環境問題」であるという事実にほかならない。たとえば『地球環境と自然保護』は、現在起こっているさまざまな「環境問題」を網羅的に記述した本であるが、その冒頭において、環境保護を目的とする環境科学における「環境」は、「人間の環境」であること、そこでは人間の生存のための努力が中心的な課題であることを強調している。[5]

このことは逆に言えば、こうした人間中心の視点が、見失われやすいことを示していよう。たしかに「環境」という語のみを使用する限り、主体の内実が曖昧となり、人間にとっての、という意識が希薄になる可能性がある。また環境倫理において主張される「環境主義」が、人間中心主義を否定する意味をもつことも、環境には主体が必要という前提を弱めてしまう一因であろう。「環境主義」と言うと、「環境」に最初から何か実体があり、人間ではなくそうした「環境」を優先するという印象を与えてしまうからである。

★「自然」に含まれるもの

さらに以上のような混乱は、おそらく「環境」が「自然」という語と重ねて使われることによって、増幅されているように思われる。なぜなら、「自然」の語には、「環境」がもつような主体の意識が存在しない。「環境」と「自然」を一緒に使うことは、より人間の立場を曖昧にしていくことになる。この点について確認するために、次に「自然」の意味について見ていくことにしよう。

とはいうものの、「自然」という語を定義した上で議論を進めていく論考は、きわめて少ない。その中で、「自然」の内容を明示した例としては、先ほども引用した沼田真の著作があげられる。沼田は「自然」について次のように整理している。

自然といえば、これを大きく生物的自然（動物、植物、微生物、人間）と非生物的自然（太陽光、水、大気、土など）にわけられるが、これらはただバラバラに存在するのではなく、互いに密接な関係をもって生態系（エコシステム）を構成している。(6)

すなわち「自然」には、生物や非生物を含めた様々なものたちが含まれる。この場合、「自然」は「環境」とは異なり、最初から具体的な実体を伴っていることになる。

もっとも、そうした様々な具体物を総称して「自然」とよぶためには、それら全体を一つのまとまりとしてとらえる視点が必要となってくる。たとえば自然科学の立場であれば、多様なものを貫く法則をつかまえることによって、全体を統一的にとらえるという視点を提示するであろう。けれどもこの視点が現在、どれほど実感をもった形で共有されているのかは、あらためて検証する必要があろう。[7]今でもなお「自然な」という語を使い続ける私たちは、むしろ「自然」とよばれるものの共通項として「おのずからなったもの」というイメージを抱いているのではないだろうか。

というより、現状に即していえば、「自然」に含まれるものはあまりに多様であり、その多様さをそのまま差し出して終わっているようにも感じられる。たとえば藤沢令夫は、自然とは何か、自然とどのようにかかわるべきか、という問題を考えるにあたり、次のような「自然」の姿をあげている。まず、「花鳥風月の「美的」自然」、あるいは「原生林や大海原の、「神秘」としての大自然」、さらに「生きる糧をもたらして人間を育くんでくれる「恵み」としての自然」と「厳寒酷暑や暴風雨や洪水・旱魃や疫病によって人間をおびやかす、「脅威」としての自然」である。[8]

ここには様々な「自然」が登場しているが、そのいずれも、ごく当たり前に納得しうるものであろう。けれどもそこで、これほど多様なものが、なぜすべて「自然」とよばれるのか問おうとすると、とたんに途方に暮れることになる。おそらくその場合は、こうした「自然」をとらえる主体として「人間」の存在を想定することになるが、そうすると即座に、では「自然」と「人間」はどのように区別することができるのか、といったさらなる疑問が生じてくる。[9]

★主体の位置

このように「自然」を一挙にとらえる視点を提示することは、きわめて困難である。[10] けれども「自然」は、そのうちに豊かな具体物を擁しているがゆえに、それぞれの文脈においてその内実を変え、使用することが可能となる。その場合、その全体としての意味は問われることなく、視点をもつ主体の位置は曖昧なままである。

それに対して「環境」は、主体との「関係」をとらえるという意識を、明確にうちだした概念といえる。したがって、「地球環境問題」を考えるにあたり、「関係」ということをとくに主張したい場合は、「自然」ではなく「環境」という語を使うことになる。その代表的な例が、環境社会学にたずさわる人々であろう。彼らは、「環境」を「自然環境」と「社会環境」に分け、それらとのかかわりの中で人と社会のあり方を問うていこうとする。[11]「社会環境」とともに使われる「自然環境」という言葉には、あくまでも人間とかかわりのある「自然」を問題にするのだ、という意識が反映されていよう。

あるいは、新しい環境倫理思想を提出しようとしている鬼頭秀一もまた、従来使われてきた「自然」という語に否定的な意味あいを見出している。鬼頭によれば、「自然破壊」も「自然保護」も、「人間と自然の二分法的な対立図式の中で考えられた、西洋近代に特徴的な考え方」[12] であり、これからは「人間や自然をそれ自体として独立して存在する実体として考えるのではなく、それぞれがその関係性の中に存在していることを認識することから出発しなければならない[13]」という。このような立場に立つ鬼頭は、「自然」を、「人間と自然的環境とのかかわりという、関係性のシステムすなわち、さまざまなリンクのネットワークの総体の中で客観的な対象として立ち現われるもの(14)」という形で定義している。この場合も、あくまでも「自然」を「人間」とのかかわりにおいてとらえようとしているため、たんなる「自然」ではなく「自然的環境」というより限定された言葉が選ばれたと考えられよう。

このように意識的に「環境」を用いるという傾向は、他の多くの書物にも見られるものである。ここ数十年の歴史を振り返ってみても、「自然保護・公害問題」が、「環境問題」へと移りかわっていったように、言葉もまた「自然」から「環境」へと中心がずれていった。より正確に言えば、「環境」の中に「自然」が含まれるようになった。このように「環境」が主流になったということは、私たちの生が地球全体とかかわるというイメージが、浸透したことを意味していよう。その一方で、まさに「環境」が「自然」を含みこむがゆえに、「環境」がもっていた主体の意識が弱まっていくという現象も生み出されている。

★失われていったもの

それでは逆に、このように「環境」が優勢を占めつつある中で、失われていったものは何であろうか。この問題について考えるために、そもそも「自然」の強調は、どのような形でなされていたのか見ていくことにしよう。

もともと環境倫理が、人間中心主義の否定をめざしていたことは、周知の事実であろう。それは「自然」のために「自然」を守るという主張であり、あくまでも人間の立場からの「環境」を守るという主張とは、相容れないものとなっている。もっともこうした主張は、すぐさま批判にさらされることとなった。たとえば、人間の利害と「自然」の利害が対立した場合どうするのか、そもそも「自然」を犠牲にせず人間は生きていけるのか、等々[15]。だからこそ人間のためにという意識を含む「環境」が台頭してきたと考えられよう。

けれども実は、人間中心主義を批判しようとした人々のもくろみは、違うところにあるのではないか。このように考えて、別の視点からこの問題について整理したものとして、田村公江の論考がある。田村は次のように述べている。

人間中心主義を批判する立場が擁護したいのは、実は、人間の価値に対抗する自然の価値なのではなく、語ることによってものを対象化する人間にとって、どれほど語っても到達できないもの（そこに人間が自然を享受する際の喜びがある）なのである。自然を上位に置くとしたら、それは、自然というものが、人間の言語活動があらゆるものを対象化するにもかかわらず、常にとらえそこなう部分として、人間を超えたものであるからであろう[16]。

田村によれば、「自然」の価値を主張しようとする人は、何か新しい価値の存在を提示しているのではない。むしろそのように、私たちがあるものを価値としてとらえようとする営み、それを超えていくものが確かにあることを訴えかけようとしている。

この分析にしたがえば、「自然」とは、一方で私たちの手の届くところにある具体物であると同時に、どこまでもそれをすりぬけていくものを指す。様々なものを総称して「自然」とよぶことは、そこにひとしく、私たちが分からない部分、かかわりえない部分があることを認めていることになる。このかかわりえない、という意味あいは、「環境」の中に含まれることはない。なぜなら、「環境」とは、私たちの生存を支える形で私たちにかかわるものたちのことを指すからである。したがって、「自然」が「環境」に変わる中で見失われていったのは、こうした、私たちがかかわれないものを思い描く営みであると考えられよう。

★とらえ尽くすことのできない他なる「自然」

このような営みは、現在でもなお、「環境問題」について語るいくつかの論考において見出すことができる。たとえば吉田雅章は、前述の鬼頭の主張を高く評価し、自身も「自然環境」という語を使いながら「人間と自然のかかわり」について論じている。けれども次の文などを読むと、「自然」が決して「環境」に解消されえないことを感じさせる。

本章では、その点をめぐって、自然が人間に開示され、自然がまさに「人間の環境としての自然」となるのは、実は「文化」概念を通じてでしかないことを明らかにしていきたいと考えている。[17]
このような問題提起にはじまる吉田の論文は、人間と「自然」のかかわり方の二つの方向として、「文化」と「文明」があるという分析へと移っていくのだが、ここでさしあたり注目したいのは、「開示」という言葉である。この表現は、「自然」はあくまでもその一部を人間の側に開くのであり、その背後には、いまだとらええきれぬ謎が広がっているということを物語っている。いわば「自然」は、人間にとって、とらえ尽くすことのできない他なるものであり、こちらからの接し方によってその相貌を変える。吉田が「自然」という語を使いながら語ろうとしていたのは、そうしたものとのかかわりであろう。

このような論考に通底しているのは、「自然」とは人間にとって「他なるもの」を指している、という意識である。この規定は「自然」をとらえるための一つの視点を提示したものと考えられよう。[18]そうした「他性」をいずれの部分に見出すかによって、人間と「自然」とのかかわりもまた、様々な様相を呈することになる。ここでは最後に、一貫してある視点から「他なるもの」としての「自然」について語った人物として柳田国男を取り上げ、その世界観について考察することにしたい。

3　柳田国男の風景論

これまでの議論において、もっぱら最近の論考を取りあげてきたのに対して、最後に明治生まれの柳田を登場させることには、いささか違和感があるかもしれない。しかしながら、柳田国男の著作は、本章の主題である「自然」と「環境」の差異という問題に関しても、見過ごせない内容をもっている。というのは、まさに柳田は、両者の語の違いを十分に意識しながら議論をすすめていたからである。そこでは、人と何ほどか異質なものについて語るときは「天然」や「自然」という語が用いられ、他方人とかかわるものについて語るときは「環境」や「風景」という語が使われている。

もっとも柳田は、「自然」と「環境」を概念として明確に定義した上で、論を組み立てていくという方法はとっていない。柳田の著作の中で、「自然」と「環境」に大きくかかわるのは、いわゆる一連の風景論とよばれるものであるが、これらはおもに紀行文や随筆のような体裁でつづられている。それらは一見すると、それぞれ固有の体験にもとづいた独立した文章のようである。けれどもその中には、世界をとらえる一貫した視点が存在している。ここでは、そうした隠された構造ともいうべきものがあらわになるよう、柳田の論を整理することにしよう[19]。

★「天然自然」、その「寂しさ」

柳田によれば、そもそも天然自然というものは、色に乏しく、それゆえに人を圧迫するものであった。それはたとえば、夏の日に濃い緑に染まる山々や、どこまでも青く澄みわたる海や、雪によって白一色に染め上げられた広い平野のことを思い浮かべてみるとよいだろう。そうした広漠たる山水の中に一人たたずむとき、人はその単調さに圧倒され、純然たる自然の強さを実感することになる。このとき人が抱く思いを、柳田は「寂しさ」という形で表現した。それは、旅をとおして柳田自身が感じたことであり、同時に、はるか昔その地を最初におとずれた人々が抱いたであろう感慨として、思い描かれたものであった。このように、人と天然自然との最初の出会いを夢想することは、歴史をさかのぼるという形で、その根源的な出会いの様相をとらえようとする試みであると言ってよいだろう。

さらに柳田は、その出会いの結果生み出される人の営みについても推測していく。人は、その寂しさにとどまっているばかりではない。人は天然自然のもつ単調さに耐え、その中で暮らしていくために、色を増やすことを試みはじめる。山を開き秋に色づく麦や紫雲英をまき、海をのぞむ岸に梅や桜などの花咲く木を植える。あるいは雪深い北の地へとむけて、くり返し椿をはこんでゆく。そうして永い年月が過ぎさるうちに、人々の加えた彩りが周囲の天然と結び合わさり、美しい風景ができあがる。このように生みだされた風景は、その中に刻まれた過去の人々の痕跡ゆえに、その中にたたずむ人々の不安をやわらげるとともに、天然自然をもなぐさめることとなる。なぜなら、人が寂しさを抱いていたのと同じように、単調な自然もまた「千古の寂寞」を抱いていており、己のうちに抱えこんだ心地よい変化を悦ぶからであった。

以上のように柳田の風景論において、「自然」は一貫して「他なるもの」として見出されている。それは人を圧迫する存在であり、人とは対照的なあり方をしている。「自然」を形容する言葉が「単調」や「広漠」であることから分かるように、「自然」は果てしない広がりをもち、永遠に同じ姿をとり続けている存在である。より正確に言えば、そうした本質をもつものとして捉えられたものの総体が、「天然自然」と呼ばれている、となろう。

それに対して人は、変化という性質を色こく背負っている。人は新たな土地を求めてうつり動き、やがては死んでゆく。そのはかない一生の中で、出会った天然自然に手を加え、そこに変化をもたらそうとする。

このように「自然」と人は正反対の形で存在しているが、その一方で柳田は、両者をひとしく「寂しい」という語で形容した。それは、人が抱えこむのと同じ苦しみを、「自然」の中にも見出したことを意味していよう。人はつねにうつろい続けざるをえず、「自然」はつねにそこにあり続けるほかはない。人と「天然自然」との根源的な出会いにおいて柳田が見出したのは、そうした双方が抱えこむ動かしがたい宿命であった。

★美しい風景

以上のように柳田は、人の手の加わっていないものを「自然」とし、人とのかかわりにおいて成立するものを「風景」であるとしていた。また、そもそも「風景」が成立するためには、それを見る主体である人の存在が要請されていることをふまえれば、「風景」と「環境」が相似た位置を占めるのも、納得がゆくだろう。(20) ただし柳田は、おもに「環境」ではなく「風景」という語を使い論を展開していった。それは、柳田にとって「風景」の方が、己がとらえた世界の全体像を描く上でふさわしかったことを意味している。

その理由は、「環境」があくまでも人とかかわるもののみに世界を限定する語であるとすれば、「風景」は、目に見えるものと同時に見えないものを、その背後にかかわりえないものを含みもつ言葉であるからだろう(21)。その背景につねに広がるのは、永遠に存在し続ける「自然」である。こうした「自然」とともにある「風景」は、人の一生をこえて生きつづけることになる。そのとき「風景」は、そこに代々住まう人のよりどころとなってゆく。

柳田が考えていたのは、このように、永きにわたって人々のよりどころとなるような美しい風景のことであった。人は生きていく限り、くり返しどこかで単調な自然に出会う。その寂しさをやわらげるのが、その中にひときわ映える草木の色、かつてそこに確かに人が存在したことを示す証だったのである。

そうした美しい風景は、たしかに人が、色鮮やかな草木をもたらすことによって生みだされる。けれども必要なことは、それだけではない。柳田によれば、己一人が作者となりよい風景をつくろうと思っても、失敗に終わる。これは柳田自身の体験にもとづくものであった。自分の住む村を美しくしようとして杏の木を植えた柳田は、最終的に次のような結論に達する。

作者が率先して忘れてしまうようでなくては、村の風景などはできあがるものでないことを、遅蒔きにやっと気がついたからである。……

土地と樹木との因縁は、我々などよりもずっと深く根強く、従ってまたゆっくりとしている。それをぜひとも先途を見届けなければならぬように、自ら義理づけることが物知らずであった。こういう場合こそは推理の力、もしくは単なる想像をもって遠い結果を夢みてもよい。(22)

当初柳田は、自分の植えた杏の木がすぐさま土地に根づき、美しい風景ができあがると考えていた。自分がその風景を見届けることができると考えていた。けれどもそのように、己の生のうちに一つの「風景」を作り出そうとすることは、自ら植えた木を人である己の時間の方に引きよせることになる。それでは木は周囲の自然のうちにとけ込むことができないだろう。背景となる自然は、私たちの生を超えて存在し続けている。その中に抱かれることによってはじめて、植えられた木を含む風景の全体は、一人の人の一生をこえて、人々を支えることになる。そのために必要なのが、人の側が、これから生みだされる風景を思い描きつつ、自ら植えた木を手放すということであった。そのことによって、木は木の時間を生きはじめ、背景となる緑のなか青い海のなかに位置づき、あざやかな色彩をくり返しもたらすことになる。

★「死」を支える「自然」

このように、背景となる「自然」は、人の営みを受けとめるという役割を果たしている。それは同時に、私たちの死をも支えていることを意味していよう。おそらく、「環境」が主流となりつつある現在の風潮に対して、「自然」について考える柳田の論考が意味をもつとすれば、それはまさにこの点にある。なぜなら、「環境」という概念は、己の生存を支えるものとして世界を統御することを意味しており、そこには己の死が組み込まれる場所が存在しないからである。

柳田の語る世界は、人の生だけではなく、死をも含み込んでいる。ここでは人は、己の手をはなれた木が、天然自然の中にはぐくまれることを思いながら死んでゆく。人は、遠い未来を夢見ながら死んでいくことができる。

逆にかつての柳田がそうであったように、「自然」のすべてに手を入れようとするとき、人は死を迎えることができなくなる。どこまでも手を入れ管理しようとすることは、ひるがえせば、どこまでも己の体において生を求め死を否定することにほかならない。けれども必ず死は訪れる。そのとき私たちは、どのように死を受けとめるのだろうか。

柳田は、どこかで私たちが、自ら植えた木を手放すことをすすめた。それはいいかえれば私たちが生を手放し死を受け入れることとひとしいであろう。そのとき私たちに必要なのが、私たちが植えた木を受け入れてくれる天然自然であった。そもそも「自然」と人は、それぞれ本質的に存在することの苦しみをかかえこんでいる。けれども人が「自然」の中に豊かな色をもたらすとき、両者の間に新しい地平が広がりゆく。人はその地平に思いをたくし、死を迎えることとなる。その営みの総体を「自然」はどこまでも遠く背後にあって支えている。天然自然は、そのように、私たちが安らかに死にゆくために、必要である。柳田国男は、そう私たちに告げている。

（1）「環境」については、沼田眞「生態学からみた環境教育」『環境倫理と環境教育』〈講座　文明と環境14〉（朝倉書店、一九九六年）を、「自然」については、柳父章『翻訳語成立事情』〈岩波新書〉（岩波書店、一九八二年）を参照のこと。
（2）相良亨「「自然」という言葉をめぐる考え方について――「自然」形而上学と倫理――」「「おのずから」形而上学」『超越・自然』〈相良亨著作集6〉（ぺりかん社、一九九五年）参照。
（3）小野昭ほか『環境と人類――自然の中に歴史を読む――』（朝倉書店、二〇〇〇年）二頁。
（4）沼田真『環境教育論――人間と自然とのかかわり――』（東海大学出版会、一九八二年）七六、七九頁。
（5）東京農工大学農学部『地球環境と自然保護』（培風館、一九九二年）一頁。
（6）沼田、前掲書、五三－五四頁。
（7）たとえば鳥越皓之は、普通の人の自然観として、「人にも動物や植物や石ころにさえ「たましい」とでも言い表すべきある種の「生の存在」の意味を認め、自分たちもこの種の存在の一員であるという考え」があると指摘している。鳥越皓之「人間にとっての自然――自然保護論の再検討――」鳥越皓之編『自然環境と環境文化』〈講座　環境社会学第三巻〉（有斐閣、二〇〇一年）一八頁。
（8）藤沢令夫「いま「自然」とは」宇沢弘文ほか編『自然とは』〈岩波講座　転換期における人間2〉（岩波書店、一九八九年）二頁。
（9）この問題について簡潔に整理した論考としては、養老孟司『いちばん大事なこと』〈集英社新書〉（集英社、二〇〇三年）があげられる。養老によれば、「自然」は「意識がつくらなかった世界」であり、その意味で人間の身体も「自然」に含まれる。この「自然」と対立しているのは、「ヒトの脳の代表的な働きである意識」である。「意識」がつくりだした「人工」の世界は、予測が可能だが、「自然」は予測が不可能である。「環境問題」とは、この「人工」の世界である都市がどんどん大きくなり、「自然」と対立することによって起こった問題である。このように整理すると、根本的な問題は、「身体という自然」と「意識」をあわせもつ人間とはいかなる存在であり、どのようにふるまうべきかということになる。

(10)　なお現在では「自然」を統一的にとらえる視点として、前述の沼田の言葉にも登場している「生態系」という概念が提示されている。これは、「自然」という全体は、そこに属する個体の相互関係によって安定的に保たれるというとらえ方である。そこからは、たとえば「調和」や「共生」というキーワードをかかげ、「自然」との一体感を実現することをめざせ、という主張も生まれてくる（高木仁三郎「エコロジーの考え方」宇沢弘文編、前掲書、などを参照）。この枠組みの問題点を簡単に指摘しておけば、前述の養老が取りあげたような、人間の「意識」の働きにかかわる問題が、見えにくくなるおそれがある。

(11)　飯島伸子「環境社会学の成立と発展」飯島伸子ほか編『環境社会学の視点』〈講座　環境社会学第一巻〉（有斐閣、二〇〇一年）参照。

(12)　鬼頭秀一『自然保護を問いなおす――環境倫理とネットワーク――』〈ちくま新書〉（筑摩書房、一九九六年）一二〇頁。

(13)　同書、一二〇－一二一頁。

(14)　同書、一六七頁。

(15)　環境倫理学に対する批判については、岡本裕一朗『異議あり！生命・環境倫理学』（ナカニシヤ出版、二〇〇二年）などを参照のこと。

(16)　田村公江「精神分析からみた環境倫理――J・ラカンによる欲望の次元――」加茂直樹ほか編『環境思想を学ぶ人のために』(世界思想社、一九九四年)一五三頁。
(17)　吉田雅章「環境問題と文化」長崎大学文化環境研究会編『環境と文化――〈文化環境〉の諸相――』(九州大学出版会、二〇〇〇年)三九-四〇頁。
(18)　さらにこの規定は、「自然」という問題を、西洋近代の枠組みをこえ出て、広くものと人との関係を問う場面を形成する可能性をはらんでいよう。たとえば佐藤正英は、まず方法上の仮説として、「自然」とは「意識をもち、かつ主体でもあるところのわれわれにとって、われわれとは相いれない、いわば絶対他物であるところのものである」ととらえる視点を提示し、古代日本における自然のとらえ方を解明することを試みている。佐藤正英「花鳥風月としての自然の成立――『古今集』を中心に――」金子武蔵編『自然　倫理学的考察』(以文社、一九七九年)。
(19)　以下の風景論は柳田の『雪国の春』や『豆の葉と太陽』をもとにまとめたものである。その詳細については拙論「「風景」と「人生」――柳田国男の紀行文をめぐって――」『季刊日本思想史』第62号(二〇〇二年十二月)を参照。
(20)　たとえば、『明治大正史　世相篇』の中の「風光推移」と題する章の冒頭には、次のような文章がある。

いわゆる環境が世代とともに改まって行かなかったら、それに包まれたる人生は荒れてるのである。そうして永く荒らしたままに悲しんでいることは、我々にはできなかったのである。新しい生活には必ずまた新しい痕跡がある。線と色彩とは当然に変って行くべきであった。俗悪という言葉がたいていは自分たちの勇んで働いている事業を、嘲り罵る結果になったのは、多分は風景を人間の作るものとは考えずに、どうしてそれが快く眼に映ずる事になるのかの、元を尋ねようとしなかったからであろう。

ここでは「環境」と「風景」は、私たちを包む世界という意味で用いられている。その特徴は「変化」であり、そうした変化をもたらすのは人間であった。(『柳田國男全集26』〈ちくま文庫〉(筑摩書房、一九九〇年) 一二三頁。

(21) たとえば木岡伸夫は、「見えるものと見えないものに相わたって成立するのが風景である」と指摘している。木岡伸夫「沈黙と語りのあいだ」安彦一恵・佐藤康邦編『風景の哲学』(ナカニシヤ出版、二〇〇二年) 三七頁。

(22) 『柳田國男全集2』〈ちくま文庫〉(筑摩書房、一九八九年) 四一三頁。

■文献案内

金子武蔵編『自然　倫理学的考察』(以文社、一九七九年)

倫理学の立場から「自然」について考察した論文集。「Ⅰ　西洋」「Ⅱ　東洋・日本」「Ⅲ　総括」という構成となっており、地域的にも時代的にも幅広い論考が収められている。「自然」概念について理解するための基本図書。

加茂直樹・谷本光男編『環境思想を学ぶ人のために』(世界思想社、一九九四年)

十七人の執筆者による論文集。環境倫理にかんする論考が中心となっているが、法学や経済学の分野からの提言も含まれており、環境問題について多様な角度から考察した一冊となっている。

鬼頭秀一『自然保護を問いなおす――環境倫理とネットワーク――』〈ちくま新書〉（筑摩書房、一九九六年）

人間と自然のかかわりの「全体性」を関係論的にとらえるという一貫した視点から環境問題について考察した書。前半部分で、これまでの環境倫理思想の系譜をたどっており、環境倫理思想の入門書ともなっている。

柳田國男『柳田國男全集2』〈ちくま文庫〉（筑摩書房、一九八九年）

『雪国の春』『秋風帖』『東国古道記』『豆の葉と太陽』など、旅と風景にかんする一連の文章が収められている。それらは、独自の情感をたたえた紀行文であるとともに、今なお見すごしがたい鋭い洞察を含んでいる。

西田幾多郎「私と汝」上田閑照編『西田幾多郎哲学論集I』〈岩波文庫〉（岩波書店、一九八七年）

「真の弁証法というものが考えられるには、物が環境に於てあり、環境が物を限定し、物が環境を限定するという考から出立せなければならぬ、即ち場所的限定の立場から出立せなければならぬ」（二七〇頁）。「環境問題」ではなく「環境」について考察するさいの必読文献。

7 情念論のゆくえ
——物語か歴史か——

●木村純二

1 「歴史の物語り論」の再検討

★野家啓一の「歴史の物語り論」

論者に与えられた課題は、「歴史」と「物語」の差異をめぐって、倫理学の立場から、問題の所在を見据えつつ論じることである。「歴史」と「物語」をめぐる議論は古くから様々になされているが、間近くは、近年分析哲学の立場から「歴史の物語り論」が提示されており、ここでの問題提起もそれを踏まえてのことと思われる(1)。そこで、まず、その代表的論客である野家啓一の所論を確認するところから、考察を始めていこう。

野家は、まず、現代においては、ヘーゲルやマルクスのように、歴史のなかに「目的」や「法則」を見出すような「大きな物語」としての歴史哲学は不可能であると言う。そうした歴史哲学は、みずからの視点を「歴史過程の外部に仮設している」のであり、それは言うなれば「神の視点」にほかならないからである。そこで、現代において歴史を語り得る「唯一の場所」として、「歴史の物語り論」が提示されることになる。「歴史の物語り論」は、歴史を「物語るという言語行為によって構成されるものと考える立場」である。すなわち、歴史は「物語るという言語行為」により「構造化」「共同化」されることで初めて「歴史的事実」となるのであって、それを離れて客観的な歴史的事実なるものは存在しない。歴史は、人々の「物語行為」を通じて解釈学的に再構成された「小さな物語」の「ネットワーク」として捉え返されなければならないのである。

野家のこうした主張は、「過去想起説」という時間論に関する哲学的立場に立脚している。「過去想起説」は、「想起」が「知覚」とは異なる経験の様式であることから、「想起」を過去の再現としてではなく、言語的な過去の制作として規定しようとするものである。「過去想起説」においては、過去の客観的実在性は否定され、「想起」による「言語的制作」によって過去が存在すると考えられることになる(2)。

こうした「過去想起説」を踏まえつつ、熊野純彦は、「ひととおり〈歴史の物語り論〉にそってことがらをかんがえてみるとき」、「ひとはなぜ物語り、なにを物語り、さらにまた、人間はどうして歴史を物語るのか」という問題が「なおのこる」と述べ、「いわゆる〈歴史の物語り論〉は、この間の事情をめぐって、なお問われるべきことがらを見のがしているようにおもわれる」と疑念を呈している。(3) 実際、野家の「歴史の物語り論」は、基本的に一つの歴史理論として提唱されており、物語の問題として「なぜ物語り、何を物語」るのかという点について、積極的に論じられることはない。そこでは、何が見のがされるというのか。

★熊野純彦の批判

熊野は、「いまは傍らを去って逝ってしまった親しい他者たち」にかかわる「物語り」こそが、「物語一般のはじまりであり、同時に、歴史を物語ることの始原であったとおもわれる」と述べ、だとすれば、「歴史とはそのはじまりにあって、一箇の〈追想〉であり、喪の儀礼そのものとむすんだ〈追憶〉にほかならない」と論じている。

むろん、物語ないし歴史を語ることの始原そのものはそれ自体議論の必要な事柄であり、熊野の主張はその意味で、ひどく魅力的ではあるが、一箇の歴史的仮説に過ぎない。しかし、熊野の議論の要諦は、むしろその先の時間論にあると思われる。

熊野は、まず、「過去想起説」において、「想起」の「能動的なはたらき」が想定されている点に疑問を呈す。「能動的に遂行される想起」は、「過去が過去であり時間が時間であること」、そして「他者が他者であること」を「抹消してしまう」。なぜなら、そこでは、すべてが「私の現在の内部に回収」されてしまい、「私の外部から到来」するものが消し去られてしまうからである。だからこそ、

「想起の〈かなた〉、あるいは〈てまえ〉にある」「なんらか受動的な次元がさぐられる必要がある」。そして、「たんに想起されるのではない過去」あるいは「積極的にはたらきかける」ことのできない「未来」として、「取りもどしようもなく、抹消不能で、けっして現在に回収されることのない、真の〈外傷〉となる」ものが「他者の死」である。そこでは、「祈りがひとり意味をもつ」。

熊野の考察は、時間論から始まり、それが他者や言語と分かちがたく重なり合う思考の臨界点を、ないしはそれらが分節化される〈てまえ〉の人間の存在性を探り当てようとしているように思われる。いずれにせよ、ひとが何かを語り出そうとすることの基底に「手が届かないものへの祈り」を見定めようとする熊野の考察は、見落とすことのできない重要な指摘を含んでいよう。

ただし断っておくならば、野家の説く「歴史の物語り論」においても、「物語行為」の志向するところが人間の「受動的な次元」にあることが、わずかながら論じられている。例えば、野家は、ヘーゲルの歴史哲学を批判したブルクハルトが、歴史を捉える際の「出発点」は「忍苦し努力し行動する人間」にあるとし、「それゆえに私たちの考察は幾分とも情念論的（pathologisch）になるであろう」と論じているのを引用した上で、「ブルクハルトもまた、弁神論や救済史観によって代表される「大きな物語」を拒絶し、受苦的（pathologisch）人間が語る「小さな物語」のネットワークとして歴史を構想しようとしていた」と位置付けている(4)。

問題は、そうした人間の「受苦」ないし「情念」が、「過去想起説」や「歴史の物語り論」によって、どのように取り扱われるかという点にあると言えよう。

★母親の悲しみ

ひとがみずからの「受苦」を語ることについて、野家は次のように論じている。

死児を想う母親の技術が単なる思い出に留まるならば、それは甘美な個人的感懐ではあっても歴史ではない。……思い出が歴史へと転生を遂げるためには、「言語化」と同時に「共同化」という契機がぜひとも必要とされるのである。……その意味で、物語行為は個人的悲しみ（私秘的体験）を普遍的悲しみ（共同体的体験）へと昇華し、「公共的過去」としての歴史を紡ぎ出す言語装置にほかならない(5)。

ここで問題とされている「死児を想う母親の技術」という例話は、この直前で野家の引用した小林秀雄の文によっている(6)。野家は、「思い出が歴史へと転生を遂げるために」、「私秘」性を犠牲にしてでも、「言語化」と「共同化」が必要なのだと言う。ここで野家は、明らかに、思い出を語ろうとする「母親」の立場にではなく、「歴史」という立場ないしは「共同体」という立場に立っている。それは、引用の直前で、小林が「死児の姿形を思い浮かべる母親の濃密なイメージ形成力」を念頭においていたであろうことを批判し、「想起の本質的部分は、イメージによって形作られるわけではな」く、「死児の思い出を語る母親の言語行為の中にこそある」として、裁判での証言をあらためて例として提示し反論していることからもうかがえる。

野家の考察には、熊野の指摘したように「ひとはなぜ語ろうとするのか」という語りの内的必然性に対する視線が抜け落ちている。あるいは、野家の論に沿って言えば、「語る」という「言語行為」が、語り手の「想起の本質」としてあるのか、「共同性」の必要としてあるのかの区別がなされていない。語りの主体の「内部」と「外部」とが無媒介に同一視されている。「物語」の問題として整理し直すならば、それは「物語」が「行為」と位置付けられることの違和感であると言ってもよいだろう。「物語」が「行為」として規定されるとき、あらゆる語りが、「共同」的な「ネットワーク」に向けて関わろうとする「能動的」な働きであることになってしまう。しかし、我が子を失った悲しみを言葉にすることと裁判での証言を同一視することはできないだろう。なぜなら、前者には、「ひとり語ること」が、再び熊野の言葉を借りるならば「祈り」の言葉というものが、あり得るからである。

それゆえ、以下の本論考では、「物語」や「歴史」への関心の根底に「情念」の問題を見据えつつ、それらがどのように位置付けられてきたのか、歴史的な過程をたどり考察を試みたい。

2　物語と情念

★情念のゆくえ

まずは、物語文学の一つの頂点と考えられる『源氏物語』を通じて、物語における情念の位相を確認しておこう。

『源氏物語』における光源氏の物語の末尾近く、正妻である紫の上を亡くして、光源氏は「来し方行く先も例あらじとおぼゆる悲しさを見つるかな[7]」と慟哭する。光源氏がこれほどまでに嘆くのは、紫の上との間にこそ「隔てなき[8]」関係を実現しようと思い、また実現し得ると思ったからである。そのように、「隔てなき」関係を実現しようとする思いのことを、ここでは「恋の情念」と呼んでおこう。

「恋の情念」は、「隔て」があることによって、それとして析出される。ひとは、「隔て」のないものを「恋ふる」ことができない。「恋の情念」は「隔て」を超えるべく析出される。それゆえ、かりにもし、「恋の情念」が成就し、「隔てなき」関係が十全に実現したとすれば、「恋の情念」はもはやそれとして析出されることがない。「恋の情念」が目指すのは、それ自身が成就され解消されることである。

紫の上の死は、決定的な「隔て」として光源氏の前に立ち現われている。そのことにより、むしろ「恋の情念」は決定付けられる。上の引用に続いて、光源氏は、「今は、この世にうしろめたきこと残らずなりぬ」と独白する。この世に思い残すことはない、ということは、つまり、出家の道を選ぶということである。

光源氏が出家するのは、「後の世には、同じ蓮の座をも分けんと契りかはしきこえたまひて、頼みをかけたまふ[9]」からである。ここでは、死は単に生の終わり、生の遮断とは考えられていない。この世の死は、同時に極楽浄土に往き生まれることである。極楽浄土においては、あらゆる願望がそのままに成就すると言われる。[10] そこでは、「恋の情念」は十全に成就され、もはや析出されることがない。むろん、「悲しみ」もない。総じて、極楽浄土においては、情念が情念として析出されることがない。しかし、「隔て」があることによって「恋の情念」が析出されるにしても、人が生きている限り、どの一人とも「隔て」を免れないとすれば、なぜ、特定の、この「隔て」が超えられねばならないのか。[11] 端的に、なぜ、どのように、「恋の情念」はこの一人に向けて析出されるのか。それは、答えようのない不可解な問いであるとしか言いようがない。

光源氏は、まだ幼さの残る紫の上を垣間見、見初めたときの思いを、「いかなる契りにか、見たてまつりそめしより、あはれに思ひきこゆるも、あやしきまで、この世の事にはおぼえはべらぬ」と語っている。[12] みずから「あやし」と思うほど、光源氏は紫の上のことを「あはれに」思った。「恋の情念」としての「あはれ」は、みずからの能動的な意志によって生じるのではない。それは、みずからにおいて、「あやし」さ、不可解さを免れない。それは「この世の事」を超えた、前世からの「契り」として説明されることになる。

「契り」あるいは「宿世」は、仏教の説く前世の因縁、宿業を表した物語的表現である。物語において、「恋」あるいは「悲しみ」「恨み」といった情念は、前世からの因縁と理解されている。それは、情念が、一方では、当人の能動的な意志によって生じたものではないからであり、また一方では、それにもかかわらず、当人自身のものとしてその情念を引き受けねばならないからである。今ここに、このようにしてあるおのれ自身が、なぜそのようにあるのか分からない（なぜ、それほどまでにこの女に恋し、この女の死を嘆くのか分からない）ながらも、それをおのれ自身のありのままの姿として引き受けようとするとき、前世の因縁が確信され、前世から現世そして来世へと連なる「因果の道理」が確信される。そのとき、「あやし」く不可解ながらも引き受けられた情念は、その十全な成就によって解消される地点へと、つまりは極楽浄土へと差し向けられるのである[13]。

★物語は何を表現し得るか

紫の上の死を描いた「御法巻」のあと、「幻巻」において、光源氏が自身の気持ちと身辺の整理をし、出家の準備を整えたところで、光源氏に関する物語は終えられる。その「幻巻」と、次世代の物語の始まる「匂宮巻」との間に、恐らくは後世の附会であろう、「雲隠巻」という光源氏の出家と死を暗示した巻が、巻名のみ伝えられている。

本居宣長は、「もののあはれ」を主題とする『源氏物語』が、主人公である光源氏の死を描かないのは一見不審に思われるが、最も深く「あはれ」を知る光源氏がいないのであれば、光源氏の死の悲しみを体現する人物がもはや物語中にいないのであると論じて、そこに紫式部の意図を読み取ろうとしている[14]。興味深い解釈ではあるが、やはりなお疑問が残る。紫式部が書かなかったのは、光源氏の死のみではない。なぜ、出家までも暗示されるだけで、書かれずに終わっているのか。

出家することは、先に述べたように、極楽浄土への往生を目指すことである。そして、その極楽浄土においては、願望はそのままに成就され、もはや情念が情念として析出されることはない。だとすれば、そこにおいては、総じて表現ということがあり得ない。

むろん、出家することが、そのまま極楽浄土に生まれ変わることと同じなのではない。むしろ、その絶望的な差異の自覚こそが、浄土をめぐるさまざまな思想的営為の原動力であったとすら言えるだろう。しかし、ともかくも、出家を遂げるということが、情念も表現も解消され尽くす地点に向けて、歩を踏み出すことであったのには違いない。だとすれば、理念的には、出家という境位にあって発せられる言語は、もはや「南無阿弥陀仏」以外にあり得ない[15]。そこには、「物語」という表現形態は存在しない。物語が語り得るのは、情念が情念として析出され、それが十全なる成就と解消へと差し向けられる地点までである。物語は、表現し得ない「かなた」を喚起して閉じられるほかはない。

紫式部が、そのようなことを考えて、出家の手前で光源氏に関する物語を終えたのかどうかは、むろん確言できない。がしかし、少なくとも、『源氏物語』という「物語」が、一方において、すべての観念的営為の消失する地点を言外に想定しているのは確かであろう。物語文学が隆盛を極めた古代末期から中世という時代が、同時に浄土教思想の浸透した時代であったのは、偶然ではない。両者は、表裏をなす事柄として理解されねばならない。今ここに、このようにしてあるおのれの情念が、どこから来てどこへ行くのか。その言葉にすることのできない由来と帰結を、「先の世」と「後の世」として、感じ取ることができたからこそ、今ここにある情念を描くことができたのである。

★物語の喪失

能動的な意志では制御し得ない情念（仏教用語で言えば「煩悩」）を人間の本質と見る中世的な人間観は、近世に入り、能動性を人間の本質と見る儒教的思惟によって、次第に否定されていった。それは、他方で、当然のことながら、情念の十全な解消という超越的地平が、実体的に言えば極楽浄土の存在が、否定されたことでもある。

文脈上、『源氏物語』を論じた熊沢蕃山の『源語外伝』から引用しよう。蕃山は、『源氏物語』が喚起する他界の観念について、「西方極楽浄土、蓬莱仙宮など、皆なき事をこしらへたるもの也」、「後の世の事、地獄の説は、愚人のおどしごとなり[16]」と言う。さらにまた、他界に限らず、およそ「輪廻」ということ自体を否定する。

西戎の仏法には前世現世後世をたてゝ、世界を輪廻とみたれば、三世をいふなり。中華の儒道にては、三世をいはず。天地陰陽の理は山澤気を通じて出る泉あり。川の流れて本の水ならぬごとく、万物みな無中より来り、形色は数ありありて消失ぬ。残るものは何もなし。生れかはるといふことなく、輪廻はなしと知るなり[17]。

ここでは、「世界」を説明する原理として、仏教の「因果の道理」は否定され、かわりに「天地陰陽の理」が採られている。

儒教的思惟において、「天地」が「理」に基づく「陰陽」の働きによってそれ自体で完結した世界として捉えられ、人間の本質もそれに応じて能動的な「知」の働きとして位置付けられたとき[18]、人間の「情念」は行き場を失い、「物語」もまた「政道」の立場から「人情」を知るという効用性においてのみ意義付けられることとなった。

よく知られているように、本居宣長の「もののあはれ」論は、そのように効用性においてのみ意義付けられていた歌・物語の世界に独自の地位を与えようとするものであった。それは、情念を本質と見る人間観を取り戻そうとした試みであったと言えよう[19]。しかし、その一方で宣長は、情念を極楽浄土へと差し向け、十全な成就により解消させようとはしなかった。その限りで、宣長の情念論は、超越的地平を排した儒教的思惟の延長上にあるものといえる。では、極楽浄土へと差し向けられることのない情念は、どこへ向かうのか。

宣長は、紫式部が『源氏物語』を執筆したのは、「もののあはれ」を「心の内に籠めおきがたく」思い、「物に書」くことによって「心を晴らし」たからだと論じている。そして、さらに、「すべて思ひむすぼほる事は、人に語り、また物に書き出づれば、そのむすぼほるるところが解け散ずるものなり」と断定している[20]。

こうしたオプティミスティックな情念論は、すぐに宣長みずからが否定するところとなった。宣長は、『源氏物語』論である『紫文要領』を書き上げた後、本来の関心であった歌論に取り掛かり、『石上私淑言』を執筆し始めた。心のうちに「むすぼほるる」情念とその言語表現との関係を、歌論において、一からあらためて考え直したのである。

3　宣長における情念論の試み

★歌は心を晴らすか

『石上私淑言』巻一において、宣長は、「悲しみ」が歌へと結実する有様について、次のように論じている。

今、人せちに物の悲しきことありて、堪へがたからんに、その悲しき筋をつぶつぶといひ続けても、なほ堪へがたさのやむべくもあらず。またひたぶるに「悲し悲し」とただの詞にいひ出でても、なほ悲しさの忍びがたく堪へがたき時は、おぼえて知らず声をささげて、「あら悲しや、なふなふ」と長くよばはりて、胸にせまる悲しさを晴らす。その時の詞はおのづからほどよく文ありて、その声長く、うたふに似たることあるものなり。これすなはち歌のかたちなり。ただの詞とは必ず異なるものにして、その自然の詞の文・声の長きところに、底ひなきあはれの深さはあらはるるなり。(21)

宣長は、悲しみの生じるに至った理由を一つ一つ数え上げてみても、「悲しい悲しい」と「ただの詞」で語ってみても、悲しみは晴れるものではないという。どうしようもない悲しみに襲われたとき、ひとは「あら」なり「なふ」なり、声をあげて泣き叫ぶ。そのことで、「悲しさを晴らす」のであり、それがまた「おのづから」歌になるのだという。

「ただの詞」は、宣長によれば、「事の意をくはしくつまびらかにいひのぶる物」であり、「理はこまかに聞ゆ」るものである[22]。それらは、言うなれば、内容（「事の意」）の説明であり、他者への伝達を目的としたものである。そこには、「底ひなきあはれの深さ」は、現われはしない。内容の伝達は、「深さ」を表現し得ないからである。「あはれの深さ」は、内容の伝達において最も無意味とされる「詞の文」を通じてしか表現し得ない[23]。

ここで宣長は、歌が、第一義的には情念の「おのづから」の発動によるものであり、他者への伝達を目的としたものでないと考えている。そのことを見定めた上で、あらためて、「いたりてあはれの深き時は、みづからよみ出でたるばかりにては、なほ心ゆかずあきたらねば、人に聞かせて慰むものなり」、「人のこれを聞きてあはれと思ふ時に、いたく心の晴るるものなり」と論じて、聞き手の存在を取り込もうとするのである[24]。これに続く個所もあわせて整理すれば、宣長は、「物のあはれに堪へぬ時」に、「おのづから心をのぶる」こと、「人に語り聞かす」こと、「人のこれを聞きてあはれと思ふ」ことの三点を「心の晴るる」ことの段階的発展として捉えようとした。宣長の問題は、鬱屈した情念が、歌という言語表現を通じていかに解消されるのか、という点にあったと考えられる。

いくつかの論点が錯綜するこの問題は、『石上私淑言』の巻三において、次のように整理されることになる。

万のことに、その本のあるやうと、それを用ゆるうへの功徳とのわきまへあり。これ漢文にいはゆる体・用なり。歌も本の体をいへば、ただ物のあはれなることをよみ出づるより外なし。……その用をいはば、まづ思ふことをよみ出づれば、心に積りて堪へがたきあはれもおのづから慰む、これ第一の用なり。(25)

ここで宣長は、歌の本質を、「ただ物のあはれなることをよみ出づるより外なし」と結論付けた。ここには決定的な飛躍がある。巻一の時点では、「あはれ」や「悲しみ」は「堪へがたき」ものと捉えられ、それに応ずるかたちで、歌によっていかにそれを「晴ら」し、「慰め」るかという論点が前面に出されていたが、この巻三においては、「慰む」ことは、結果としてもたらされる作用と位置付けられたのである。

相良亨は、『石上私淑言』巻三において、このように「慰む」の比重が後退した一方で、「世の中すべての「事」は神のしわざであり、よくもあしくもこれにしたがわなければならないという神観念が登場した」ことに着目し、「はらし、なぐさめないではおられない堪えがたいあわれ」が、「歌の枠をこえて新しい神観念の形成を求め、その神が一種の救済の役をはたすことになったのではあるまいか」と両者を関連付けて論じている。(26)

実際、先の引用に続く個所で、宣長は、『古今和歌集』の序を引き、「神をも人をもあはれと思はする」ことを、歌のもう一つの「用」として挙げている。ここでは、巻一の時点で考えられていたような、相手が「あはれ」と共感することで、こちらの心も晴れるといった、人間同士の相互交流的な視点は捨てられることになり、歌の聞き手としての「神」が強く意識されるようになっている。情念の問題は、宣長においても、やはり何らかの超越的な地平が模索されることになったと言えよう。

★悲しみの由来

相良も指摘しているとおり、宣長は、上記の「神をも人をもあはれと思はする」ことを歌の「用」とする記述に続いて、「すべて天地の間にあることは、よきも悪しきもみな神の御心より出づるもの」と述べている。この考えはそのまま深められ、悪事を行なう「禍津日神《まがつびのかみ》」として論じられることとなった。鬱屈した情念の解消を歌の中に求めようとした宣長の思考が、方向を転じて、情念の由来・根拠へと向けられたと言えよう。

宣長によれば、「禍津日神」は、イザナミを追って「豫美國《よみのくに》」に行ったイザナキが戻ってきて「禊《みそぎ》」をした際に、「豫美國」の「穢《けがれ》」によって生じたものである。「禍津日神」を生むゆえんとなった「豫美國」は、「甚きたなく悪き國にて、死せる人の罷往《まかりゆく》ところ」であり、「世の人は、貴きも賤しきも善も悪きも、みな悉く、死すれば、必かの豫美國にゆかざることを得」ないのだと宣長は言う。それは、「いと悲しき事」である。(27)

「悲しみ」の根拠が、「豫美國」あるいはその穢れによって生まれた「禍津日神」によるものであると見定めたとき、宣長は、そうした「悲しみ」の情念を、どのようなかたちにせよ、解消させることを拒むようになった。

神道の此安心は、人は死に候へば、善人も悪人もおしなべて、皆よみの國へ行く事に候。善人とてよき所へ生れ候ことはなく候。これ古書の趣にて明らかに候也。……さて其よみの國は、きたなくあしき所に候へ共、死ぬれば必ずゆかねばならぬ事に候故に、この世に死ぬるほど悲しき事は候はぬ也。然るに儒や仏は、さばかり至て悲しき事を、悲しむまじき事のやうに、いろいろと理窟を申すは、眞實の道にあらざる事、明らけし[28]。

ここで、宣長は、「悲しみ」の情念を、仏教のように極楽浄土における十全な成就によって解消させることも、儒教のように能動的な意志によって克服することも、どちらも拒否している。「悲しきこと」を「悲しむまじきこと」のように説くのは、「真実の道」ではないからである。それは、「悲しみ」は正しく「悲しむこと」によって、やがて「晴れ」「慰め」られるという考え方とは違う。宣長においては、「よみの国」が「きたなくあしき所」である以上、「悲しみ」は、最後まで、徹底的に悲しい。ひとは、「悲しみ」をひたすら受動的に受け取るだけで、それをどこかへ差し向けることができない。「悲しみ」の解消も克服も、その由来からして、あり得ない。

こうした考え方は、たとえ「真実の道」であっても、誰も受け入れはしないだろうと宣長は言う。では、なぜ、宣長はそのような考えを受け入れるのか。宣長は、その理由を「古書の趣にて明らか」だからだと述べている。

★歌から歴史へ

先にも引用したように、宣長は、すでに『石上私淑言』において、「すべて天地の間にあることは、よきも悪しきもみな神の御心より出づるもの」と述べていた。ここからは、善悪すべてが「神の御心」より生じたものであるという考えの前提として、「天地の間にあること」こそが「すべて」であるとみる世界観が読み取れよう。「天地」を超えた何らかの超越的な世界は、初めから否定されている。

そして、「天地の間にあること」「すべて」を「神の御心」に由来するとみる見解のもう一つの前提となっているのが、「まことの道は、天地の間にわたりて、何れの國までも、同じくたゞ一すぢなり」[29]という確信である。「天地」は、「天地」を超えた超越的な世界を必要としない、それ自身として自律的で、完結した世界である。だとすれば、「天地」は「一すぢ」の「まことの道」で貫かれていなければならない。このように、「天地」を超越的な世界の否定と自律的な「道」の貫徹性において捉えようとする思考は、むしろ宣長の批判する儒教的思惟に通じるものであり、そこに広く近世的な思惟の特質を見ることができよう。宣長の特異性は、その「まことの道」が「古事記書紀の二典に記されたる、神代上代の、もろもろの事跡のうへ」にこそ、備わっていると考えた点にある（むろん、「古事記をさきとすべし」と付け加えられている[30]）。

そもそも、宣長は、情念の解消を求めて歌論を研究し、そこにおいて聞き手としての神を問題にするに至って、情念の由来や帰結を求めて神話の研究へと方向を転じたのであった。だとすれば、宣長において、神は、人間の能動的な知や意志にではなく、受動的な情念に関わる存在として、立ち現われなければならない。宣長が『古事記』に描かれる神々の「事跡」を「まことの道」として選び取ったのは、それこそが人間の情念に関わる在りようにふさわしいと考えられたからである。

宣長においては、「天地」を超えた超越的な地平が否定されている以上、「悲しみ」が根元的に解消されることはもはやあり得ない。それに代わって、「悲しみ」を「悲しみ」として受け入れる絶対的な根拠が「天地の間」に要請されるのである。そして「まことの道」の顕現は「天地」を超えるような空間的表象としてではなく、「天地の間」における時間的表象として、言い換えれば歴史上の出来事として、求められることになる。そう考えてみれば、物語の根拠そのものが失われた近世にあって、なお情念を取り戻そうとした宣長が、歴史的過去における実体として「神」を想定したのは、むしろ必然的な帰結であったようにも思われる。

★われわれは祈り得るか

宣長は、「人として、人の道はいかなるものぞといふことを、知らで有べきにあらず」と言う[31]。およそ、「物語」や「歴史」に対する関心の根底には、今ここに、このようにしておのれが生きているということの意味を確かめたいという欲求があるに違いない。それを「人の道」と呼べるかどうかはともかくとして、このようにしてあるおのれの存在が、何に由来し、何へと帰結しようとしているのか、ひとは知ろうとする。そして、そのことの手掛かりや、時には答えそのものを、「物語」や「歴史」の中に求めようとする。

しかし、ごく大雑把であるがこれまで論じてきたように、「物語」や「歴史」を通じておのれの由来と帰結を確かめようとする観念的営みは、歴史的に見て、すでに試みられてしまっている。現代に生きるわれわれは、その前提となる超越的な他界の観念や、世界を貫く「一すぢの道」をそのままに受け入れはしないであろう。[32]その一方で、われわれは、おのれの生きることの意味を問わずにはいられない。

ここでは、その問題を、情念の置きどころの問題として、特に、おのれに近しい者の死による「悲しみの情念」をめぐって考えてみた。第一節で触れたように、熊野純彦は、そこでは、「祈りがひとり意味をもつ」のだと言う。ここまで論じてきて、あらためて思うのは、はたしてわれわれは、なにに向けて、どのように祈り得るのかということの一点である。しかし、それは、ひとに向けて問うよりも、まずおのれ自身に向けて問われるべき事柄であろう。

私の場合は、そのような問いを抱きつつ、結局は、これまでの歴史において、「ひとびとがなにを信じ、なにを怖れ、なにを愛し、なにを願っていたか[33]」をたどりつづけるほかはないように、今の時点では思われる。

（1）以下、野家の所論は、『物語の哲学――柳田國男と歴史の発見――』（岩波書店、一九九六年）によるが、個々の引用の典拠については、煩雑になるので省略する。主に同書の序、第二章第四節、第三章第二節、参照。

（2）「過去想起説」に関しては、大森荘蔵『時間と自我』（青土社、一九九二年）参照。

（3）熊野純彦『差異と隔たり――他なるものへの倫理――』（岩波書店、二〇〇三年）一二一頁。以下、同書からの引用は、すべて第II部第三章による。

（4）野家、前掲書、一四四頁。ブルクハルトの引用は、藤田健治訳『世界史的諸考察』（二玄社、一九八一年）六頁。ただし、〈pathetisch〉ではなく、〈pathologisch〉と言われている以上、「受苦的」という野家の改訳には疑問が残る。

（5）野家、前掲書、一六一頁。

（6）小林秀雄「ドストエフスキイの生活」『新訂・小林秀雄全集第五巻』（新潮社、一九七八年）二一頁。なお、子供を失った母親の悲しみという例示については、本章注（19）も参照のこと。

（7）阿部秋生・秋山虔・今井源衛校注／訳『源氏物語（4）』〈日本古典文学全集〉（小学館、一九七四年）四九九頁。以下、『源氏物語』からの引用は、同シリーズによる。

（8）同書、一九九頁。「隔て」に着目して、『源氏物語』を読み解こうとした試みに、吉田真樹「『源氏物語』における死と生」がある。『死生学研究』二〇〇三年春号（東京大学大学院人文社会系研究科、二〇〇三年）。

(9) 前掲『源氏物語(4)』四八〇頁。
(10) 源信の『往生要集』には、「今・ここ」なる「娑婆世界」では「事と願と違ふ」が、「かなた」なる「西方世界」では「心事相応」し「愛別離苦」がないとされている(石田瑞麿訳注『往生要集(上)』〈岩波文庫〉岩波書店、一九九二年、一〇七‐一〇九頁)。
(11) 葵上との間でも、「(光源氏は)年の重なるに添へて、御心の隔てもまさるを、いと苦しく」と、「隔て」が語られている(『源氏物語(1)』三〇〇頁)。
(12) 『源氏物語(1)』三一二頁。
(13) 『源氏物語』における「宿世」については、第三十八回弘前大学哲学会において、特に空蝉と六条御息所の二人の女性を取り上げ発表した。『哲学会誌』第38号(弘前大学哲学会、近刊)所収の拙論「宿世の思想」をご参照いただければ幸いである。
(14) 本居宣長『源氏物語玉の小櫛』『本居宣長全集第四巻』(筑摩書房、一九六九年)四六八‐四六九頁。
(15) 鴨長明が『方丈記』においてたどりついた結論は、「只かたはらに舌根をやとひて、不請阿弥陀仏、両三遍申してやみぬ」であった。市古貞次校注『方丈記』〈岩波文庫〉(岩波書店、一九八九年)四〇頁。
(16) 熊沢蕃山『源語外伝』正宗敦夫編纂『蕃山全集第二巻』(蕃山全集刊行會、一九四一年)五〇六頁および四五七頁。
(17) 同書、四五一頁。ただし、文中の「泉あり」は「泉なり」の誤記か。
(18) ここでは、朱子学的思惟を想定している。むろん、厳密に言えば、蕃山の思想は朱子学と同一ではない。友枝龍太郎「熊沢蕃山と中国思想」『熊沢蕃山』〈日本思想大系30〉(岩波書店、一九七一年)参照のこと。

(19) 宣長は、ひとの「実の情」は「ものはかなく女々しきもの」であるとして、子を失ったときに、人目をはばかって「うはべ」をつくろう父親の姿よりも、「ひたぶるに泣きこがるる」母親の姿の方が「真の情」であるという例話を述べている。『石上私淑言』『本居宣長集』〈新潮日本古典集成60〉(新潮社、一九八三年) 四〇八 - 四一三頁。
(20) 本居宣長『紫文要領』前掲『本居宣長集』一二三五頁。
(21) 『石上私淑言』巻一第一四項、同書、三〇七 - 三〇八頁。
(22) 同上、三一五頁。
(23) 宣長における「詞」の問題については、菅野覚明『本居宣長――言葉と雅び――』(ぺりかん社、一九九一年) 参照のこと。
(24) 『石上私淑言』巻一第一四項、前掲『本居宣長集』三一二頁。
(25) 『石上私淑言』巻三第七九項、同書、四四一頁。
(26) 相良亨『本居宣長』(東京大学出版会、一九七八年) 一〇四頁。同書は、『相良亨著作集第四巻』(ぺりかん社、一九九四年) に収録されている。
(27) 本居宣長『玉くしげ』『近世思想家文集』〈日本古典文学大系97〉(岩波書店、一九六六年) 三三二頁。
(28) 本居宣長『答問録』『本居宣長全集第一巻』(筑摩書房、一九六八年) 五二六 - 五二七頁。
(29) 『玉くしげ』前掲『近世思想家文集』三二三頁。
(30) 本居宣長『うひ山ぶみ』前掲『本居宣長全集第一巻』五頁。
(31) 同上、九頁。
(32) 近代の啓蒙思想家福沢諭吉は、「到底、世の中の事に、一以てこれを貫くべき道はあるべからず」と述べている。松沢弘陽校注『文明論之概略』〈岩波文庫〉（岩波書店、一九九五年）一六六頁。むろん、この発言は、『論語』里仁篇における孔子の言葉「吾が道は一以て之を貫く」を念頭になされていよう。

（33）　佐藤正英『日本倫理思想史』（東京大学出版会、二〇〇三年）「はしがき」ⅰ頁。

■文献案内

相良亨『本居宣長』（東京大学出版会、一九七八年）、『相良亨著作集第四巻』（ぺりかん社、一九九四年）に収録。

伝統的に物語への関心を培ってきたこの国にあって、物語・歴史という問題を考えるならば、宣長の存在を避けて通ることはできないであろうが、とかく政治思想的な立場から論じられることの多い宣長に対し、倫理思想を問題として真正面から向き合った著作である。テキストと対峙するという学的営みの範となり得る一冊。

坂部恵『かたり』〈弘文堂思想選書〉（弘文堂、一九九〇年）

言語行為としての〈かたり〉の位相を、〈うた〉〈はなし〉との差異から見定めている。例によって古今東西の文献を自在に行き交い、具体的な考察から一気に人文学の基底を捉え返す坂部の語り口は、示唆に富むばかりでなく、それ自体があたかもヴィルトゥオーゾの演奏を聞くような至福の体験となっている。

野家啓一『物語の哲学――柳田國男と歴史の発見――』（岩波書店、一九九六年）

基本的な立場については、本文で紹介済み。オースティンの言語行為論を乗り越えるべく、物語行為の「無道徳的」「過去構成的」性格を論じた第二章は興味深いものだが、坂部の指摘する〈はなし〉と〈かたり〉の差異に触れながら、〈うた〉へと考察を及ばせることなく、「歴史」に結び付けようとした点は心残りである。

野崎守英『歌・かたり・理《ことわり》』（ぺりかん社、一九九六年）

標題である歌・かたり・理の言語表現としての特質と差異を、『日本書紀』から西田幾多郎に至る日本思想史をたどりつつ考察している。坂部の指摘を受けて、〈はなし〉を「近世的な事態」（一九六頁）と捉えているのは示唆的であった。

渡邊二郎『歴史の哲学』〈講談社学術文庫〉（講談社、一九九九年）

歴史を考える上での問題を整理しつつ、近代以降の西洋の歴史観の変遷を「超越的歴史観」から「内在的歴史観」、そして「実存的歴史観」への展開として論じている。『構造と解釈』『英米哲学入門』〈ちくま学芸文庫〉と同様に、渡邊の力強い思索によって読者みずからが問題圏に立たされることになるという、本来の意味での入門書。

Ⅲ　差異の政治学

8 交換の傷口

●佐々木雄大

1　はじめに

人は本性上、交換する。人間が「社会的動物[1]」であるかぎり、何かを誰かと交換せずにはいられない。それは事実上、あまりにも当たり前のことのように見える。しかしながら、この当然の事実は、既に問題含みなのである。

そもそも、人はなぜ交換するのだろうか。とりあえずは、必要のためである、と答えることができる。「何」を交換するのかといえば、自分の所有している物とは異なった物を、である。「誰」と交換するかといえば、自分とは異なった物を生産する者と、である。ある共同体の内部で、各成員に役割を分担することによって、それは効率的に成し遂げられる。だから、個別に生産することつまり分業は、交換を生産的なものにするのである。この生産的な交換は、無償な贈与から区別されなければならない。贈与は、あくまでも一方的に所有物を与えることであり、少なくとも贈与する者にとっては何の有用性もない。それは非生産的なものにすぎないのである。

しかし他方で、「ある物を他の物と取引し、交易し、交換する性向」(2)が人間の本性であるというとき、それは必要以上のものを交換する可能性を示唆している。もしそのような性向のために交換するのなら、有用であるか否かにかかわらず、交換してしまうからである。また、生活の必要が交換の理由でなくなれば、分業はその意味を失うことになる。人は有用性のない「何でもない物」を、共同体の外部の「誰でもいい者」と交換するかもしれないのである。それはもはや生産的な営為とはいえない。だとすると交換は、非生産的な贈与からうまく区別できなくなってしまう。

とはいえ、交換と贈与はもちろん同じものではない。有用性や生産的という語がいかなる事態を指しているのかもまだ明らかではない。そして、人は「何」を「誰」と交換するのか。——本性的な交換が事実の上で成立していることのうちには、既にこれらの問題が含まれているのである。この問題含みの交換を読み解くために、以下では、交換をマルクスと、贈与をバタイユと、そして生産を両者と共に考えていきたい。

2　交　換

★有用性／価値

交換のための条件は、等しくないものを等しく交換することである。それはつまり、交換する者が新たな有用性を獲得すること、そして、交換される物が等価であることである。ここからただちに、交換にまつわる逆説が導き出される。それは、以下のようなものである。

> 商品は、それが使用価値として実現されうる前に、価値として実現されなければならない。……他方において、商品は、それが価値として実現されうる前に、使用価値であることを立証しなければならない。(3)

まず、商品は使用価値より前に価値でなければならない。それが交換するに値しなければ、そもそも交換されないのだから、使用されることもなく、有用であるかどうかもわからない。しかしまた、商品は価値より先に使用価値でなければならない。それは有用であって初めて価値を示すのだから、使用されないことにはその価値を証明できず、交換もされない。つまり、価値があるより先に、有用でなければならず、有用である前に、価値がなければならない。こうして、有用性と価値が睨みあって、交換はできなくなってしまうのである。

この逆説から次のことが明らかとなる。まず、有用性と価値とは異なるものである、ということである。有用でなければ価値がなく、価値がなければ有用でない。と同時に、有用なものには価値がなく、価値のあるものは有用ではない。両者は互いに排除しあう関係ではないが、少なくとも異質なものでなければならない。だとすると次に、交換は有用性だけでは成立しえない、ということにもなるだろう。交換するためには、有用性の間に価値つまり有用でないものを挟み込まなければならない。役に立つものを、単に必要に応じてだけ交換することなどありえないのである。そして最後に、交換の条件自体がこの逆説の原因となっている、ということである。というのも、異種の有用性を等しい価値の下で交換することこそが、その条件だったのだから。

確かに交換は問題含みであるが、とはいえ困難そのものではない。この逆説はもう少し分解できるように思われる。

★使用価値／交換価値

有用性と価値の困難を解きほぐすために、まずは商品における使用価値と交換価値の関係を考えてみよう。

商品とは、使用価値と交換価値をその内に含んでいるものである。商品の使用価値は、有用労働によって作り出される。これは、その商品が何のために使用されるかという目的と、何として認識されるかという属性を規定する。有用労働は、生産物の有用性を規定することによって、それを特殊なもの、つまり区別されたものにする。こうして区別された商品は、それとは別の種の商品と交換されなければならない。しかし、ここで次のような問題が浮かび上がる。

ひとは次のことを忘れている。つまり、区別された諸事物の大きさはそれらを同じ単位へと還元することによって初めて量的に比較可能になるということを、である。それらは同じ単位の表現 Ausdrücke としてだけ、同分母の、したがって共約可能な大きさになるのである。(4)

まったく共通点のないもの同士を比較することはできない。比較可能であるためには、なんらか同じ尺度の下で測られる必要がある。使用価値は、ある尺度において共約可能でなければならない。その尺度とは、価値を形成するために支出される一般的な労働時間すなわち「人間労働」である。それは、ただ労働量という観点においてのみ生産物を測るのだから、目的や属性によって区別されない。それゆえ、区別された商品を測るための尺度となりうる。等価交換するためには、使用価値をひとまず価値という単位に還元し、この単位の「表現」として把握する必要があるのだ。

使用価値は価値の表現として共約可能になる。では、使用価値が価値を表現する、とはどういうことだろうか。

商品Aが商品Bを価値体として、すなわち人間労働の体化物として関係することによって、商品Aは使用価値Bを、自らの価値表現Werthausdruckの材料とするのである。商品Aの価値は、このように商品Bの使用価値において表現されることで、相対的価値の形態を獲得する。(5)

ある商品の価値は、物の長さや重さのように直接的に測ることはできない。もし直接調べることができるなら、それはその商品の属性すなわち使用価値になるだろう。そうではなく、価値は他の商品との関係の中で反照的に測られるのである。商品Aが商品Bと交換された場合を考えてみよう。まず、商品Aの価値をそれ自体の使用価値で測ることはできない。ところで、商品Aと商品Bの使用価値は区別されているのだから、同じものではないが、それらは等価交換されるのだから、両者の価値は等しいはずである。だとすれば、商品Aの価値は、それと等価であるが使用価値は同じでないもの、すなわち商品Bの有用性によって知られる。こうして、ある商品の価値は、他の商品の具体的な物の属性として表現されるのである。そこで測られ表現された価値が、「相対的価値」すなわち交換価値である。

有用性と価値の逆説は次のように言い換えられる。有用性はまず価値を表現しなければならないが、当の価値は有用性によって表現されなければ、そもそも何でもない。したがって、この表現は「何でもないもの」を表現していることになるだろう。

★区別／不等性

価値の表現が生起するのは、実際に商品が交換されることによってである。では次に、交換という事実において何が起こっているのかを見てみよう。

したがって、人間がその労働生産物を互いに価値として関係させるのは、これらの事物が同種の人間労働の単なる物的外皮である、と彼らがみなすからなのではない。逆である。彼らは交換において、別種の生産物を互いに価値として等置することによって、その違った労働を互いに人間労働として等置するのである。彼らはこのことを知らない。しかしそれを行なうのである。(6)

等価性が成立するのは、ただ「事実上」のことでしかない。価値は、属性のように物の内に先在している訳ではない。交換する前に、すなわち交換価値として表現される前に、それを測ってみせることはできない。だから、商品は内的な単位としての価値の置き換えではない。逆である。交換された後に、それらは等価であったとみなされる。つまり、「交換された」という事実の上で、商品は等しい交換価値を持っていたことになるのである。価値そのものは測られることなく、ただ等価性だけが事後的に実証される。したがって、交換において価値の等しさなどまったく保証されていない。もし等価であることが既に保証されているのなら、それは、交換ではなく両替であり、表現ではなく置き換えでしかないのである。

だとすると、交換のあの二つの条件はどうなるだろうか。まず、商品は等しくなければならない。商品は有用労働によってその目的と属性を規定されている。その意味で、商品の有用性は「本性上」、既知のものである。そして、使用価値は既知のものであるがゆえに、既に測られたものである。だからこそ、価値を属性として表現することができる。等価であるのは、価値そのものではなく、有用性として表現された交換価値でしかない。だとすると、等価なものとは、価値ではなくむしろ有用性の方である。

次に、商品は不等でなければならない。価値そのものは二重の意味で、「何でもないもの」である。すなわち、価値は属性でないのだから何でもなく、使用価値ではないのだから何の役にも立たない。それは未知のものにとどまるのだから、常に新しさでありうる。交換において人が欲求する新しさとは、有用性ではなく価値なのである。こうして、等価性と新しさの条件はすっかり逆転してしまう。つまりそれは、交換される物が既知の有用性を持ち、交換する者が未知の価値を獲得することである。それでもやはり、交換の条件は等しくないものを等しく交換することのままである。

ここで、属性による区別とは異なる不等性が明らかになるだろう。商品の種を区別する使用価値は、その有用性にしたがって測られるがゆえに、同定されうるもの、すなわち等しいものである。その逆に、人間労働によって商品の区別を取り払う価値は、それ自体測られることのないものであるがゆえに、等しいことがないもの、あるいは不等なものである。つまり、区別されたものは等しいものであり、不等なものは区別されないものである。この区別と不等性についての命題は、それ自体にも適用されなければならない。使用価値と価値とを単に区別してはならない。区別されたものと区別されないもの、この両者が二つの対立する種として区別されるなら、逆にそれらは等しいことになるだろう。二つの区別された使用価値にすぎなくなってしまうのである。そうではなく、これらは区別されはしないがゆえに、不等なもの、すなわち異なったものなのである。このような区別されずに異なるものの関係、それは両義性である。

交換における有用性と価値の逆説は、商品のうちで、使用価値と交換価値の両義性として現われる。この意味で、商品とは「感覚的に超感覚的な、あるいは社会的な物」(7)なのである。

★恐慌/両義性

交換は貨幣を用いることによって円滑に進行するが、また貨幣のために交換が停止してしまうこともある。商品の両義性について、今度は貨幣という観点から見ていくことにしよう。

貨幣とは、ひとつの商品である。それはあくまでも他の一般的な商品と同じ資格で流通に入ってくる。貨幣もまた両義的なものでなければならないのだ。というのも、貨幣は相互的な価値表現の中に位置づけられて初めて、現実的な価値となりうるからである。

商品は現実的に使用価値であり、その価値存在は観念的にのみ価格に現れる。……それゆえ、貨幣は現実的に交換価値である。その使用価値は観念的にのみ相対的価値表現の系列の中に現れる

にすぎない。(8)

一般商品をW、貨幣商品をGとおくと、Wの使用価値はGの交換価値を表現する。またその逆も同様である。このとき、国家やその他の共同体の承認によって、Gが常に価値として固定されるならば、Wは常に有用性を表わすことになる。貨幣を現実的な交換価値として措定することで、交換の逆説はとりあえず保留される。なぜなら、それは未知の価値を既知の有用性として表現することの困難であったからである。つまり、価値は貨幣として既に表現されており、あたかも既知のものであるかのように扱える。この点において、貨幣は困難な交換を容易にするのである。こうして、商品の両義性は、貨幣の導入によってWとGに分解された形をとる。そして、商品が分解されるならば、交換過程W－G－Wもまた同様に、売りW－Gと買いG－Wへと分解される。Gは貨幣商品として取り置きできるのだから、買いは売りから隔てられるのである。この分解が完遂されたとき、交換はもはや単なる矛盾に陥ってしまう。それが恐慌である。

では、なぜ恐慌においてWとGは交換されなくなるのであろうか。それは、貨幣が商品だからである。Gは価値そのものではなく、あくまでも貨幣という商品でしかない。それは絶えず一般商品へと横滑りしようとする。というのも、交換過程はW－GとG－Wへと分解されることによってその両義性を失い、単なる区別へと押し上げられているからである。区別されたものはもはやGではなくWなのだから、売りと買いは共にW－Wへとずれ込んでしまうのである。このずれ込みが完遂されたとき、

「商品の使用価値は、無価値となり、その価値は、それ自身の価値形態の前に消失する」[9]。有用性と価値は区別され、それらは二つの対立する物となってしまっている。分解の頂点においては、有用なものには価値がなく、価値のあるものは有用でない、ということが暴露されるのである。有用性は価値を間に挟むことなしには交換できない。等しいものを等しく交換することなどできない。こうして、交換の条件はすっかり崩壊してしまう。恐慌において交換の運動が停止してしまうのは、商品の両義性が単なる区別へと押し上げられるからなのである。

交換の逆説は、商品における有用性と価値の両義性として現われるかぎり、交換を成立させるための条件である。その両義性は絶えず区別へと押し上げられている。そして、区別が限界へと到達するとき、価値と有用なものは切り離され、交換は単なる矛盾へと落ち込んでしまうのである。

3　生　産

★既知のもの/未知のもの

交換とは、もちろん狭義の生産と同じものではない。しかし、それは生産、分配、消費という他の経済的な諸分肢と共に生産的なものの圏域を形成している。交換される商品は単なる物ではなく、あくまでも人間の生産物でしかありえない。この意味で、生産的なものの「過程はつねに再び生産から始まる」[10]のである。だとすれば、交換の問題をより詳しく解くためには、生産へと遡って考えてみる必要があるだろう。

そもそも生産的であるとは、いかなる事態を指しているのだろうか。もし生産的でないものがあるとすれば、それは何のことであろうか。さしあたり、生産の定義をマルクスにしたがって見ることにしたい。

あらゆる生産は、ある規定された社会形態の内部における、そしてそれに媒介された、個人の側からなされる自然の領有 Aneigung der Natur である。この意味で、所有 Eigenthum（領有）が生産の条件である、ということはトートロジーである。(11)

個人は生産によって自然を自分の所有物とする。このとき、自然は必ずしも人工物の対義語ではない。生産の主体である個人から区別されており、なおかつそれに所属していないものは、すべて「自然」でありうる。また、所有物といっても、いわゆる物体である必要もない。主体の作業によって所有物となるのであれば、手触りのない観念であろうが「領有」されるのだから。したがって、生産とは、より一般的に言って、他なるものを自己のものとすること、すなわち我有化のことである。

このように生産が定義されるとき、ただちに以下のことが導き出される。まず、生産が領有の作業だとすれば、それは所有と行為という二つの契機によって構成される、ということである。人間は能動的な行為によって生産するのであり、作業（Werk）の結果すなわち作品（Werk）を獲得しないならば生産する意味がない。つまり、「何ものも所有させることのない領有など自己撞着である」[12]のだ。次に、生産は外的対象の認識と同じ構えを取っている、ということも明らかである。というのも、認識とは、未知のものを既知のものへと関係付けること、言い換えれば、他なるものを自己のものへと所属させることを意味するからである。認識の主体は、その対象を自然の状態から引き剥がし、諸事物の有用性の秩序の中に位置づける。認識の作業によって、未知のものはひとつの認識された対象として措定され、観念的な所有物へと還元されるのである。したがって、生産の定義を言い換えれば、それは未知のものを既知のものへと還元することなのである。

生産とは、未知のものを領有すること、既知のものに未知性を加えることである。だとすれば、生産的であるとは、未知のものつまり何らかの新しさが付加されること、を意味するだろう。

★生産的なもの／非生産的なもの

個人が自然を領有しようとするとき、そこには必ず社会的な媒介が必要である。それは生産手段であり、より具体的に言うならば、生産するための道具である。したがって、生産するという営為は同時にまた、道具を操ること、すなわち「操作」（opération）なのである。だとすれば、生産的なものの圏域が形成されるのは、道具の成立と同時的でなければならない。では次に、この道具という視点から、生産的なものと非生産的なものとの関係を見ていくことにしよう。

動物的な世界は、「水の中の水」[13]のように区別のない内在的な状態である。道具の存在はこの内在的な世界に、主体と対象という区別を導入する。そして、その外在性は二重の従属関係として現われる。まず、道具は主体とは別のものとして主体に従属する。それは何かとして主体の権能の下にある。次に、道具は主体の目的のために従う。それは主体にとって何がしかの役に立つのである。この従属関係の二重性によって、道具は単なる物ではなく、主体にとって有用な何かとなりうる。すなわち、あるものが有用であるとは、他のものに従属することであり、それ自体では決して価値を持たないということである。

道具は、他のものに従うことにこそ存するのだから、常に他のものを指示している。このような指示の連関が、有用な事物の秩序つまり既知のものの圏域を形成するのである。主体は道具を操作することによって、未知の「自然」を有用性の連関に還元し、今度は、そこへと組み込まれた対象自体が、道具となって他のものを指示することになる。とはいえ、主体は一方的に道具となった事物を統御するだけではない。主体自身もまた、何らかの役割を持つ者として、何がしかの目的のために道具を使用するのだから、従属した存在すなわち道具へと転落してしまうのである。つまり、「道具の使用の目的は、常に道具の使用と同じ意味を持っている」[14]のである。こうして、道具の導入により、主体と対象は互いに有用なものとして区別されることになる。

道具を操作することによって、主体は自分にとって有用であるような観念や所有物を拡大していく。主体はそれらを自らの権能の下に従属させていくのだから、生産とは主体にとって可能性の拡張であると言える。つまり、生産の圏域とは「可能なもの」の総体であるのだ。では逆に、非生産的なものとは何のことであろうか。生産のためには、所有と行為という二つの契機が必要であった。だとすると、非生産的とはそれらの否定された形態である、と考えられる。すなわち、所有物を作りはしない破壊と、そしていかなる行為もしない無為である。しかしながら、それらはただちに生産的なものに回収されてしまう。少なくともそれが生産の二契機の否定であるという理由だけでは、非生産的であるに十分ではない。たとえば、食物の摂取はその破壊でありうるが、それが人間の身体を再生産するかぎり「消費的生産」となる。また、無為に過ごすことは消耗することでもあるが、能力や生産手段の消耗は「生産的消費」の内のひとつである。「したがって、生産は直接的に消費であり、消費は直接的に生産である」[15]。単に欠如態としての非生産的なものは、かえって生産的なもののために奉仕してしまうのである。

生産的なものとは「可能なもの」であるが、それを否定することによっては、非生産的なものとなりえない。だとすると、非生産的であることなど、そもそも不可能なのではないだろうか。あるいは、非生産的なものとは「不可能なもの」のことである。

★可能なもの／不可能なもの

非生産的なものは生産的なものの単なる否定ではない。だとすれば、それらは対立するのでもなく、また互いを排除しあう関係でもない。バタイユによれば、生産的なものの限界においてこそ、非生産的なものが現われるのである。

限界において、それ〈帝国〉はもはやひとつの事物ではない。というのも、不可侵な性格の彼方において帝国は、あらゆる可能なものに対する開口部 ouverture を、自らの内に持つからである。……しかし、帝国は自ら至高な仕方で消尽することはできない。なぜなら、それは本質的には常にひとつの事物であって、消尽の運動は外からそこへと到来しなければならないからである。[16]

ここで「帝国」とは、領土を拡張することがその原理となった、普遍的な共同体のことである。この意味で、帝国は極大化された操作そのものである。それは、「内」に生産的なものにとって異質であるような「開口部」を持っている。その口が限界において開くことによって、帝国はひとつの有用な事物ではなくなる。しかし、これを開くことすなわち消尽させるものは、帝国の「外」から到来しなければならない。

生産的なものの限界へと至る道のりを、ここではさしあたり「内」から見ていく。まず、「開口部」という語の内実を明らかにするために、生産的な過程が常に再び開始される地点、すなわち操作へと差し戻して考えることにしよう。操作とは、未知のものを既知のものへと還元することであった。操作が行なわれる以前の段階において、未知のものはその獲得へと主体を誘うような未知性を保っている。しかし、操作によってそれが領有された後の段階を見ると、未知のものはその未知性を奪われ、既知のものとなってしまっている。つまり、未知のものの未知性それ自体が取り除かれるかぎりにおいてしか、操作はそれを既知のものへと還元しえない。ところで、生産とは、既知のものに未知のものの未知性を付加することであった。だとすれば、生産は自らの目的のために操作することによって、逆にそれを達成しないことになる。本来領有すべきであったものを取り落とすことによってしか、領有は成立しえない。したがって、生産とはまさしく、「何ものも所有させることのない領有という自己撞着」そのものなのである。この意味で生産は、新たなものを何も付け加えることのない非生産的なものである。また逆に、もし生産的な生産というものがあるとすれば、それは領有しえないものを領有するかぎりにおいてである。つまり、生産とは所有「不可能なもの」を領有することなのである。

こうして、操作において、「可能なもの」と「不可能なもの」との両義性が現われる。領有「可能なもの」であるかぎり生産「不可能なもの」であり、領有「不可能なもの」であるかぎり生産「可能なもの」である。この命題においては、「可能なもの」と「不可能なもの」が互いに反転しあう構造を形成している。しかし、その両者は同じ資格を持っているわけではない。有用なものすなわち道具の定義からいって、「可能なもの」だけが持続の形式に従っており、「不可能なもの」の系列はこの命題から常に脱落していこうとする。この脱落によって、反転する両義性は圧縮され、領有「可能なもの」であるかぎり生産「可能なもの」である、かのように見えるのである。しかし、あくまでも「可能なもの」は間に「不可能なもの」を挟み込むことによって可能となるにすぎない。さもなくば、生産とはある既知のものを他の既知のものによって置き換えるようなもの、すなわち再生産でしかないことになるだろう。こうして、帝国は、それが事実の上で成立しているということの内に、すでに「不可能なもの」という開口部を抱え込んでしまっているのである。

ここから、限界において開口部が再び開く仕組みも明らかとなる。それは言い換えると、生産的なものをその限界にまで押し進めるとき、どうして非生産的なものへと反転するのか、という問題である。生産的なものの限界とは、全てが主体の権能の下に属し、主体の為すことが全て可能となった状態、つまり全てが「可能なもの」となった状態のことである。逆からいえば、「可能なもの」しかないのであり、それは自らを支えていることになるだろう。ところが、「可能なもの」は間に「不可能なもの」を挟むことによってしか、そもそも成立しえないものであった。だとすると、帝国が限界において見るものとは、その目的の完全な遂行であると同時に、その目的がそもそも「不可能なもの」にすぎない、ということである。もし「可能なもの」が完遂されたならば、それはただちに「不可能なもの」へと墜落する。こうして、限界において、あの両義性が再び現われることになるのである。

生産的なものの否定は必ずしも非生産的なものとはならず、再び生産的なものの圏域へと回帰してしまうのはなぜか。それは、否定することによって、操作における両義性が区別へとずれ込んでいるからである。つまりそこでは、「可能なもの」と「不可能なもの」との両義性は、ある「可能なもの」と他の「可能なもの」との単なる対立へと押し上げられているのである。このずれ込みによって、生産的な生産は停止してしまう。それはまさにあの恐慌である。商品の流通が抱え込んでいる「穴」(17)は、ただ金銀の採掘現場にだけ開いているのではない。すべての生産は、「不可能なもの」という開口部を巻き込んでいる。だからこそ、生産物は単なる物ではなく、有用性と価値との両義性すなわち商品となるのである。

4　贈　与

★交換／贈与

非生産的なものは生産的なものへと不断にずれ込んでいくが、それらは決して同じものではない。交換は贈与ではない。純粋な贈与はまったくもって非生産的でなければならないのだ。それを考えることは容易でない。あるいは、それは大きな困難である。このことを確認するために、贈与についての一般的な問題を簡単に見ておく。

モースの『贈与論』は贈与についての記念碑的な書であるが、その第一の課題はそれ自体、贈与の困難を証し立てるものであった。いわく、

> いかなる法的・経済的規則が、未開あるいは太古的類型の社会において、受けた贈り物の返礼を義務的にさせるのか。いかなる力で、贈られた物は、受贈者にその返礼をさせるのか。[18]

無償の贈与は、必ず一方的なものでなければならない。贈与者は受贈者に対してただ与えるだけである。もし何かを与え返されるならば、それは事実上、交換であったことになってしまう。また、反対給付が義務付けられているなら、なおのことそうである。というのも、あらかじめ代償が担保され

ているのだから、それは与えているのではなく、交換しているにすぎないのだから。返礼が義務付けられている贈り物など、その本性上、贈与ではないのである。したがって、モースのこの課題は、贈与に関することについての問いではあるかもしれないが、贈与については何も問うてはいないのである。

しかしながら、このように問いがずれてしまうのは、なにも偶然的なことではない。それは贈与そのものに起因する困難である。贈与がひとつの行為として営まれるとき、贈与は贈与者あるいは受贈者にとって贈与として意識されることになる。しかし、そのことがかえって、当の行為を贈与という目的から引き離してしまう。たとえば、与える者はその相手から、――物質的な報酬にせよ精神的な感謝にせよ――何らかの返礼を期待している。受け取る者はその相手に対して負い目を感じずには済まない。贈与が贈与として現前すれば必ず、負債を負わせるのであり、返礼は義務付けられるのである。だとすれば、贈与とは、贈与者そして受贈者のいずれにとっても、「現前することのありえない贈与」[19]でなければならない。贈与としてあるならば贈与でなく、贈与でないならばもちろん贈与ではない。いずれにせよ、贈与は贈与であることが不可能なのである。それは、単に感覚不可能なものだとか、行なうことが不可能だというだけでなく、「不可能なもの」そのものでさえあるのだ。

こうして、贈与は二重の意味で「不可能なもの」であることが明らかとなる。それは定義上、非生産的なものでなければならず、生産的なものすなわち「可能なもの」ではないのだから、「不可能なもの」である。また、贈与はそれ自身であることができないのだから、そもそも「不可能なもの」である。したがって、贈与について問うことは、単に問うことが困難だというのではなく、困難そのものについて問うことなのである。

★消費／消尽

贈与は生産的な圏域の「外」にある。とはいえ、それは単なる生産の否定であってはならない。破壊や無為はひとつの欠如態であるがゆえに、かえって生産に従事してしまうものだったのである。では、そうでない仕方で非生産的なものとは一体何だろうか。それは供犠あるいは消尽である。

供犠は生産のアンチテーゼである。生産は未来の観点によってなされ、供犠は瞬間そのものに対してしか関心を持たない消尽である。この意味で、供犠は贈与 don であり、放棄 abandon であるが、贈与されたものは受贈者にとって、保存の対象とはなりえない[20]。

ここでまず、「生産のアンチテーゼ」であるための条件が確認される。それは、行為と所有という生産の二つの契機に対応するものである。第一に、未来に設定された目的へと従属してはならない、ということである。非生産的なものは、時間的な持続の中にはなく、瞬間的なものでしかない。それゆえ次に、所有の形態に回収してはならない、ということにもなる。瞬間的なものを保存したり、取り置くことなどできないのである。これらの条件に照らし合わせるならば、破壊や無為のみならず、一般的な意味での供犠もまた、必ずしもそれに該当するとは言えないだろう。というのも、供犠はしばしば共同体の権力と結びつくことによって、最終的に富を獲得する手段として用いられるからである。だとすると、非生産的な供犠は、単なる財の消費であるだけでなく、いかなる代償も獲得しないような純粋な損失、徹底した消費（consommation）、すなわち消尽（consumation）でなければならない。供犠は、そのようなものとしてのみ、純粋な贈与であり、単なる放棄たりうるのである。

しかしながら、供犠はただ領有を目指さないという消極的な意味しか持たないのではない。より積極的に規定するなら、それは生贄を暴力的に破壊することなのである。ただし、破壊といっても、供犠が狙っているのは通常の意味での破壊ではない。つまり、その犠牲となる人や動物の命を奪うこと、物財を打ち壊すことではないのだ。

供犠が犠牲のうちで破壊しようとするのは、事物——ただ事物だけ——なのである。供犠は対象の現実的な従属の連関を破壊し、犠牲を有用性の世界から引き剥がし、それを不可解な気まぐれの世界へと還す(21)。

供犠が破壊するのは、あくまでも生贄が押し付けられている有用性であり、道具的な連関なのである。この破壊によって、犠牲の対象はあの二重の従属関係から解放され、主体の権能の下から離れる。それと同時に、道具に転落していた主体自身の有用性もまた破壊される。このとき、主体も対象もその有用性を解除され、両者を区別していた外在性は不確かなものとなる。供犠の積極的な意味とは、対象と主体を、「何でもない物」と「誰でもない者」の「不可解な気まぐれの世界」へと還すことなのである。

供犠は生贄の有用性を破壊することによって、生産的な圏域を顛倒させる。とはいえ、供犠自体がひとつの行為だとしたらどうだろうか。供犠もやはり、生産的なものの単なる否定だということになるだろう。それはつまり、操作の主体という生産的なものの「内」に、運動の起点が置かれているからに他ならない。帝国がそうであったように、消尽の運動は「外」から到来しなければならないのである。

★共同体／コミュニケーション

限界において、生産的な圏域に開く「開口部」を、今度は「外」によって考えることにしよう。

諸存在が完全であるかのように見える semblent かぎり、それらは孤立したままに、自己自身の内に閉じたままにとどまる。しかし、未完了の傷口 blessure がそれらを開くのである。この未完了、動物的な裸性、傷口などと名付けられるものによって、様々な分離された諸存在はコミュニケーションするのであり、一方から他方へのコミュニケーションの中で自らを失うことによって、生を得るのである。[22]

主体は、何者かとして互いに区別された存在であり、自足した個体として完全であるかのように見える。しかし、それはあくまでも「であるかのように見える」にすぎない。というのも、それが成立しているという事実のうちには、既に「不可能なもの」が抱え込まれていたからである。この個別的な主体は、「コミュニケーション」することによって「未完了の傷口」を開かれる。

コミュニケーションという語が指している事態は、伝達一般の問題を考えることによって明らかとなる。というのも、伝達には、交換と領有において現われたあの未知のものと既知のものとの両義性が、またもや含まれているからである。すなわち、もし生産的な伝達というものがあるとすれば、それは何がしかの新しさを伝えなければいけない。しかし他方、その伝達されるものは、何らかの仕方で共約「可能なもの」でなければならない。伝達されうるものは既に知られているものでしかなく、未だ知られていないものは決して伝達されえない。つまり、伝達「不可能なもの」を伝達することこそが真の伝達なのである。だとすると、コミュニケーションとは、自らが完全であると錯認する主体に「不可能なもの」を伝達するものだ、ということになるだろう。まさにこの「不可能なもの」こそ主体の抱え込む「開口部」であったのだから、その伝達は自閉した主体の「傷口」を開くのである。こうして、区別された存在としての主体は、コミュニケーションすることによって、その自己を失うことになる。逆から言えば、コミュニケーションが生起するという事実が、主体の内に既に「傷口」の穿たれていることを実証するのである。

コミュニケーションすることは、何かを分かち合うことではない。というのも、それは共約「不可能なもの」を伝達するからであり、つまり何ものをも共有させはしないからである。この意味でコミュニケーションは、法や宗教、生産手段、義務などを成員が共有する共同体とは異なっている。共同体とは、伝達に関するあの両義性を区別へと押し上げたものにすぎない。共有「可能なもの」ならば伝達「不可能なもの」であり、共有「不可能なもの」ならば伝達「可能なもの」である。この反転する両義性から「不可能なもの」の系列を除去するとき、共有「可能なもの」ならば伝達「可能なもの」となる。そこでは、共有することが生産的なものの条件となっているのである。共同体の成員はその共有するものを表現しているのではなく、ただ単にそれによって置き換えられているにすぎない。共同体とはひとつの恐慌なのである。

★承認／呪われた部分

共同体は、共有することによって成立するのだが、また逆に所有（Eigentum）を正当化するものでもある。というのも、単に手にしていることを意味する占有（Besitz）は、共同体の承認を得ることによってはじめて、普遍的な権利としての所有となりうるからである。なぜ共同体が所有を承認するのかといえば、もし所有が正当化されないならば、そもそも生産の圏域が立ちゆかなくなってしまうからである。

しかしながら、所有の正当化とは、共同体による承認の一方の側面でしかない。というのも、所有のうちには、領有「不可能なもの」が含まれていたのだから、これを隠蔽することによってしか、所有は正当化されえないからである。この傷口を塞ぐために、共同体は他方で、生産的な圏域を転覆させるものに対して、「呪われた部分」(part maudite)[23]という承認を与える。それはいわば、汚らわしく忌み嫌われるべきものとして認定された「不可能なもの」のことである。「不可能なもの」は「呪われた部分」として承認されることによって、共同体から遠ざけられると同時にそれへと近づけられる。つまり、それが呪詛の感情と結びついているかぎり、排除されなければならず、また、それとして措定されているかぎり、ひとつの有用性でありうるのだ。ここから、なぜ貨幣が共同体の承認を必要とするかが明らかとなるだろう。つまり、貨幣とは現実化された価値のことであり、価値とはそもそも有用でないもの、すなわち非生産的なものだったからである。「汚物は貨幣ではないのに、貨幣は汚物でありうる」[24]ばかりでなく、貨幣こそがまさに汚物として承認されたものなのである。

　このような共同体による承認に反して、その隠蔽された「傷口」を開くものとは、コミュニケーションであった。それは、伝達「不可能なもの」を伝達するがゆえに、主体の孕む所有「不可能なもの」を開かせるものである。この意味において、コミュニケーションは、共同体の正当化に対抗する「異議提起」となりうる。その異議の内容は、帝国が不法な領有をしている、と糾弾するものではない。それどころか、そもそも領有さえできていない、という暴露なのである。したがって、それは「所有物を放棄せよ」などといった道徳的な命令ではなく、主体はただ単にその所有——所有物ではなく所有——を放棄せざるをえない羽目に陥る、ということなのである。この異議によって、ある主体の「不可能なもの」が開かれるならば、それが今度は次なる「不可能なもの」の伝達となる。そしてまた、それは新たなコミュニケーションへと接続していく。このように、「不可能なもの」を次から次へと受け渡していくことが、コミュニケーションの運動なのである。

こうして、コミュニケーションは、ある二つの条件を満たしていることが確認される。コミュニケーションにおいて、主体はその所有を問いに付され、自らの所有を放棄するように強いられる。それは強いられるのであるから、行為として営まれてはいないし、所有そのものの放棄であるから、所有へと還元されえない。つまり、コミュニケーションはあの「生産のアンチテーゼ」のための条件を、どちらも満たしていることになる。実をいえば、コミュニケーションとは、純粋な贈与の形式だったのである。贈与とは、所有物を負債にしたがって与えることではない。いかなる負い目もなしに、そもそも所有していないものを与えることなのである。

5　おわりに

人間とは社会的動物である。つまり、コミュニケーションする存在である。そのかぎり、「何でもない物」を「誰でもない者」へと贈与せずにはいられない。

人は必要のために有用なものを交換するのではない。無用なものつまり価値を表現するために交換するのである。だから、交換（ex-change）とは、生産的なものの「外 ex-」の表現（ex-pression）である。逆から言えば、交換は等しいものの「内」で生起することがない。それは二通りに言い換えられる。ひとつには、等価交換などありえない、ということである。それは交換（ex-change）などではなく、両替（change）にすぎない。そしてもうひとつ、共同体の内部では交換が成立しない、ということでもある。この意味で、交換は「共同体の終わるところで始まる」[25]のである。これらはどちらも同じ事態を指している。つまり、生産的なものに含まれる両義性を、単なる区別へと押し上げることによって、「不可能なもの」の「可能なもの」としての表現が、「可能なもの」の「可能なもの」としての再生産に横滑りしているのである。したがって、交換は生産的なものの「外」へと通じていなければならない。とはいえ、この「外」は、生産的な圏域が成立していることの「内」に既に「傷口」として孕まれているのである。

交換が成立しているという事実は、既に問題含みである。それが含んでいる問題とは、問題そのものである。実をいえば、交換が含んでいるものとは贈与のことなのである。

（1）Marx/Engels, *Gesamtausgabe*（以下 *MEGA* と略記）, Abt. II, Bd. 1.1, S. 22. マルクス、高木幸二郎訳『経済学批判要綱第一分冊』（大月書店、一九八三年、以下『要綱』と略記）六頁。

（2）Smith, Adam, *An Inquiry into the Nature and Causes of the Wealth of Nations*, Vol. 1, Oxford University Press, 1976, p. 25. スミス、水田洋監訳『国富論1』〈岩波文庫〉（岩波書店、二〇〇〇年）三七頁。

（3）*MEGA*, Abt. II, Bd. 8, S. 113. マルクス、向坂逸郎訳『資本論（一）』〈岩波文庫〉（岩波書店、一九九四年）一五四－一五五頁。

（4）*ibid.*, S. 80. 同上、九二頁。
（5）*ibid.*, S. 83. 同上、九八頁。
（6）*ibid.*, S. 102. 同上、一三四頁。
（7）*ibid.*, S. 101. 同上、一三一頁。
（8）*ibid.*, S. 128. 同上、一八六頁。
（9）*ibid.*, S. 157. 同上、二四〇頁。
（10）*MEGA*, Abt. II, Bd. 1.1, S. 35. 『要綱』二一頁。
（11）*ibid.*, S. 25. 同上、九頁。
（12）*ibid.*, 同上。
（13）Bataille, George, *Œuvres Complètes*（以下 *OC* と略記）, Gallimard, 1976, VII, p. 292. バタイユ、湯浅博雄訳『宗教の理論』（人文書院、一九八五年）二一頁。
（14）*ibid.*, p. 298. 同上、三四頁。
（15）*MEGA*, Abt. II, Bd.1.1,S. 28. 『要綱』一三頁。
（16）*OC*, VII, p. 322. 『宗教の理論』八六頁。
（17）*MEGA*, Abt. II, Bd. 8, S. 139. 『資本論（一）』二〇七頁。
（18）Mauss, Marcel, *Sociologie et anthropologie*, PUF, 1950, p. 148. モース、有地亨他共訳『社会学と人類学I』（弘文堂、一九七三年）二二四頁。
（19）Derrida, Jacques, *Donner le temps 1*, Galilée, 1991, p. 46.
（20）*OC*, VII, p. 310. 『宗教の理論』六三頁。

(21) *ibid.*, p. 307. 同上、五四頁。
(22) *OC*, V, p. 263. バタイユ、出口裕弘訳『有罪者』(現代思潮社、一九八九年) 五二頁。
(23) *ibid.*, p. 44. バタイユ、生田耕作訳『呪われた部分』(二見書房、一九七三年) 五〇頁。
(24) *MEGA*, Abt. II, Bd. 8, S. 132.『資本論(一)』一九四頁。
(25) *ibid.*, S. 114. 同上、一五八頁。

■文献案内

Bataille, Georges, *Théorie de la religion*, (1974), Œuvres Complètes [OC], t. VII, Gallimard, 1976. バタイユ、湯浅博雄訳『宗教の理論』(人文書院、一九八五年)

未完の遺稿であるが、バタイユ思想の二つの系列——「無神学大全」と「呪われた部分」——の隠された連関を解く鍵となる書。「聖なるもの」と「俗なるもの」の関係が、徹底的な明晰さによって問われている。

Bataille, Georges, *La part maudite*, (1949), OC, VII. バタイユ、生田耕作訳『呪われた部分』(二見書房、一九七三年)

「生命は常に過剰なエネルギーを受け取る」。このテーゼから出発し、剰余(贈与)を射程に収めた普遍経済学の試みがなされる。資料部分では、ポトラッチからマーシャルプランまで、様々な消尽の形式が具体例に沿って語られる。

Benveniste, Émile, *Le vocabulaire des institutions indo-européennes*, Minuit, 1966. バンヴェニスト、前田耕作監修『インド=ヨーロッパ諸制度語彙集1』(言叢社、一九八六年)

印欧語に共通する語根と派生語の差異、これらの言語学的分析により、歴史的な社会・経済の仕組みが鮮やかに描きとられる。贈与に関しては、「与える－取る」を同時に意味する、dō-という語根の両義性が重要。

Derrida, Jacques, *Donner le temps 1*, Galilée, 1991.

言説と経済の交錯する地点でエコノミー批判を展開する。モース、バンヴェニストらの贈与論への批判的言及もなされている。同趣旨のものとして、高橋允昭訳「時間を－与える」（『理想』一九八四年十一月号）。

Marx, Karl, *Theorien über den Mehrwert*, Marx/Engels Gesamtausgabe, Abt.II, Bd. 3.2-4, 1979. マルクス、岡崎次郎・時永淑訳『剰余価値学説史』〈マルクス＝エンゲルス全集第26巻Ⅰ－Ⅲ〉（大月書店、一九七〇年）

先行する経済諸学説との対峙を通して、マルクス自身の価値論が表現される。『要綱』から『資本論』への転回点にあたり、価値実体と価値形態の問題が取り上げられる。重農主義、スミス、リカードらの価値論を概観するにも好適。

Mauss, Marcel, *Sociologie et anthropologie*, PUF, 1950. モース、有地亨他共訳『社会学と人類学Ⅰ』（弘文堂、一九七三年）

原始的な社会における呪術や贈与を、「全体的社会的事実」として究明する。所収の『贈与論』は必読。その分析の手法や内容に関しては批判もあるが、今なおこの書を経ずして贈与論はありえないだろう。

9 「市場」をめぐる権力
――市場原理の幻想と市場の外部性――

●中山智香子

1 はじめに

市場と経済をめぐる差異に、どのような補助線をひいたら、すっきりと整理できるだろうか。本稿では市場を批判的にとらえる立場を考察し、そこに表われる経済の諸相をとらえてみることにする。それは哲学や経済人類学、経済倫理学等の学問領域と境を接しながら、なお経済学や経済理論の内部であり続けようとする、経済学批判の立場である。経済学は、哲学や法学等の学問体系に比べると、比較的短い歴史をもっており、体系的・制度的に構築されたのはおよそ十九世紀以降のことである。しかしその分、体系化と伝統の創造が強く試みられてきた。市場の概念はその中核部分を形作ってき

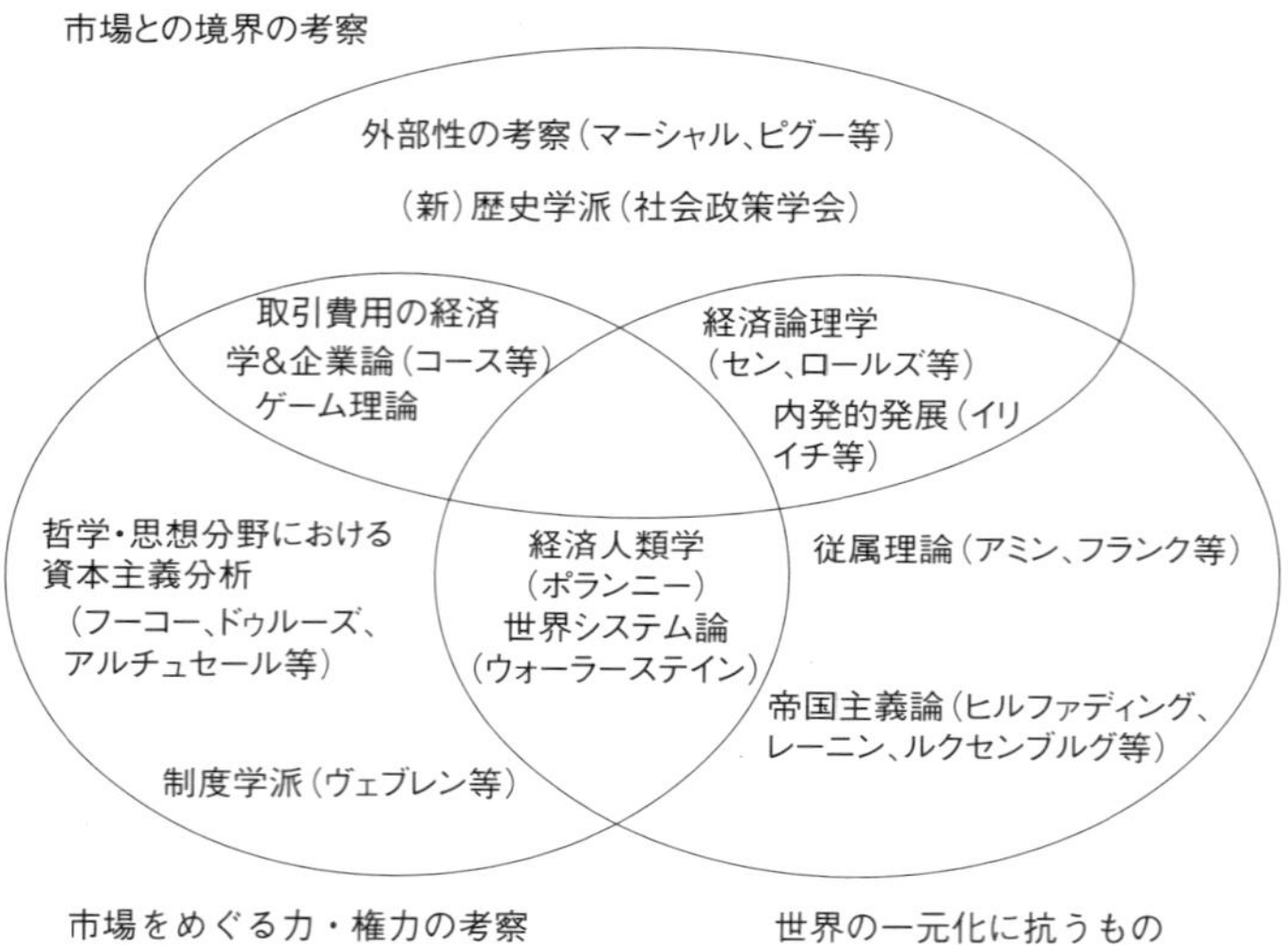

図１　市場を批判的にとらえる経済思想の諸系譜（20世紀）

たのである。そこで経済学者たちはしばしば、通説的な経済学に対して鋭い批判を展開し、パラダイムを刷新してきた。本稿で扱うのはそのなかのほんの一部分、特に二十世紀の初頭から半ば過ぎにかけて出された諸理論、諸概念である。

経済学批判は、グローバリズムの進行する現代が単に一元的な価値観の世界化としてとらえられないことを明らかにする。ここで第一世界・第二世界・第三世界という区分をとりあげてみる[1]。この区分は大まかにいって、自己調整的市場（第一世界）か国家介入・計画経済（第二世界）かという権力の作用をめぐる対立と、それに還元できない残滓への名づけによって成立していた。しかし対立の一方が消失し、対立そのものが解消されてしまった今日的状況においても、第二世界、第三世界がそれぞれ抱えている問題は解消されず、したがってこれらの区分や概念も、依然として問題であり続けている。ここでは、図1に示した三つの論点、すなわち市場をめぐる権力、市場の外部・市場との境界、市場による世界の一元化に抗うもの、という論点に沿って問題のありかを考えていく。まず2では市場をめぐる権力への視点を、自由主義か社会主義かというかつての第一世界と第二世界の対立を支えていた軸から、実はそのいずれの極でも作用し、特に自由主義世界においてより有効に作用する規律訓練権力へと移してみる。それは対象とする市場のとらえ方自体も同時に変化させるものである。次に3では市場の外部、もしくは市場との境界という「場」の特殊な意味を、外部性、企業という二つの概念に即して考える。それは次の、世界の一元化に抗うものの視点を獲得するための前提である。4では、第二世界と第三世界の抱える問題性を分けて検討してみる。

2　市場をめぐる権力をずらす

★市場原理か国家介入かの二分法

たとえばある日、新聞を開いて社会の何かの政策に関する議論を拾い読みしてみるとしよう。すると当該のことがらを「市場原理」に任せるのかどうかが問題になっていることがしばしばあるだろう。日常的な用語法のなかで「市場原理」は特に、いくぶん公的な性質をもった財やサービス、とりわけひとびとの福祉にかかわるような文脈で言及され、問題にされる。この場合、両極に対置される二者択一の選択肢は、市場原理という言葉に端的に集約されるようなビジネスの世界にそれを任せるか、それとも何らかの政治的機関、たとえば国家や地方公共団体などによって政策を計画し、これを同機関の管理の下で維持するかである。

このような二分法は、経済思想の歴史的文脈に即していうなら、市場が自己調整能力をもっており、それに任せておくのがよいか、それとも国家権力等による政治的介入を必要とするかの対立である。これは二十世紀の前半期、特に両大戦間期に、資本主義・自由主義か社会主義・共産主義の計画経済かの対立として、ヨーロッパを中心とした「社会主義計算論争」の場で大いに議論された。たとえば、当時を生きたハンガリーの社会主義者カール・ポラニーは、権力が無垢な者たちに対して無理やり勝手な計画をたて、これを強制するという図式を見るのは、権力と自由を対置させて考える自由主義の陣営であると考え、このような二分法を批判した[2]。彼によれば、自由主義が勝ち続ける限り、この二分法も生き続けるのである。もし今日でも「市場原理」が上記のように問題になるとすれば、それはやはり、ひとびとが権力と自由に対して、両大戦間期と同じ幻想を抱いているからであろう。あるいは冷戦期とその崩壊を経て、自由主義が何度も生き返っているのかもしれない。重要なのは、このような二分法を支えている古典的な権力概念、すなわち先に述べた暴力や強制力という意味での権力から、特に自由主義の内部で働くもっと繊細で巧妙な権力の性質へと関心の対象を移すことで、市場の見え方の違いをとらえることである。

表1　市場原理と市場空間

	市場原理 market principle	市場空間 marketplace
場に関する規定	交換に関し、いかなる聖なる場も示唆しない	財と行為者を固定した場所に集中させる
規制との関係	規制からの自由を要求	規制・管理・監視を課す
尊重される原則	即興性	ルーティン化、日常化
基本的な公私の別	私的	公的
取引の公開性	隠れて行なわれる	公開で行なわれる
空間の公開性	開かれた社会空間	閉じた場所
成功の尺度	利得の極大化	社会の平穏さ
権力との関係	どこでもあり、どこでもないため、権力にとってつかみどころがない対象	具体的で権力が介入しやすい それ自体、公的権力のイデオロギーを体現

（注） Kaplan, S. L., *Provisioning Paris : merchants and millers in the grain and flour trade during theeighteenth century,* Ithaca, London/Cornell University Press, 1984, p.27の記述をもとに作成。

★市場原理と市場空間

そこでまず、市場原理と市場空間という区分について考察する。これは、ポラニーの思想に着想を得た経済史家によって、十八世紀のパリの穀物市場を素材として考案されたものである。しかし必ずしも空間的・時間的にあまり限定されない一般的な概念、すなわち「原理としての市場」と「場としての市場」としても、興味深い論点を提示していると思われる。ここに両者の相違点を検討したものを表としてまとめてみる。

この**表1**は、市場原理の虚構性を示すための手がかりとして読むとおもしろい。つまり、交換のための概念的な場である市場は、原理的にはいかなる物理的・空間的な場も必要とせず、どこでもありながらどこでもないことになっている。またそこでは、互いに必要とする財をもった経済主体同士が偶然的・即興的に出会い、彼らの利得の極大化のために、私的かつ自由に交換を行なうことになっている。ところが、このような市場は、現実的には常に具体的な空間・場を必要とし、その原理を支えるための各種の規制や管理、監視を必要とする。つまり、いかなる時代か場所かを問わず、市場が現実的に自由で自己調整的であったことは、一度たりともありえなかったのである。換言すれば、市場原理は実際には、市場空間とは別物であるといえる。**表1**は、この現実的な場としての市場が、市場原理と裏腹に必要とする、さまざまな規制・管理の公的尺度を示している。

ところで、この区分において想定されている「権力」は、前節で述べた自由主義経済か計画経済かの二分法の後者で想定されている権力とは質の異なるものである。なぜなら、市場空間においてはたらく権力は、経済主体に対して暴力や強制力を行使したり自由の余地のない計画を執行したりしないからである。むしろその権力は、経済主体や市場において自由が保証され、維持されるために行使されるもので、警察＝公安・治安（police）とも呼ばれている。その権力は何らかの制度を通じて、個々の主体に向かって働きかけ、市場が「自ずから」うまく機能するよう、各経済主体に対して公の求めるものを内面化させるのである。それは、ミシェル・フーコーが規律訓練権力と呼んだものであり、文字通り各主体が自らを規律に従わせるよう訓練するよう仕向ける。そこでは、制度と主体の間にはたらく緻密な権力の網の目が重要である(3)。

そもそも、市場に象徴されるような自由主義のもとではたらく権力は、民主主義のプロセスや諸規則にしたがい続け、自らが民意の一部であり続けることを示そうとする。ひとびとは、はっきりとした権力の中枢がなくとも、先に述べた内面化によって、表立っては社会の秩序のために、あるいはより直接的には「皆がしたがっているから」という理由で、限定的な自由を享受することを（暗に）認めている。そこではいわば人工的な合理性の紐帯というバーチャルな中枢が、形のない指令源として機能し続けている。これが「自己調整的」といわれ、実質的には限定的な場においてのみ機能する「市場」の正体である。

一九五〇年代にゲーム理論を体系化したナッシュは、このような「皆がしたがっているから」の論理を数学的に証明した[4]。すなわち、ある経済主体の合理的な意思決定が他の合理的な経済主体の意思決定を組み込んだ形で行なわれることを明らかにし、それが社会全体に行き渡る場合の均衡としてナッシュ均衡の概念に達したのである。この概念には、

① 他のすべての経済主体が合理的に行動すると仮定して、自らの意思決定を行なう

② 経済主体が合理的意思決定から逸脱した場合、得られる利得は減少する

という二つの前提がある。つまり、自らが逸脱しない限り、自らを含め社会全体は利得を極大化することができ、もし逸脱すれば自らも社会も損失をこうむることになる。いわばこれらの制約条件を付されているから、合理的主体は逸脱を選ばず、結果的にはすべての主体がこの主体と同じ方向の意思決定を行なって、社会全体が均衡状態に落ち着くのである。フォン・ノイマンとモルゲンシュテルンが一九四四年に『ゲームの理論と経済行動』を刊行してからナッシュの定式化までの最も初期のゲー

ム理論は、市場を擁護する立場から展開されたものではなく、むしろ市場原理を主軸にした一般均衡理論を批判する立場から生まれたが、ナッシュは図らずも市場に適応する経済主体の心理メカニズムを明らかにすることとなった。これがその後すぐに一般均衡理論に利用されたのは自然である(5)。

一方、メンガーやボェーム＝バヴェルクに始まり、ハイエクへ至るオーストリア学派の経済学の理論は、市場のプロセスを強調し、価格決定に幅を持たせる可能性を示唆しつつ、彼らの競争概念が一般均衡理論における競争概念と異なることを強調した。そしてハイエクは、市場のさまざまな意思決定の諸結果の情報は、すべて価格によって伝達され、これによって市場がうまく機能するという説明を、明示的に打ち出した。さらに市場における競争が、このような伝達機能の潤滑油としてはたらくと考えた。しかし、このようなオーストリア学派の経済学の競争概念も、一般均衡理論における「完全競争」の仮定、すなわち経済主体から価格への影響のない状態という仮定も、価格の情報伝達機能完全性に依拠する点においてはあまり変わりがない。そして実のところ、この仮定が疑わしいものであることは、すでに経済理論の内部から指摘されて久しいのである(6)。

3　市場と境を接するもの

★市場の「外部性」

経済理論の内部から、自己調整的市場か国家介入・計画経済かという二分法の不十分さを指摘した経済学者、R・H・コースの考え方をとりあげてみよう。彼は「社会主義計算論争」が盛んに行なわれていた両大戦間期中、すでに違った視点、すなわち（交換）取引を行なうには情報を得たり交渉を行なったりする費用がかかるという視点をもっており、この取引費用との関係から市場と企業、法の位置を分析した。(7) 彼によれば市場とは、交換を促進し、交換取引の実行費用を減少させるために存在するものであって、当然、入り組んだ規則や規制の体系を必要とする。古く中世には国王の許可の下に組織された市場の設備とともに、そこでの争いごとを裁く裁判所が管理され、現代でも商品取引所や株式市場には、取引にかかわる紛争を裁定する機関が設置されているのはこのためである、と彼は説明する。(8) コースはここで交換を取引と言い換え、それを行なう具体的な場としての取引所に言及することで、市場原理から場としての市場へと見事に視点を移行させている。

そもそもコースがこのような見方に辿り着いたのは、市場の外部性を分析しようとする厚生経済学の不十分な点を補おうとしたためであった。市場の外部性は市場の失敗とも呼ばれ、効率性のみを追求する市場原理によって見落とされる社会問題に目を向けるものである。それは今日に至るまで、たとえば一九七〇年代の公害問題、あるいはその後、開発にともなって生じる環境問題を分析する際の概念装置として盛んに用いられているが、そもそも十九世紀後半以来、生産性・効率性追求のかげで問題となってきた労働者保護や不平等・貧困の問題もまた、市場の失敗、外部性に含められるものである。厚生経済学はこれに対して、経済システムの働きを規制する政府の役割を考える学問体系として発達した。しかしコースによれば、市場の失敗や外部性を指摘することは必ずしも、政府の介入、特に課税等による直接の規制の必要性を意味するとは限らないのである。

コースによれば外部性は、「ある人の意思決定が、その意思決定にかかわっていない誰かに影響を与えること」(9)であり、彼はこれに以下のような追加的説明を加えている。

もしAがBから何かを買うと、Aの買うという意思決定はBに影響を与えるが、これは「外部性」とはみなされない。しかし、AとBとの取引が、取引の当事者ではないC、D、Eに、たとえば騒音や煙といった形で影響を与える結果となった場合には、C、D、Eへの影響は「外部性」と呼ばれる(10)。

この例において取引を行なう、すなわち市場の構成員となるのは買い手Aと売り手Bであるが、登場人物C、D、Eが、もし「騒音や煙」を被る当事者であるとすれば、AとBの取引は騒音や煙を出す工場の売買等であると考えられ、C、D、E等は工場周辺の住民たちであり、問題は取引そのものの場としての市場よりは、むしろ取引の結果として開かれる場となる。もしコースの示すように、Cが被害を回避するために、例えば自宅の壁を防音壁に変えるとか、引越しをするとかの対策を考え、必要な費用をAに請求するとすれば、新たにCとAの取引が問題になるだろう。さらにAがこの費用を見込んでBとの取引に臨むとすれば、当然、AとBの間で当該の工場の売買される価格に影響を及ぼすことになるだろう。コースはここから、経済システムの研究には、「システム内での個人の、あるいは組織の行動が、他者に与える影響を取り扱っているのだという認識[11]」が欠かせないと指摘し、政府の介入の位置と厚生経済学について検討する。しかし私たちはここで外部性の概念に立ち戻ってみる。すると、AとBが市場の当事者で、C、D、Eは外部であると規定しているだけでは問題が解決しないこと、しかもそれは市場価格の決定という、きわめて市場内在的な中心課題や、そもそも市場がどこまでの当事者をカバーするのかという根本的な問いでもあり得ることがわかるのである。ここにさまざまな形で、取引をめぐる規制や裁定の法や制度も絡んでくる。

AとBとの市場取引が「自由に」、C、D、E等の圧力やその影響を受けずに行なわれるためには、かなりの実質的強制力、例えば何らかの権力により、AとBとの取引やその価格を公的に認可したり、C、D、E等を市場から排除したりする等の、力を加えなければならないことになる。これが具体的にどのような種類の力であるかは、後に4で考察する。

★企業の位置

さらに市場との境界を考えるために、ここでコースの企業概念が有用である[12]。なぜなら彼は、まさに市場原理の成功の尺度である利得の極大化を目標として行動する企業という経済主体を、ある意味で市場から切り離して論じようとするからである。経済理論の通常の理解においては、企業は消費者と並ぶ代表的な経済主体のひとつであり、生産をつかさどる主体である。しかしコースによれば、どのような生産要素をどれだけ用いて何を生産するかを決定し実行する過程において、企業はむしろ、市場とそこに働く価格メカニズムを利用せず、取引費用をなしで済ませるために組織されるのである(13)。ここで特に注目されるのが労働力という生産要素である。つまり何かの生産を行なうにあたって、その都度、ふさわしい労働力を市場において見つけ出し、購入するのではなく、むしろ継続的な雇用の中でその都度の生産に応じて、任意に配置を変更する方が効率的だからである。こうして企業はその組織としての形成過程からとらえられる場合、むしろ市場と対置して考えられる。ところでコースはここから、企業の規模を拡大する結合（combination）と統合（integration）の概念を定義する。すなわち、結合とはそれまで二つ以上の企業において組織化されていた取引が一つに組織化されることであり、統合とは市場で行なわれていた取引が組織化される、つまり企業の内部に取り込まれることである。ここで注目したい点が二つある。

ひとつは労働力という生産要素の取引が統合によって市場から企業組織に取り込まれる際、つまり市場からその外部へ出される際に、当該の労働力と企業をつなぐ原理は、そこで取り交わされる「契約」以外に何もないという点である。ちなみにコース以降、彼の考え方を土台にして展開された理論は、「契約」の問題へと主たる関心をシフトさせた。例えばゲーム理論と接合された、依頼人－代理人問題（principal-agent problem）と呼ばれるアプローチ等は、これにあたるだろう。ここで興味深いのは、市場そのものは市場原理を裏切るかのように、倫理的ともいうべき場の諸規制を含むのに対し、市場という場の外で生かされる市場原理（＝利得の極大化）には実は何ら規制がなく、これにもとづく企業という場もまた同様に、規制を背負わないという点である。それは、ひとはなぜ企業内部で企業の命令にしたがうのか、という問いにつながっている。

もちろん、労働力が市場の商品たる立場からドロップアウトして企業に入る、その初めの局面においては契約関係が制約となる。しかし、契約後の企業の内部における働きに関して、持続的に何らかの規制に縛られることは——もちろん、当初に書き込まれた契約の内容にもよるのだが——、明示的にはない。コースは上記の論考の最後で「主人と従者」(master and servant) を引き合いに出しながら「雇用主と被雇用者の法的関係」に言及しているが、厳密に言えばそれは法的関係ではない。むしろ組織の論理である。企業の側からすれば、ひとたび市場の明るみから組織内の闇へと引き取った労働力にインセンティヴを与え続けるためには、独自の大義名分を必要とすることになる。するとひるがえって市場の力に頼むことがむしろ合理的かもしれない。組織としての企業はむしろ、市場の外にあるがゆえに、たえず市場にひきつけられる。

これに関連する次の論点は、市場の周縁や外部と競争概念との関係、つまり反面で「協力」の概念が市場外の可能性を示す点である。市場を分析する諸学派は、いずれも市場がそれ全体を一つの場とした競争プロセスを強要することを前提とし、そこに関心を集中させることにおいて、あまり変わりがない[14]。他方、企業の結合の概念は、市場からはみ出ることで、競争から逃れることの可能性を明らかにした。結合する二つの企業は、利得の極大化だけを至上命題として自らの組織内の論理を相手企業にはたらきかける。つまり市場原理同士の合併・拡大化プロセスが、市場の外で行なわれる。「場としての市場」はその公開性、警察権力による監視・管理・規制ゆえに、さまざまな制約をもっているのに対して、市場外取引はこうした制約から、良くも悪しくも自由である。企業が結合して規模を拡大する場合、あるいはやがて集中化して独占への道を辿る場合、市場が機能不全に向かうことは、ここからすっきりと説明できる。

　初期のゲーム理論は、競争モデルの代替案を示すことで、すでにこのような「協力」の可能性を示唆していた。しかしその後、一九五〇年代初頭のナッシュによる定式化によって、協力ゲームと非協力ゲームの区別が行なわれ、通説的にはこのような協力の可能性が理論的に反証された。ナッシュは厳しい合理性の前提条件を立て、すべての協力ゲームが非協力ゲームとして最定式化されることを示したのである。ただしナッシュによる協力ゲームの否定は、その前提条件から見直される必要がある。市場における競争概念に照らして合理的であっても、他方でこの競争概念そのものを相対化する「協力」概念には、より広い合理性の可能性も含め、さまざまな可能性が含まれているのである。

　それでも上記で述べたとおり、生産と再生産を無限に繰り返すことを根本的な存立基盤としている企業にとって、市場から完全に距離をとることは得策ではなく、致命的な場合もある。上記にみた二つの論点からわかるように、市場から適切な距離を取ることによって制約を巧妙に交わしつつ、やはり市場と接点をもつことでその利点を十分に利用することが、企業の存立基盤である。ここで利得の極大化をめざしながら自己増殖を続ける源を、資本と呼ぶかどうかは、必ずしも問題ではない。

4 世界の一元化に抗するもの

ところで「市場」の拡大は、あらゆる植民地主義やオリエンタリズムの分析者がこぞって明らかにするように、文明と衛生の拡大でもある。ここで視野を広げ、市場が世界の中で占める位置について検討し、第二世界・第三世界と第一世界の位置関係を確認する。

★第二世界の行方

ソ連の解体とともに第二世界は消失し、旧第二世界は第三世界に吸収されたと考える論者もある。たしかに先進国か後発国かという分類によれば、第二世界は紛れもなく後発国であり、第二世界が抱える問題には第三世界と共通するところが多分にあるだろう。しかし、社会主義から資本主義へと体制変えをせざるをえなくなった第二世界の移行経済の局面は、やはり第三世界とは異質な要素を含んでいることも確かである。前節では、依頼人 - 代理人問題というとらえ方を用いながら、企業が市場との境界をいかに利用しながら、労働のインセンティヴを保つことができるのかについて考察した。実はこの論点は、今日における第二世界を考える際に、有効な手がかりを提供している。

スティグリッツは九〇年代の初めに、依頼人 - 代理人問題の過小評価を、社会主義の衰退の原因であると同時に、市場社会主義の問題点の一つとして挙げた(15)。市場社会主義とは、大戦間期の社会主義計算論争において、社会主義を擁護する立場から考案されたもので、大まかにいえば、社会主義に市場を接木して、市場の長所を取り入れる考え方である。大戦間期には、社会主義システムでは市場におけるような価格メカニズムが存在しないとして、その価格決定の不合理性、ひいては社会主義体制そのものの不備を指摘しようとした、オーストリア学派のミーゼス、ハイエクら自由主義者の論者たちに対し、ランゲら社会主義の論者たちが市場社会主義のビジョンを示し、論争に勝利したというのが、論争の最終的な評価として、その後長い間定着してきた。[16] さらに、分析的マルクス主義の論者たちが、特にマルクス主義とゲーム理論の統合という立場から、新しい市場社会主義の可能性をさまざまに検討し始めている。[17] しかし問題は、本稿の第一節で述べたとおり、市場社会主義が市場の決定的な長所と前提して導入しようとする価格メカニズムの情報伝達機能がそれほど万能ではないことである。依頼人－代理人問題によって労働のインセンティヴを検討するアプローチは、むしろ市場における情報の不完全性を補完するものとして、生まれてきた。移行経済において市場をたのみとする第二世界が、価格メカニズムを万能視し、市場における権力の問題や企業という組織と市場の微妙な位置関係に目を向けないとすれば、それは逆行的であり、システムにとって致命的となるだろう。[18] 社会主義に市場を接木するだけでは、旧体制で生じていた労働インセンティヴの問題が、再び浮上する。

★第三世界の問題

一方市場の外部性の問題は、第三世界の問題系に対応している。二〇〇〇年に刊行されたネグリとハートの共著『帝国』[19]は、フーコーの規律訓練権力が個人の生死そのものに対して及んでくるという生-権力の概念を援用しながら、その権力が対象とするものの領域を世界全体に及ばせようとすることを強調し、世界全体を覆う帝国の概念を提示した。彼らは第2節でみたような場としての市場にはたらく規律訓練権力が、二十世紀の前半から半ばにかけて次第に性質を強め、世界を規律社会から管理社会に移行させたことを分析したのである。

しかしながら、世界を一つの価値観で覆い尽くすことは現実的に不可能であるばかりでなく、概念としても平板である。ネグリとハートの著作においても、たとえばローザ・ルクセンブルグの考えに即しながら、資本主義が帝国主義的に外部を完全に包摂することが、むしろ資本主義にとって致命的であるという矛盾が指摘されている。[20]もっともそこでは、帝国主義から帝国に移行した後の世界の包摂については、ルクセンブルグの視点が妥当しないとも述べられている。本稿では、同じく『帝国』のなかに示されている世界規模での移動のダイナミズムに注目してみる。そこで語られているのは、混ざり合うことなく共存する、双方向の影響である。

第三世界から逃れ、仕事や富を求めて第一世界へと向かう労働者たちは、それら二つの世界のあいだの境界をその根元から掘り崩すことに貢献している。……第三世界は、絶えまなく生産および再生産されつづけるゲットーやバラック地区やスラム街にその姿を変えながら、第一世界の心臓部に住みついているのだ。そして、その代わりに第一世界は、証券取引所や銀行や他国籍企業さらにはマネーと指令でできた冷ややかな超高層ビルといったかたちで、第三世界に移されているのである[21]。

いまだ包摂されない第三世界の労働力は、すでに十分整備されている第一世界の市場へと移動し、そこで自らを売りに出してみるが、必ずしも市場から企業の内部に取り込まれて、市場から消失するとは限らない。「ゲットーやバラック、スラム街」にうごめく労働力はむしろ市場に売りに出されたままで、その都度買われたり買われなかったりしながら、生活水準の最低限のラインを次第に下方にずらし、商品としての自らの労働力の質を低下させていく。また彼らの生存するための最低限の条件に規定されるような取引が、闇市や物々交換など、組織としての企業に取り込まれるのとは別の形で、市場外取引を発生させ、維持させていくようになる。市場では企業が第三世界の労働力をさらに値切りしながら、その都度買い、あるいは買わないことによって、経済循環の牽引役を果たしている。市場は無限に膨張・拡大しない。世界にとって問題なのは、むしろそのことである。

ここで前節で扱ったモデル、すなわちコースが「外部性」について考察するために用いたモデルに立ち戻ってみる。それはAとBとの市場取引によって、C、D、Eが騒音や煙を被る状況を扱っていた。コースは経済主体A、B、C、D、Eが同等の力を持つことを前提としたため、たとえばCの被る騒音や煙を防いだり除去したりするための費用を、もっとも効率的にまかなうという観点から考察を進め、取引費用や市場への影響を検討した。しかし、これらの経済主体間で力に差があると前提すればどうであろうか。例えば第三世界の内部に出現する第一世界と対応させて考えてみれば、Aは第一世界の多国籍企業の資本、Bは第三世界のある工場主、C以下は近隣住民といった場合を想定することができるだろう。AがBから第三世界にある工場を買い取り、騒音や煙を排出するような生産を行ない始める。C以下の経済主体は、騒音や煙によるコストをAに対して請求できるだろうか。あるいはその費用を見込んだ形で、AとBとの市場取引が行なわれるだろうか。むしろ、そもそも場としての市場に境界があり、限定的かつ整備された形で取引が行なわれるがゆえに、C以下の経済主体は市場に参入することができず、問題は取引費用へと収斂していかないのではないか。さらに、C以下が市場に参入すれば問題が解決するわけでもない。もしここに排出権取引の市場が開かれるとすれば、B、C以下の経済主体は彼らが潜在的にもつことになる排出権を売りに出すよう求められ、さらには第一世界で排出される煙等の「コスト」の責任をも肩代わりさせられることになるかもしれない。これらによって第三世界が市場の利得を得ることは間違いない。ただ、それは根本的な問題の解決からはほど遠いのである。

またここに現代の、第三世界からの逆襲が露呈されている。市場が消化し切れない要素は、管理社会が包摂せずに排除しようとする、異質な要素であり続ける。そこで市場の境界では文明は野蛮から、衛生は不衛生から、感染・雑婚・そして束縛のない恐怖を受け取ることになる[22]。ひとびとの恐怖、漠然とした不安の感覚は、管理社会をいっそうエスカレートさせていくだろう。それでなお、第三世界の諸要素の変質が、知らず知らずのうちに第一世界を侵食し、市場や企業の構成要素を変質させていくプロセスが進行する。リゾーム的な拡がりを続けるのは市場ではない。異質なまま混ざり合わない要素の接触と共存によってできる痣《あざ》である。

5　おわりに

以上、グローバリズムの進行する現代において、世界が第一世界の「市場原理」による一元化の方向を辿るには、さまざまな問題点のあることを、おもにコースの外部性と企業の概念を用いながら検討した。第二世界における労働インセンティヴの問題、第三世界における市場への包摂‐非包摂、外部との相互の影響関係の問題は、それぞれ個別的・具体的な争点とともに、今後も拡大すると思われる。同時に、市場という場とその境界をめぐる権力については、規律社会から管理社会への移行からさらに深化する方向性のなかで、引き続き問題となるだろう。市場と経済をめぐる差異は、これらの論点を含みながら、なお世界の問題であり続けるに違いない。

（1）　第一世界・第二世界・第三世界という区分について、とりわけ第三世界という用語が、いつ誰によって用いられ始めたのか合意はないようである。マルチニーク島出身の作家であり精神科医であったフランツ・ファノンに負うという説、フランスの人口学者アルフレード・ソーヴィによるところが大きいとする説等がある。これについては、山崎カヲル「問題としての第三世界」『権力と正統性』〈岩波講座　現代思想16〉（岩波書店、一九九五年）等。
（2） ポラニー、吉沢英成ほか訳『大転換』（東洋経済新報社、一九七五年）は、全編がこのような視点から書かれている。
（3） フーコーは晩年にドイツのオルド自由主義、すなわち市場原理による秩序を重視し、それを維持したり阻害要因を取り除いたりする限りでの国家の介入や権力を明示的に認める自由主義を研究したといわれている。本稿に即していえば「場としての市場」にはたらく権力の研究である。これについては重田園江「自由主義の統治能力――ミシェル・フーコーのオルド自由主義論――」『自由な社会の条件』〈ライブラリ相関社会科学第3巻〉（新世社、一九九六年）一九六-二二二頁等。
（4） 他方、その後のゲーム理論の展開においては、むしろ人間の合理性が限られたものであることを前提にさまざまなモデルを作り出す、進化ゲームの方向が強く打ち出されている。
（5） ナッシュが定式化した数年後に、アローとドヴリューの二人の理論家が、ナッシュ均衡を一般均衡理論の枠組みで捉えた論考を発表した（一九五四年）。
（6） たとえばスティグリッツは、価格による情報伝達機能が完全であるという前提を批判した地点から、情報の経済学という体系の構築へと向かった。
（7） 一方、コースの意図に反してその後の経済理論が取引費用ゼロの場合に関心を集中させ、これを「コースの定理」としたことはよく知られている。このエピソード自体、自己調整的な市場という幻想に経済学者もまた取り込まれていることを明らかにしている。
（8） コース、宮沢健一ほか訳『企業・市場・法』（東洋経済新報社、一九九二年）一〇-一一頁。
（9） 同書、二六頁。

（10）同上。
（11）同書、二九頁。
（12）「企業の本質」（原著は一九三七年。コース、前掲書、三九－六四頁）
（13）これらに対して、結局、費用最小化の原理――それは見方を変えれば利得極大化の市場原理と同じことになる――に基づいていることを指摘し、それが結局「制度としての企業の存在を（制度としての市場と同様に）市場原理の内部に根拠付けること」に限界を見る、批判的な見方もある。たとえば、山下範久「会社は市場の敵か？」『大航海』四八号（新書館、二〇〇三年一〇月）一二〇－一二七頁等。
（14）ボェーム＝バヴェルクの理論体系については尾近裕幸・橋本努編『オーストリア学派の経済学』（日本経済評論社、二〇〇三年）等に詳しい。
（15）Stiglitz, J. *Whither socialism ?*, Cambridge/ Massachusetts/ London : The MIT Press, 1994. たとえば p. 20 等。
（16）このような通説に対して近年のオーストリア学派の経済学者たちは異を唱え、市場のプロセスや競争を重視するネオ・オーストリアンの体系を強調する。詳しくは尾近・橋本編『オーストリア学派の経済学』参照のこと。
（17）たとえば、高増明・松井暁編『アナリティカル・マルキシズム』（ナカニシヤ出版、一九九九年）のなかの佐藤論文参照。
（18）にもかかわらず、他方で第一世界の停滞に対する処方箋として、社会的市場経済という考え方が存続し、揺り戻しをかけている。それは例えばドイツのオルド自由主義等を発想の源としながら、ヨーロッパを中心として九〇年代に広がった。市場社会主義と社会的市場経済との比較は興味深い論点を含む。なお山脇直司『経済の倫理学』（丸善株式会社、二〇〇二年）は社会的市場経済の起源としてのオルド自由主義と、その現代的可能性を論じている（たとえば一一八頁等）。
(19) ネグリ／ハート、水嶋一憲ほか訳『帝国』（以文社、二〇〇三年、原著は二〇〇〇年）。
(20) 同書、たとえば二九八頁など。
(21) 同書、三三〇頁。
(22) 同書、一八一－一八二頁。

■ **文献案内**

ポランニー、吉沢英成ほか訳『大転換――市場社会の形成と崩壊――』（東洋経済新報社、一九七五年）
ポランニーの経済思想のエッセンスが凝縮された一冊。イギリスの古典的自由主義の分析からファシズム時代の「大転換」に至るまでが、ダイナミックに展開される。けっこう厚く読み応えがある。大戦間期の金融危機についてはアイケングリーン等の金融論者も引用する古典的名著である。

コース、宮沢健一ほか訳『企業・市場・法』（東洋経済新報社、一九九二年）
著作が少ないといわれているコースの重要な論考をすべて収録した論考集であり、非常に示唆に富む。コースは数式を用いず、簡単な例で問題の所在を説明していくので、きちんと読んで理解していけば、初学者でもそのエッセンスを体得することができる。もちろん、経済学の専門家が読んでも興味深い。

高増明・松井暁編『アナリティカル・マルキシズム』（ナカニシヤ出版、一九九九年）
マルクス主義の体系をゲーム理論その他、近年の主流派経済学の概念を用いて再構築していこうとする分析的マルクス主義の考え方をわかりやすく紹介した書物である。しかし、これを手がかりに、アナリティカル・マルキスズムの論者自身の諸論考にあたっていくのが、より望ましいことはもちろんである。たとえばスティグリッツが市場社会主義を批判していること等は、この本だけではわかりにくい。

ネグリ／ハート、水嶋一憲ほか訳『帝国――グローバル化の世界秩序とマルチチュードの可能性――』（以文社、二〇〇三年）

原著は二〇〇〇年。アメリカでも爆発的な売れ行きを示したというが、アメリカという国と帝国の概念を重ね合わせるのは著者たちの意向ではない。むしろ帝国主義から帝国への移行が分析の中心であり、そこでは本稿でも扱ったような市場をめぐる権力の論じられているところが注目に値する。

橋本努・尾近裕幸編『オーストリア学派の経済学』（日本経済評論社、二〇〇三年）

一般均衡理論のオールターナティヴとしてしばしば語られながら、体系的な理論がないと批判されるオーストリア学派の経済学について、体系的に入門するための手がかりとして作られた一冊。ところによっては記述が難しいが、経済学の予備知識がなくても読むことができる。学派の創設者ら古典的な学説だけでなく、現代的な問題も扱っている。

10 レヴィナスにおける二つの正義
――デリダによるレヴィナス批判を手繰りながら――

●冠木敦子

1　はじめに

『存在するとは別の仕方で　あるいは存在の彼方へ』[1]（以下、『別の仕方で』と略記）において展開されたレヴィナスの「正義」は、一つの大きな問題概念である。『全体性と無限』以来語られてきた、他者の絶対性、それに対する私の非対称的関係など、どのようなかたちでも平等・共存・同時間性といった次元に載らないはずの自他関係に、「第三者」という概念を導入し、法・制度・国家といった概念を導き出しているからである。[2]私の他者に対する服従が最終的にこれらの概念を正当化するとはいったいいかなることなのか。それは自らの他者論に対する重大な裏切りではないのか。

本稿ではこのような事柄を最初の問題意識として、デリダによる批判を参照しながら、レヴィナスの正義論を考察する。その過程で、『別の仕方で』とは異なる『全体性と無限』での「正義」を検討し、これが『別の仕方で』においてどのような位置を占めているかを示したい。二つの異なる「正義」の関係を考えることで、法・制度・国家といった次元と他者との間で正義がいかなる役割を果たし、そしてどのような問題点を持っているのかが明らかになるだろう。

2　『別の仕方で』における正義とデリダの批判

★『別の仕方で』における正義論

『別の仕方で』の末尾近く、レヴィナスはある程度まとまったかたちで正義を論じている。

ただ一人の他者にのみ従うよう、近さが私に命令するのであれば、いかなる意味においても、問題という語の最も広い意味においてさえも、「問題なるものは存在しなかったであろう」。その場合、問いが生まれることはないであろう。意識も、自己意識も生まれないであろう。他人に対する責任は、問いに先立つ直接性であり、まさに近さである。ところが、第三者（tiers）が入ってくるや否や、この近さはかき乱され、問題と化すのだ（[AA] 200／三五七）。

『別の仕方で』において他者は隣人とも呼ばれているが、第三者はこの隣人とは異なる。しかし同時に、第三者は他者の隣人でもあり、私の隣人たる他者は第三者と関係しているのである。もし他者が一人であれば私が他者に対して負っているであろう全面的な責任は、この第三者の登場によってかき乱される。

それは本質的に責任の限界であり、「正義をもって私は何をしなければならないのか」という問い、良心の問いの誕生である。正義が必要とされているのである。すなわち比較、共存、同時性、集合、秩序、主題化、複数の顔の可視性、ひいては志向性と知解作用が必要なのだ。この志向性と知解作用においては体系の知解可能性が、そしてそれゆえ一種の法廷を前にしたのと同様の全く平等な共現前もまた必要である（［AA］200／三五八）。

このようにして導き出された正義は、法（loi, droit）や国家（Etat）と同一視されるものであるが、これにより私の他者に対する責任が軽減されるわけではなく、私の無限の責任こそがこのような正義を支えているのである。

……多様なものの同時性が二つのものの隔時性のまわりに結び合わされる。すなわち正義が正義であり続けるのは、近き者と遠き者の区別が存在せず、かつまた最も近き者を無視して素通りすることの不可能性もまた存続しているような社会においてのみである。そこでは万人の平等が私の不平等によって、すなわち私の権利に対する私の義務の剰余によって支えられている。自己の忘却が正義を作動させるのだ。それゆえ次のことを知ることも無意味なことではないだろう。人間が自己を成就するような平等で義なる国家（このような国家を創設し、とりわけそれを維持しなければならないのだが）は、万人に対する万人の闘争から生まれるのか、それとも万人に対する一者の還元不能な責任から生まれるのか……（［AA］200／三六二）。

他者との非対称的な関係に第三者を導き入れることによって始められた正義は、ついに「平等で義なる国家」にまで行きつく。このようにして国家や法や制度を正当化することは、確かにわれわれの常識には合致するが、そもそもレヴィナスの倫理はそのような常識を超えたところにあったのであり、かつそのような他者との関係を隠蔽・忘却しているとして、かつては国家や制度が批判されていたのではなかったのか(3)。これはまさに全体性の復活ではないのか、という疑問が生じるだろう。全体性の哲学として法や国家のレヴェルでの議論を批判し、それはレヴィナスの倫理にとって本質的なものではないとして退けるべきかもしれない。逆に、そのような正義論を導き出したレヴィナスの倫理そのものに、そもそも全体性への傾向があるのだと批判することも可能なのかもしれない。

★倫理と正義

しかしながらここで注目したいのは、もう少し微妙な部分である。引用においては、自他の倫理的関係から平等を基本とする正義が導き出されているように一見思われるが、果たしてそうだろうか。「万人に対する唯一者の還元不能な責任」とあるが、「万人に対する唯一者」とは何か。唯一者は他者に服従するものであり、そこに「万人」という数的なものは考えられないはずである。また、「多様なものの同時性が二つのものの隔時性のまわりに結び合わされる」というが、この場合、「二つのもの」は自己と他者のことであり、自他の倫理的関係においては他者の圧倒的イニシアチヴによって私が唯一者たらしめられていることを考えれば、安易にこれを「二つ」と数えることはできないはずである。さらに、「ただ一人の他者にのみ従うよう、近さが私に命令するのであれば、……「問題なるものは存在しなかったであろう」」は、ただ一人の具体的な他人に対して服従する場面があたかも本当にあり(4)、そこから議論が始まるかのようである。

いずれをとってもレヴィナスの議論は、倫理から正義へではなく、すでに比較や同時性の次元に乗ってしまい、変形してしまった倫理から話が始まっている。レヴィナスの言う正義は、果たして彼の倫理思想にうまく連結しているのだろうか。彼の倫理に即した正義論がもっと他にあるのではないだろうか。

★『アデュ』におけるデリダの批判

このような批判の観点がはっきりと打ち出されているのが、『アデュ』に収められたデリダの講演

「迎え入れの言葉」である。[5]

「第三者は待たない。第三者の彼性は対面における顔の公現（épiphanie）以来呼びかけている。というのは、第三者が不在だとすると、それは唯一的なものとの対面の絶対的直接性における倫理の純粋性を、暴力へと脅かしてしまうだろう。レヴィナスはおそらくこのように定式化してはいない」。しかし「二つの「唯一的なもの」のあいだの対面の双数（duel）を通して正義を訴える時、第三者が「必要だ」という時」、レヴィナスは「顔の対面における直接的で純粋な倫理の暴力という仮説を立ててはいないだろうか」、「そこでは善を悪から見分けることが不可能性だという仮説を」。

デリダはレヴィナスの正義論がその倫理思想を逸脱しており、そこでは「純粋な倫理」が孕んでいる暴力が露わになることを指摘する。そのような事態がありえるとすれば、私が何をしても全ては倫理的と言えてしまうだろう。そこでは善悪の区別はつかない。それゆえ第三者は、私の他者への服従を純粋に取り出した上でやって来るのではない、とデリダは主張する。第三者は事の始めから顔の公現に居合わせているのである。「第三者はこのように、倫理それ自体の暴力という錯乱に対抗する」。

しかしながら「保護者であり仲裁人としての第三者は」、今度は逆に「少なくとも潜在的に、唯一者に捧げられた倫理的欲望の純粋性を侵害する」のも事実である。第三者は顔の公現に居合わせるが、だからといって倫理を純粋に保持するわけではない。第三者は倫理の純粋性を侵害することによって初めて、純粋倫理が孕む暴力に対抗することができる。[6] この場合、倫理の純粋性は侵害されこそすれ、変形されることはない。

こうして、「第三者と共に現われる正義は最初の偽証（parjure）を意味する」というデリダの主張が帰結する。第三者は待たないのだから、「偽証は偶然でも二次的でもなく、顔の経験と同様に根源的である」。「正義は息をするように偽証し」、偽証を通してしか他者を証言することができない。そうだとすれば他者を証言することと誤った証言はもはやいかようにしても区別することはできない。それはどちらも裏切り（trahison）なのである。

正義論を再構成してそこに偽証という概念を導入するデリダ最大の眼目は、レヴィナスのいう正義の次元が平和的で調和的と考えられていることへの批判である。レヴィナスによれば、いったん導き出された正義がそのまま固定されることなく正義であり続けるのは、私の無限責任がこの正義を支えるからである。しかし正義が調和的に考えられ、その内部に矛盾を孕んでいないのなら、どのようにしてそれは固定化を免れうるというのか。私の無限責任と正義との関係がレヴィナスにおいては考え抜かれていない。この関係を突きつめない限り、正義論はかつて批判した全体性の復活でしかないことになろう。

顔の公現と共に始まる正義の偽証という考え方は、倫理と正義がそもそも孕んでいた緊張関係を明るみに出した。正義は倫理と共にあるが、常にすでにそれを裏切っている。この、裏切っているという事実こそ正義に不調和をもたらし、正義が決して自らのうちに安らぎえないことを示して、正義の固定化を阻止することになるのである。

★正義の偽証と相対的善悪

しかし正義の偽証と通常にいう偽証の区別がつかないのなら、われわれはいかにして正と不正の判断を下すことができるのか。正義が常に他者を裏切っているという自覚が正義を革新していく原動力になるとはいっても、相対的な意味でさえ正・不正の判断が可能でないのならば、正義は固定化されないだけではなく、混沌のうちに溶解してしまうことになるだろう。

正義の偽証が混沌の中におち入ってしまうのは、偽証に端的な悪意をみる場合である。

もし偽証に、悪意がそもそも欠けるはずはないというのなら、またもし悪意の可能性が、少なくとも悪意の可能性の強迫観念が、何らかの退廃可能性が、善の、正義の、愛の、信頼の、そして完全性の条件でなかったら、われわれは偽証に抑制できない悪または根源的な退廃をさえみることになるだろう（[Adieu] 68-9）。

偽ることとそれ自体を全くの悪と考えるならば、そこに善悪や正・不正の区別は成り立たない。しかしこの偽証に端的な悪意ではなく「悪意の可能性」をみるならば、そして悪意の可能性が善や正義の成立する条件であるなら、偽証は端的な悪ではなくなるだろう。そして何らかの証言を「偽」であると言う場合、それはすでに「真」や「正」の可能性を前提として持っていなければならないのだから、偽証することが悪の可能性を受け入れることであるならば、それはまた善や正義の可能性をも開くはずである。

この、悪意の可能性およびそれが善や正義の成立する条件であるとするデリダの議論は、次の点で興味深い。すなわち、悪と共に善や正義も可能性として考える次元を開いていることである。それは端的な悪、絶対的な正義ではなく、相対的で状況に応じた善悪や正・不正についての判断が成り立つ場を示している。(7)

それではどのようにして相対的な善悪や正・不正を判断するのだろうか。それは他者との距離、偽証の度合いである。(8)どのような状況の下で、なぜ、何のために、そしてどの程度の偽証なのか。他者から乖離する程度はどれほどか。その偽証が他の言説、他の選択肢、他の価値判断、他の基準より他者に対して開かれている場合に、それは「より」善い選択、「より」正義にかなった判断、ということになる。しかしこの判断はより「善い」ものとして下される以上、常に固定化される危険性を孕んでいる。何が正義にかなっていて何がかなっていないのか、その境界は常に揺り動かされなければならない。

（退廃可能性を退廃から分離する敷居 seuil を位置づけることの）この不可能性が必要なのである（il la faut）。この敷居は、一般的な知や規制された技術が意のままにする領域に留まっていてはならない。この敷居は、常に堕落するおそれがあるもの（善、正義、愛、信頼、そして完全性など）に対して開かれているために、一切の統制された手続きを超え出なければならない。よき歓待が機会を得るためには、最悪のものを歓待する可能性が必要なのである。他者を到来させる機会、他者への諸に劣らず他者の諸の機会を得るために（［Adieu］69）。

★二つの課題

以上のような、正義の偽証から正・不正に関する相対的次元を導くデリダの議論は、レヴィナスの倫理を損なうことなく、ただその他者を語ることがどのような帰結をもたらすのかにつき正当に分析していると思われる。デリダの指摘は表面的には『別の仕方で』において展開されたレヴィナスの正義論とは異なるが、その倫理思想に内在したありうべき論理を展開していると言えるのではないだろうか。このことについては以下の節で示すつもりである。

しかしまた同時に以下の節では次のことが示されなければならない。すなわち、判断自体の根拠・正当性の問題である。相対的な正・不正の判断には大きな問題がつきまとう。正・不正の判断が固定化されずに、常に別の基準に取って代わられることを肯定するのだとすれば、その判断自体に果たして根拠があるのか疑いが生じるし、逆に、判断に根拠があるというのなら、それは固定化されてしまうのが当然のようにも思われる。境界の決定不可能性というデリダの主張は、このうち後者の問題に注意を促している。これはデリダの議論が、レヴィナスの他者論を元にそこからの正義論を注釈する形をとっていることからきている。他者を語ることが前提にあり、その語ることがどういう効果を持って現われるかが目下の問題であるから、最終的に倫理と正義の境界線が固定化されないよう主張し続けなければならない、という方向で議論は展開することになる。

だが一方で、判断自体に相対的ながらも根拠があると果たして言えるのかどうか、という問題は、また別に問われなければならない事柄である。ある判断が「より」正義にかなっているとか、「より」他者に開かれているとかいう主張はどこから来るのか。たとえ偽りであっても証言するよう要請することはどこから来るのか。相対的で具体的な状況における正・不正の判断を行なう根拠となるものは何か。ここでは相対的な正・不正の判断を超える何かについて、判断を要請しかつ揺り動かす何かについて考えることが要求されているように思われる。

相対的な判断の根拠となり判断の確信となるものについて、同じ『別の仕方で』におけるレヴィナスの次の言葉がヒントになるだろう。「……しかし正義は自分自身よりも古きものであり、正義の含意たる平等よりも古きものである。正義は正義を超え出る。他者に対する私の責任において、私がその人質であるものと私との不平等において」（[AA] 201／三五九）。「正義は正義を超え出る」という二重の言いまわしは、『別の仕方で』において展開された比較や平等の次元での正義よりも「古いもの」、その手前にあるものを指し示している。レヴィナスはそれをも「正義」と呼ぶ。そしてわれわれはそれを『全体性と無限』における「正義」の中に見出すことができるのである。(9)

3　『全体性と無限』における「関係としての正義」

★他者との関係としての正義

〈欲望〉は自我中心性のまったき不在であり、正義がこの〈欲望〉の名である（［TI］35／八二）。『全体性と無限』における正義は、このように他なるものへと向かう運動である〈欲望〉と同一視されており、倫理とほとんど同義として使われている。しかし同時にまた正義は「第三者」との関係においても記述される。

顔の現前としての言語は、気の合う相手との結託や、自己充足し世界のことを忘れがちな「私－きみ」の機縁となることはない。言語はその公明正大さにおいて愛の秘匿性を拒む。愛の秘匿性において言語はその公明正大さと意味を失い、笑いと睦言に転じる。第三者が他人の目を通して私を見つめている――言語は正義なのである。まず最初に顔があってそれから、顔が顕現ないし表出する存在が正義を気にかけるのではない。顔が顔として公現すること、これが人間性を開くのである（［TI］187-8／三二四）。

『別の仕方で』同様、正義論はやはり「第三者」が鍵概念であり、他者関係とは異なる要素が介入してくるのが特徴である。ただし、第三者が自他の倫理的関係をかき乱すという『別の仕方で』とは論理構成が大きく違い、ここでは、他者との関係が馴れ合いではなくて公明正大であると強調するのが主旨である。それゆえ『全体性と無限』における正義は、他者との関係そのものの公正さを表わす言葉であり、第三者はこの関係の只中に不在であるという仕方で臨在しているといわれる。

他者との関係のうちにすでに第三者が居合わせ、顔の公現そのものが正義なのだというこのような正義論は、デリダによる「第三者は待たない」という主張とぴたり符合すると思われる。それでは、他者との関係と第三者が同時であることから引き出された「偽証」というような両者の緊張関係は、レヴィナスの中に果たしてあるだろうか。正義や第三者が何を指しているのかをもう少しみてみることにする。

★言　語

前出の引用によれば、正義の指標となっている第三者が指し示しているのは「言語」である。私と他者のあいだで起こることが馴れ合いでないとしたら、それは万人に対して開かれていなければならない。すなわち言語により時と場所を超えても伝達されうるような普遍性を持ち合わせていなければならないだろう。

他者を承認すること、それは所有された事物の世界をつき抜けて他者に到達することであるが、同時に贈与によって共通性と普遍性を創設することでもある。言語（langage）が普遍的であるのはそれが個的なものから一般的なものへの移行そのものであるからであり、言語が私の所有物を他人へと供するからである。発語（parler）すること、それは世界を共通のものたらしめ、共通の場を創設することなのである。言語は概念の一般性に依拠しているのではなく、共有の基礎を築くのである。言語は享受がもたらす譲渡しえない所有権を廃止する。言説（discours）における世界とはもはや分離におけるそれ――一切が私に供されている我が家――なのではなく、私が与えるもの、伝達可能なもの、思考されたもの、普遍的なものなのである（［TI］48-49／一〇四）。

ここで言語は言説や発語と同じような意味で使われており、その役割は共通性・普遍性・一般性を創設し、それへと移行させることである。これは、比較や同時間性、平等や法が問題とされた『別の仕方で』での正義論と重なってくる。ただ注意すべきは、ここで言語は共通性・一般性そのものなのではなくて、そのような次元を「創設し」「移行することそのもの」である、と言われている点である。「言説において顔に接近すること」（［TI］43／九五）とも言われる正義は、共通性・一般性の次元そのものを指すのではなく、その手前に位置してそれを開くことに本義があると言えるだろう。それはまた『別の仕方で』における正義の次元を要請する正義でもあるはずである。

それでは、他者との言語的関係である正義は、それが創設した一般性の次元とはどのような関係を持つのか。一般性への移行そのものと言われる正義は一般性そのものではないはずであり、私が語るということと、語られた内容とが何らかの仕方で関係づけられなければならない。私がなにごとかを語る場合、それは他者に対して差し出されるのであり、それが第三者を含めた共通地平を切り開くのだが、それにしても、その語る言葉は、あらかじめある概念を、共有されている概念を前提にせずして可能なのだろうか。また逆に、私によって意味地平が生み出されるとしても、いったん意味として流通してしまえば、私が語ることからは切り離されてしまうのではないか。

このような問題に対して『全体性と無限』ではこれ以上考察されてはいない。他者との関係でありながら第三者を視野に入れている『全体性と無限』の正義論は、二つの異質なものが交じり合っている事態を把握しながらも、その関係を突きつめてはいない。両者は何の緊張もなく放置してあるように思われる。この関係が本格的に吟味の俎上に載るのは、その後に出版された『別の仕方で』においてであり、それも直接には正義論ではなく、語ること（Dire）と語られたこと（Dit）の関係においてなのであった。

★「純粋な他者」から「隔時性」へ

『全体性と無限』においては問題にされなかった一般化と一般性の関係が、『別の仕方で』では〈語ること〉と〈語られたこと〉の関係として分析の対象になるのは、両著作のあいだで他者に関するレヴィナスの叙述の仕方が大きく変化したことに関係している。前者でレヴィナスは、語りえない他者を「語る」ことを急ぐあまり、表出（expression）や顕現（manifestation）という語で、他者があたかも直接無媒介に現前するかのように語っていた。

派生したものとしての社会的関係はみな〈自同者〉に対する〈他者〉の現前化から生まれるのだが、この現前化は形象（signe）や記号（image）を媒介とすることなしに、顔の表出のみによってなされる（［TI］188／三二五）。

……表出されるものと表出するものとの合致が顕現（manifestation）であり、他ならぬこの合致ゆえに、顕現は〈他人〉の顕現として特権化されている。顕現とは顔の、形態を超えた顕現なのである。形態は自らの顕現を絶えず裏切り、一定の形態のうちに凝固する。というのは形態が〈同〉に適合しているからなのだが、こうして形態は〈他者〉の外部性を放棄してしまう。（これに対して）顔は生き生きとした現前であり、表出である（［TI］37／八六）。

すなわちレヴィナスは、決して現象しない他者が、ある仕方ではあたかも生き生きと現前するかのように語るのである。ここでは「現象しない」ということの意味が正確には捉えられていない。だが他者が問題にできるということは、他者が現象しないという仕方で現象するからなのではないだろうか。言うまでもなくこの点を指摘したのがデリダの「暴力と形而上学」(10)であった。

これ以降、レヴィナスは他者を直接に表出または顕現するものではなく、痕跡として、絶対的過去として描くようになる。他者が、私とは決して同じ時間には属さない隔時性として背景に退いた結果、前面に出てきたのが〈語ること〉と〈語られたこと〉という問題であった。

4 〈語ること〉と〈語られたこと〉

★裏切り

われわれが何かを語るとき、当然、一定の共通理解を獲得した概念を使用することによって、意図した何かを相手に伝達することは可能になる。だから語ることは通常、言語記号すなわち意味されたものの単なるやり取りとも思われる。しかしレヴィナスは、語ることは「諸々の記号の交付」（[AA] 61／一二四）に尽きるものではないと言い、意味されたものすなわち〈語られたこと〉から〈語ること〉を区別しようとする。

例えば相手に意図したことがうまく伝わらない場合、必死になって言葉を継ぎ足してみても、言葉はむなしく空を切っていく。この場合、第三者にも理解可能な意味内容の伝達であるという言説の一側面とは別に、たとえ意味内容が伝わらなくとも、相手に対してとにかくも言葉をとどけるのだ、という別の側面が際立ってくるだろう。語られた意味内容から区別された〈語ること〉という端的な事実は、意味することそのもの（[AA] 61／一二四）なのであり、記号を与えるのではなくて自分自ら記号と化して（[AA] 63／一二七）他者へと曝されること、他者へとむき出しになることとそのことさえもむき出しにして贈ること（[AA], 63／一二七）という至上の受動性（[AA], 61／一二三）なのであり、他者に対して応答すること、すなわち責任を負うことである（[AA] 60／一二三）、と言われるのである。[11]

しかしながらこの〈語ること〉は、それ自体で存在するわけではなく、常に語られたことのうちに滑り落ちてしまう。他者に向けて語りだすことは、時空を超えて反復可能な記号であってはじめて可能なのである。「存在することの他者」は語り出されたとたんに語られたことのうちで裏切られてしまう。「裏切り（trahison）と引きかえに一切は現出する」（[AA] 8／三一）。この意味で、語ることは語られたことと常に相関関係にあり、語られたことに従属しているのである。

「存在の他者」「存在するとは別の仕方で」「存在の彼方」がわれわれに到来するのは、裏切りという仕方で翻訳されることを通じてでしかありえない。この世に現象する一切のものと他者との深い断絶を、ここにみてとることができる。それは、語ることと語られたことの相関関係の手前に遡る、その仕方にもよく表われている。レヴィナスは、語ることは語られたことに汲み尽くされることはできないといい、語られたことから語ることを救い出そうとするが、しかしそれが可能になるのも、語られたことを起点とすることによってである、ということを認めている（[AA] 57／一一六）。語られたことにおいて存在の彼方が裏切られることなくして、存在の彼方は問題にならない。だからこそ、一切が語られたことへと吸収されていくことの中から、語ることを覚醒させ、語られたことの彼方へと、語られたことと相関的な語ることの手前へとわれわれは遡らなければならない。この運動こそが人間における〈語る〉という能力なのだ。言表された言葉は、どのように隠蔽されようとも存在の彼方の痕跡を保持しているので、語ることは必ず語られたことにおける他者の隠蔽を絶えず撤回しようとし、これこそが語るという事態の誠実さ（véracité）と言われるものなのである（［AA］193-4／三四五）。

★『別の仕方で』における正義論再考

以上のような語ること‐語られたことの分析と正義はどのように関係するのだろうか。

『全体性と無限』における、他者との関係が公明正大であることを示す正義は、他者と第三者という二つの方向性を同時に抱えていたが、他者に対する責任である〈語ること〉は、語るという事実においては他者へと向かい、それが共通の意味内容を創設するという意味においては第三者に向かっている。それゆえ〈語ること〉は『全体性と無限』における正義を引きうけ、さらに〈語られたこと〉という概念と対になってこの問題を発展させたと言うべきではないだろうか。語ること‐語られたことの「裏切り」という関係は、『全体性と無限』では放置されていた、他者と第三者という二つの異なる方向の緊張関係を見事に言い表わしている。他者へという方向と第三者へという方向は、二つの異なるものであり、一方が他方へそのまま翻訳されることはない。翻訳には必ず裏切りがつきまとう。私が他者へと語り出すことは語られたこととして現出し、常に他者に遅れてしまうのだ。

ここに、デリダが『アデュ』において展開した「偽証」という正義論をみることは十分に可能ではないだろうか。デリダの主張によれば、法や制度が始動するのは偽証という裏切りによってでしかない。それゆえそれらは常に他者との倫理的関係に連れ戻される必要があった。同様に語ること‐語られたことの連関においても、語られたことへの移行は裏切りという仕方で行なわれるため決して正当化されることがなく、常に語りなおされることが要求されているのである。

それでは、『別の仕方で』における正義論は、この〈語ること〉を正義として捉え、〈語られたこと〉との緊張関係において正義論を展開しただろうか。残念ながらそうではない。レヴィナスは『別の仕方で』においては正義をもっぱら〈語られたこと〉の側を指す用語として使用し、〈語ること〉の側には倫理の語を当てている。そして正義は前述のように、この倫理から平和裡に導き出され、全体性を形成してしまうのである。

なぜそうなってしまったのだろうか。『別の仕方で』である程度まとまって展開される正義論は、「〈語ること〉から〈語られたこと〉へ、あるいは〈欲望〉の〈叡智〉」と題された箇所に位置していることからも分かるように、語ること‐語られたことの連関を具体化したものであった。それならなぜ、正義論でも語ること‐語られたことの裏切りおよび緊張が問題にならなかったのだろうか。

実は、語ること‐語られたことにおいてすでにその緊張を緩和する作用は働いており、正義論はその緩和が拡大する方向で展開しているのである。ここにレヴィナス正義論の危うさ、否そもそも他者を語るとはいかなることかという問題に対するレヴィナスの態度の危うさをみることができる。しかしそれはレヴィナス個人というよりも、何らか「他者」や「超越」について言及すること一般が孕んでいる危うさというべきかもしれない。最後にそれを明らかにしたいと思う。

★ベクトルの逆転と緊張の緩和

すでに述べたようにレヴィナスは、〈語られたこと〉を起点にそこから遡るかたちで〈語ること〉を救い出そうとするが、この議論の特徴は、出発点が必ず〈語られたこと〉にある、ということであった。語られたことなくして語ることに向かうことはできない。それゆえ〈語ること〉は起源以前のもの、無起源的なものという言葉で示される（[AA] 8/三〇）。これは語ることが語られたことの手前、起源以前という仕方でしかありえないため、決してそれ自体が起源であることはない、ということを表わしている。

しかしながらこの〈語られたこと〉→〈語ること〉という運動の果てに、レヴィナスは「語られたことなき語ること」（[AA] 204/三六三）という概念を取りだし、あたかも純粋な〈語ること〉があるかのようにいう。そして議論はここから方向を変え、レヴィナスは語ることから語られたことを基礎づけようとする。

……〈語られたこと〉において一切が、言い表わせないものでさえがわれわれの面前に翻訳される。この翻訳は裏切りを代償としており、哲学はこの裏切りを還元するよう要請されている。すなわち哲学は、両面性を思考しさらにそれを複数の時間のうちで思考するよう要請されているのである。哲学は正義によって思考するよう要請されているが、しかしたとえそうだとしても、哲学は〈語られたこと〉のうちで一者と他者の差異の隔時性を共時化すると同時に、〈語ること〉の従僕にとどまる……（[AA] 206／三六八）。

「裏切り」という事態を匡正するものとして、語られたことの手前へと遡る「還元」、そして「哲学」が挙げられているが、この「哲学」により、語ることだけでなく、語られたものに対しても一定の肯定が与えられているのがみてとれるだろう。いままでの議論では、語られたことから、一刻も早く脱出しなければならないという、語られたことから遠ざかる方向にベクトルが向いていたのが、いったん匡正が施されるや否や、ベクトルは逆転し、語られたことは肯定される。このような傾向は次の引用においてさらにはっきりする。

（第三者との関係のうちには）計量が、思考が、客体化が、ひいては停止が存在しているのだが、そこでは私と彼性との無起源的な関係が裏切られると共に、この関係がわれわれの前に翻訳される。彼性と私との無起源的な関係が裏切られること、それはしかしまた、彼性との新しい関係でもあるのだ（[AA] 201／三六〇）。

「彼性」とは他者との関係の「遠さ」を、そのはかり難さを表わす言葉であるが、この他者との起源を欠いた関係は、裏切られこそすれ、また別の「新しい関係」なのだとここではっきりと肯定されている。ここにおいては、「裏切り」という言葉で名指された緊張関係の緩和が決定的である。無起源的と言われた〈語ること〉が、〈語られたこと〉を基礎づけるものとして、「起源」と化してしまっているのである。そしてその後、語られたことは、比較、同時間性、法、制度、そしてさらには平等で義なる国家へと具体化していくのであった。

★端的な命令

生き生きとした他者を断念した『別の仕方で』では、他者との関係は、語られたことに拘束されつつも語ることでかろうじて「関係なき関係」が保たれるような関係なのであって、純粋な〈語ること〉を、すなわち純粋な他者との関係を取り出せるような、そのような関係ではなかったはずである。しかしレヴィナスは、無起源的と言われた〈語ること〉が起源と化すような事態を招き、〈語ること〉に正義の名を与えることなく〈語られたこと〉の正義へと突き進んでしまった。なぜこのようなことになってしまったのか。レヴィナスは純粋性の手前で慎重に留まっているべきではなかったのか。ここには、他者について語ることに対するレヴィナスの態度の不徹底をみることができる、とわれわれはまず言うべきであろう。西欧哲学を全体性の哲学だとして告発したレヴィナスは、自らが批判した当のものを払拭できていないのだと。

しかしながら同時に、事はそう単純ではないことも確かである。純粋性の手前に留まる場合、偽証や裏切りという事態に耐えながらなお、正・不正の相対的な判断は果たしてうまく下されうるだろうか。そこにおいては「証言しないこと」「語らないこと」もまた可能になってしまうのではないか。正義の偽証と通常の偽証の区別がつかない中では、判断の放棄もまた容易に可能だからである。この場合、すべては混沌へと溶解してしまうだろう。そのような中で、決して正義は現前しないにもかかわらず、私の判断を判断として成り立たせるものは何か。決して現前しない他者をめざして証言し、語るよう私に強いるのは、他者の命令ではないのか。そして他者の命令は「語られたことなき私の語ること」のうちで語られるのである。レヴィナスはどこかで純粋な他者を、純粋な〈語ること〉を認めなければならなかったのである。

ただしいったん純粋なかたちで取り出されるや、命令は全体性を生み出す。起源と化した〈語ること〉は必ず具体的な時間と空間に即した意味内容を伴って現われるだろう。純粋性の手前で留まれば全体性は免れるが、相対的な判断を成り立たせているものを明らかにすることができないため、規範や価値の混沌を阻止することはできない。一方、純粋性を取り出すなら、全体化は避けられない。他者や超越を語ることに常につきまとう危うさである。

純粋な〈語ること〉を、純粋な他者を認めつつ全体化を避ける道があるとするなら、それは他者の命令が唯一者たる私のうちで聞き取られる場合だけである。すなわち万人に対して証明できないような命令である場合であり、つまり他者の命令が内容を持たない端的な命令である場合である[12]。その命令をどのように解釈し、それに対してどのように応えるのか、それこそが私の自由なのであり、私が、客観的には決して正当化できない自らの応答を、他者への応答として、たった一人でも主張することを引き受ける時にのみ、全体化は避けられうる。この事態が自覚されるとき初めて、法・制度・国家は唯一者によって支え持たれるものとして、固定化を免れる可能性を持つことになるだろう。このとき、法や国家が従来とは違う仕方で考えられることもまた可能になるのではないだろうか。

5 おわりに

レヴィナスには、法・制度・国家と同一視される正義と、他者との関係そのものである正義と、二つの正義が示されていた。しかし両者の関係は突き詰められることなく、最終的にレヴィナスは前者の正義に傾斜していく。関係としての正義は常に実体的なものの中でのみその姿を現わし、レヴィナスの思考も無意識のうちにこの問題の陥穽にはまってしまったのである。歴史上、正義の名の下に多くの悪がなされてきた所以でもあり、そこから再び正義を取り戻すことが必要であるが、それもまた悪の可能性を引き受けることでしかなしえない。他者を語ることに関するレヴィナスとデリダの議論は、法や制度、国家と正義とがいかに密接に関わっており、また両者を区別することがいかに重要かつ困難であるかを示しているといえるだろう。

*本文中および注において引用・参照した文献の略号は以下の通り。略号の後ろの数字は、原著頁/邦訳頁である。

[AA] Lévinas, *Autrement qu'être ou au-delà de l'essence*, Kluwer, 1974. レヴィナス、合田正人訳『存在の彼方へ』〈講談社学術文庫〉（講談社、一九九九年）。
[Adieu] Jacques Derrida, *Adieu à Emmanuel Lévinas*, Galilée, 1997.
[TI] Lévinas, *Totalité et Infini*, Nijhoff, 1961. レヴィナス、合田正人訳『全体性と無限』（国文社、一九八九年）。

（1）なお〈〉は引用文において、文頭以外で大文字で書き出された語を示すが、引用者による補足・強調に際しても使用した。
（2）『全体性と無限』に先立つ一九五四年の論文「自我と全体性」で展開された、貨幣による人間の数量化というかたちの正義論には、ここでは立ち入らない。
（3）『全体性と無限』においては、「国家の専制」と言われて批判されている。
（4）実際、孤島にいる場面がレヴィナスにおいては想定されている。cf., Lévinas, *Entre nous*, Grasset, 1991, p. 125. レヴィナス、合田正人訳『われわれのあいだで』（法政大学出版局、一九九三年）、一五一頁参照。
（5）以下の議論は［Adieu］60-69による。なおこの論文に関する解釈は、一九九九年から二〇〇三年春にかけて慶応義塾大学文学部斎藤慶典研究室の読書会においてなされた議論に多くを負っている。読書会に参加されていた方々に、記して謝意を表したい。
（6）デリダはこれを「二重の拘束」（double bind）と呼んでいる。
（7）相対性への言及は［Adieu］194-198をも参照。
（8）「そこでわれわれは、要請される分析的慎重さでもって、この誓われた信頼に対する、誓い以前の

「根源的名誉の言葉」に対する違反の性質や様相や状況に配慮しなければならない」。しかしもちろんこれは次の文章に続く。「しかしこれらの違いは決して正義の始源にある偽証の痕跡を消しはしない」（［Adieu］68）。

（9）『全体性と無限』における正義論の可能性と重要性についてはデリダも示唆している。［Adieu］pp. 110-113参照。

（10）Jacques Derrida, "Violence et métaphysique", in *L'écriture et la différence*, 1967, pp. 150-152. デリダ、若菜他訳「暴力と形而上学」『エクリチュールと差異』（法政大学出版局、一九七七年）一九五－一九九頁。

（11）熊野純彦『レヴィナス』（岩波書店、一九九九年）二一九－二二〇頁、参照。

（12）デリダは、レヴィナスのいう倫理から政治や法に対する命令を「形式的命令」（l'injonction formelle）（［Adieu］198）と呼ぶが、もちろん積極的にこれを擁護しているわけではない。

■文献案内

Derrida, Jacques, *Force de loi : Le《Fondement mystique de l'autorité》*, Éditions Galilée, 1994.『デリダ、堅田研一訳『法の力』（法政大学出版局、一九九九年）

法と正義の差異と関係についての思想を展開し、自らの「正義」と『全体性と無限』におけるレヴィナスの「正義」との重なりにも言及している。

高橋哲哉『デリダ』〈現代思想の冒険者たち28〉（講談社、一九九八年）

デリダについて幅広く深く論じた入門書。デリダとレヴィナスの重なりと微妙な差異についても考えさせる。

Lévinas, Emmanuel, 「Le Moi et la Totalité」, in *Entre nous*, Grasset, 1991. レヴィナス、合田正人訳「自我と全体性」『われわれのあいだで』（法政大学出版局、一九九三年）

『全体性と無限』に先立ち展開された、貨幣による人間の数量化という正義論。これは比較・平等という観点からすれば『別の仕方で』の正義に近いが、「愛と峻別される」という点では「関係としての正義」をも含む可能性がある。

Lévinas, Emmanuel, *L'Au-delàdu verset*, Minuit, 1982. レヴィナス、合田正人訳『聖句の彼方』（法政大学出版局、一九九六年）

ユダヤ教の聖典タルムードの読解や、広くユダヤ教に関する論考をまとめた論文集。法や正義や共同体についての考察を多く含んでおり、『アデュ』においてデリダがしばしば言及する対象となっている。

斎藤慶典『力と他者』（勁草書房、二〇〇〇年）

『別の仕方で』における「正義」の用語法に沿いながら、「正義」や「政治」と、「倫理」または「善」の関係というレヴィナスから発した問題を、ホッブズやカントらの政治哲学を題材に考察した書。

11 対抗暴力としてのテロ
――暴力とテロの差異について――

●馬渕浩二

1　はじめに

無実の人間をとつぜん襲う無差別で卑劣な暴力。テロについて生みだされている現在の最大公約数的なイメージはこのようなものであろう。そしてこのイメージが共有されることで、テロへの視線はテロの形態とその残虐さに向けられる。だが、この視線の操作が社会学でいうラベリングのメカニズムによって成立していることに注意すべきである。ある暴力行為をテロと呼び、その実行者をテロリストと名指すとき、対象の中立的な記述が行なわれているのではない。むしろ、テロリストの排除という名指す側の政治的意図が対象に投影されている。タウンゼントが言うように、「いかなる人物、集団も自らを「テロリスト」だと名乗るようなことはほとんどなかった。それは、他人によって、何よりもその「テロリスト」を排斥する政府によって命名される」[1]。このラベリングによって、実行者とその行為には非人間性、犯罪性、少数者性という過剰な意味が与えられる。しかし、テロリズムの定義は、「ある者にとってのテロリストは別の者にとっては自由の戦士[2]」であるという両義的な状況のなかで行なわれるのであり、誰がどの場所から定義するかに応じて、テロと呼ばれる行為が犯罪にもなれば解放闘争にもなり、ときには聖戦ともなる。このかぎり、テロに対するわれわれのイメージはあきらかに一面的である。

そもそもテロという言葉は意味の厚みをもっていた。その古典的な意味はフランス革命における恐怖政治に求められる。あるいは前世紀初頭のロシアにおける反体制派は、暴力による社会秩序の完全な組み換えという願いをテロに託した。テロという言葉はこうした社会哲学的問題系をかたちづくっている。ゆえに、テロを論じることは通常の暴力を論じるのとは別の次元に踏み込むことである。単純化すれば、通常の暴力のばあいは一対一の個人間の関係が問題となる。しかし、テロのばあいは社会構造が問題の地平となる。だから、現在のようなテロの意味の矮小化は、テロによって際立つ、あるいは図らずも際立ってしまう独特の問題系を隠蔽することに等しい。この事態を回避するために、暴力とテロの差異について語りうる理論的な言葉を紡ぎ出さねばならない。

本稿の概略をあらかじめ示しておこう。ここでは、正義を回復するための対抗暴力としてのテロという理念型を採用する（政治的目的のために暴力行使が許されるとする主張に力点をおくときにはテロリズムという言葉を用い、具体的に行使される暴力をテロと呼ぶ）。そのうえで、暴力の構造を論じながら、テロは戦略的暴力の純化された形態であることを示す。つづいて、政治的メッセージを発信するための手段となるかぎりで、テロは戦争や市民的不服従と類似性を保ちつつも厳密には区別されなければならないことを示す。くわえて平和研究に出自をもつ構造的暴力という概念に注目し、テロを対抗暴力とみなす可能性を模索する。さいごに、テロを対抗暴力と見なすときに社会哲学的な視点から思考することが強いられる問題に理論的な表現を与える。

2　戦略的暴力としてのテロ

9・11テロの目撃者なら、違法な犯罪的暴力と非合法なテロとのあいだに存在する単純な差異に気づく。それは犠牲者の数である。犯罪的暴力に較べてテロの方が犠牲者の数が多くなることを、あのテロは再確認させた（どうじに、戦争や国家テロによる犠牲者は9・11テロによる犠牲者の比ではないということを忘れてはならない）。量的差異と呼ぶことができるこの差異は、テロの構造と直接に関係している。したがって、まずはこの量的差異が生じる理由を明らかにすることによって、テロとは何かという問いについて考えていく。しかし、そのためには暴力の構造について理解を深めておく必要がある。

★暴力の条件

さしあたり〈暴力は他者の身体や所有物を破壊し傷つける加害行為である〉と言うことにしよう。しかし、この暴力の定義は自明ではない。たとえば、私が人気のない晩秋の海辺の砂浜に「バカヤロー」という言葉を書き込んだとしよう。そのとき私は、もともとは砂粒が滑らかに広がっていた砂浜に物理的な変更を加えた。これを暴力と呼ぶことはできるだろうか。答えは文脈によって異なる。通常の文脈なら、これを暴力とは呼ばない。しかし、その砂浜を散歩することを日課とする人物を私が憎んでおり、この人物に見せつけるために故意に書き込んだとすれば、この行為は暴力に近づく。つまり、破壊や致傷という行為はただちに暴力であるのではない。もちろん傷つける行為がなければ暴力は成立しないが、ある行為を暴力として知覚させる条件は傷つける行為に内在していない。(3) ある行為を暴力として知覚させる文脈が必要となる。ここではその文脈を特徴づける要素として他者との関係性、そして意図というふたつを導入したい。

宝月誠は「人間の「暴力」というものは、人びとの間のなまなましい社会的相互作用の一つの形態である」(4) と述べている。傷つける行為に対して他者がどのように反応するか（恐怖、抵抗、逃走等）が、この行為を暴力と判断するかどうかの条件となる。このような他者との関係性が存在してはじめて、物理的な破壊行為という中立的な記述ではなく、暴力という価値判断を含んだ物言いが可能になる。もうひとつの条件である意図については、大渕憲一の攻撃に関する叙述を参照しておこう（大渕が攻撃と呼ぶものは、本稿の文脈では暴力と読み替えてかまわない）。大渕は攻撃を定義する第一の条件として「危害」を挙げたあと、第二の条件として意図の重要性に触れている。たとえば、電車から降りるときうっかり肩がぶつかったばあいや、歯の治療が患者に痛みを与えるばあいも、暴力と言わないであろう。(5) 以上のように他者との関係性と意図というふたつの条件を付け加えるなら、〈暴力は他者からなんらかの反応を引き出すために行なわれる意図的な加害行為である〉と定義することができる。

★衝動的暴力と戦略的暴力

さらに、これらの条件の満たされかたが問題となる。つまり、①行為者が引きおこした行為がたまたまこれらの特徴を満たしてしまうために暴力となるばあいと、②行為者がこれらの暴力の特徴を計画的に最大限に利用するばあいとを区別して考えることができる。この区別を明確にするために、大渕が提示した衝動的攻撃と戦略的攻撃という区別を参照しよう。衝動的攻撃は「情動性が強く、自己抑制が効かず、また何かを達成するためにという目標志向性が弱く、その結果、問題解決に役立つという機能性が低い」。戦略的攻撃はある目的を果たすために行なわれるものであるため、「多少なりとも計画的行動」であり、「情動性は弱く、自己抑制が高くなる」(6)。この区別を援用するなら、①に相当する暴力は衝動的暴力と、②に相当する暴力は戦略的暴力と呼ぶことができる。

暴力を目の当たりにして感じる怒りや嫌悪は、ひとつには暴力の衝動的側面に関係している。つまり、それらの感情は、抑制が働いていれば蒙らないはずの危害を受けてしまうことに起因する。衝動的な通り魔殺人などを思い浮かべればわかるように、ときとしてこの種の暴力は突発的であり、一種の自然災害にも似た印象を与える。しかし、われわれは自然災害にたいしては怒りや嫌悪を感じない。自然にたいして抑制を期待しないからである。怒りや嫌悪を感じるのは、理性的・道徳的であるべき人間が道徳的命令を解除してしまい、衝動に身を委ねて行動するからにほかならない。しかし、ここで感じられる怒りや嫌悪はテロにたいするそれとは違う。むしろ、テロにたいするそれは、戦略的暴力がもつ性質の方に関係している。戦略的暴力はきわめて理性的・合理的である。なぜならば、それは目的遂行のために用いられる暴力であり、ある成果を達成するために綿密に計画が練られ、暴力の行使も「効率的」に行なわれるからである。他者への加害行為を冷静に理性的に遂行する冷徹さにたいして人は怒りや嫌悪を感じるのではないだろうか。

★戦略的暴力とテロ

この合理性にもとづいた冷徹さが、衝動的暴力と戦略的暴力がもたらす悲惨さに量的な差異を生みだす。「奇妙に思えるかもしれないが、道徳的自己規制がはたらきにくい衝動的攻撃よりも、道徳的自己規制がはたらきやすい戦略的攻撃の方が、はるかに多くの不幸と悲しみを人類に与えてきたと言って過言ではない[7]」。9・11テロの悲惨さは、こうした戦略的暴力の歴史の必然的な帰結である。以上から、テロとは何かという問いに暫定的に答えるならば、〈テロは他者からなんらかの反応を引き出すために行使される戦略的暴力の純化された形態である〉ということになろう。つまり、テロは目的のための暴力という戦略的性格を極端なかたちで現実化する。この意味で、テロは現象の水準では暴力と同種の行為であるが、しかし戦略性の徹底という点で悲惨さの程度を異にすることになる。

3　政治的メッセージとしてのテロ

ここまで、テロが戦略的暴力の極端な形態であることを確認した。しかし犯罪的暴力も戦略的に行使されるし、暴力の戦略的行使の範型は戦争である。戦略的な暴力行使の広がりのなかからテロの特殊なかたちをどのように切り取るべきなのだろうか。この問題を考えるための糸口として、テロという言葉に関して若干の歴史的な説明を加えておこう。

★支配の手段としてのテロ

テロ行為という言葉が存在するように、テロ（terror）はまずは暴力的な行為を意味する。どうじにテロはもともと恐怖を意味するのであり、それは暴力の行使によって恐怖を喚起するという意味を含む。これは普通の暴力にも共通するが、テロの特殊性はこの恐怖を政治的な目的のために利用することにある。その古典的な例をフランス革命のうちに確認することができる。ジャコバン派革命政権を率いたロベスピエールは言う。「我々は共和制に対する内外の敵を粉砕せねばならない、でなければ我々は共和国と共に打破られるであろう。それ故に、当面せる情勢の下にあっては、共和制の原理は、民衆を教導して理性を活動せしめることであり、我々の敵に対しては恐怖手段（terreur＝terror）をもって牽制することである」[8]。この発想にしたがって、反革命的とされた人物たちがギロチンにかけられる大量虐殺が行なわれ、革命政府の防衛が試みられた。周知のように、この恐怖を用いた統治（reign of terror）を恐怖政治ないし恐怖体制（system of terror）と呼ぶ[9]。

現在の用法では、テロが恐怖政治という古典的な意味を担うことはあまりない。恐怖政治は上からの暴力、つまり今日的な言い方をすれば国家テロ（state terrorism）であろうが、一般にテロと言われるばあいには国家や政府へのプロテスト、すなわち下からの暴力、反逆テロ（insurgent terrorism）という意味合いが強いからである。しかし、テロの本質を理解するためには目的の政治的性格が重要であることを教えてくれる点で、恐怖政治を参照することには意味がある。というのも、テロについては暴力が行使される目的よりもその形態の方が注目されるように思われるからである。しかし、テロに固有であると思われる脅迫、誘拐、殺人、ハイジャック、爆破などの暴力形態は、犯罪的暴力においてもしばしば用いられる。だから、どのような行為が行なわれるかはそれほど重要ではない。テロと暴力を区別するために重要なのは、それらがそのために遂行される目的の性質である。目的の政治性が私的利益を目的とする犯罪的暴力からテロを区別する。

★戦争とテロの差異

だが、目的の政治性という要因を導入することは、テロと戦争の共通性を浮かび上がらせる。「戦争とは他の諸手段による継続した政治以外のなにものでもない[10]」というクラウゼヴィッツの定式を思いおこすまでもなく、戦争も政治的目的を達成するための暴力行使だからである。よって両者の差異を考える必要が生まれる。

テロの特徴のひとつは、暴力の行使によって恐怖を生みだすことであった。これは戦争においても同様である。空爆はたしかに軍事施設や政府機関の物理的破壊を目的としているが、どうじに民衆に恐怖を与えることによって敵対する政府や支配集団への民衆の支持を揺るがすことを狙っている。とはいえ、戦争にとっては戦闘行為における勝敗が決定的である。この意味で、戦争のばあいは戦闘が本質的であるが、「それに対してテロリズムは戦闘を伴わないことにその本質的特徴がある[11]」。テロはかならずしも戦闘行為で勝利することを目的として行使されるのではない。テロの行使は正規戦でもゲリラ戦でもないのであって、つまり敵の兵力と直接に対峙することをかならずしも目指していない。

むしろ、テロは無防備であり無実だと信じている人びとを襲う。「テロリズムの本質は、武装した者による非武装の者への暴力の行使である[12]」。しばしばテロは当該の政治的課題とは無関係な人びとに向けられるのであり、その衝撃と恐怖によって政治的課題が周知されるのである。つまり、テロは〈AがBに影響を与えBから反応を引き出すためにCを傷つける〉という構造をもつ戦略的暴力である。ナーヴスンは言う。「テロリズムを区別するものは何かといえば、それは、テロリストがその行為に影響を与えようと試みる一群の人びとからテロリズムの犠牲者が区別されることである[13]」。なるほど、無辜で非武装の人びとへの加害は戦争においても非戦闘員の誤爆や虐殺という形態で行なわれる。しかし、それらの出来事がしばしば隠蔽されることが示唆するように、無実で非武装の人びとへの攻撃は戦争にとっては付随的なものである。テロのばあいはこれが本質的である。あるいは、「テロリズムの本質的な特徴は、その犯罪行為・社会破壊行為を人びとに見せることにある[14]」と言える。テロリズムにおいては、無実で非武装の人びとへの攻撃が、政治的課題を伝達するための衝撃的－印象的な方法としてあえて選ばれるのである。

★市民的不服従とテロの差異

テロの固有性を明らかにするために政治的メッセージという要素を持ち込んだことによって、こんどは市民的不服従（civil disobedience）とテロの差異を明らかにする必要が生まれる。というのも、市民的不服従は逮捕にまで至るような違法行為を利用する行動であるが、それが行使されるのは社会的不正にたいする異議申し立てを周知するという政治的アピールのためだからである。市民的不服従の特徴を理解するために、ここではロールズの論考を援用しよう。ロールズは市民的不服従を以下のように特徴づけている。「私は、市民的不服従を、通常政府の政策ないし法律に一定の変化をもたらす意図をもってなされる、法に反した公共的非暴力的良心的な行為であると理解するであろう[15]」。

少数者が不正の存在とその是正を多数者に訴えるために行なうものであるかぎり、市民的不服従は公共的なメッセージである。公共的であるためにはそのメッセージは注目を喚起しなければならず、実行者はあえて違法な行為にうってでる。しかし、市民的不服従は違法であるとどうじに非暴力的でなければならない。「すなわち、市民的不服従は、逮捕および処罰が予想され、しかも抵抗なくそれらが受け容れられるような状況においてなされるものである。そのようにして、法的手続に対する敬意が表明されるのである。市民的不服従は法への忠誠の範囲内での、法への不服従を表す」[16]。また、非暴力的であることによって、市民的不服従は良心的であることを示そうとする。ここに市民的不服従の本質がある。市民的不服従は法秩序への不服従を表明するが、それは法秩序への忠誠を前提としており、したがって市民的不服従は法秩序そのものの破壊を目指してはいない。

市民的不服従と比較して明らかなのは、テロには「良心的」という要因が欠如していることである。テロは、実行者の政治的課題を知らしめるために犠牲者を生みだすという構造をもった暴力だからである。そして、すでに見たように犠牲者はしばしば非武装であり、当該の政治的課題とは無関係の人びとである。また、テロの実行者に既存の法秩序を尊重する心理が働いているかどうかは疑わしい。むしろ自らの主張を訴えるために法秩序そのものを揺るがす戦略がとられていると考えられる。あるいは、既存の法秩序そのものの組み換えが企てられているのかもしれない（もちろん現実のテロリズムにおいては、既存の法秩序の改善を求めるためにテロが行使される可能性は否定できない）。だから、政治的メッセージの公共的な伝達という意味では市民的不服従とテロは共通するが、既存の法秩序の尊重という点では両者には決定的な差異がある。テロはむしろ既存の法秩序の外部から襲いかかる。以上から、〈テロは政治的メッセージを伝えるために、無実で非武装の人々に対しても行使され、そうであるがゆえにしばしば法秩序そのものを揺るがすことを目指す戦略的暴力である〉と定義することができる。

4　構造的暴力と対抗暴力

さて、既存の法秩序の外部に立ちさえしてまでテロによって訴えられる政治的主張とは何なのだろうか。この問題に答えるためには、テロの歴史に沈潜し個々の主張を検討するほかない。しかし、それは本稿の限界を超えている。ここでは、対抗暴力としてのテロという理念型を示し、そのかぎりでテロに帰属することが可能であるような政治的主張（正義の回復）を考察することしかできない[17]。

★正義の回復のための暴力

たとえば、アーレントが暴力に認めた役割をテロに帰属させることもできる。「肝心なのは、ある種の環境では暴力――議論や言論を伴わずに、また結果の考慮をせずに行動すること――が正義の天秤を再び正しい状態にする唯一の方法だということである[18]」。アーレントによれば、暴力には短い時間幅ではあるが正義を回復する機能が備わっている。そして、暴力の行使は不正が存在することへの注目を創りだす。「暴力は主義主張を促進するものではないし、歴史や革命を促進するものでも、進歩や反動を促進するものでもないが、悲しみを劇的に表現し、それに公衆の注目を集めさせるのには役立つ[19]」。ある種のテロはこのように不正を告発し、それに抗議する対抗暴力という意味をもつかもしれない。

しかし対抗暴力といっても、テロのばあいは独特の意味をもっている。そのことをまず確認しておこう。対抗暴力というとき、通常は一対一で対峙する個人間の暴力が問題になる。しかし、テロのばあいは対抗すべき対象の水準が異なる。すでに見たように、テロの特徴は、特定の個人ではなく不特定の誰かを恐怖におとしめることによって切実な政治課題の存在を周知することにある。このような恐怖の回路を通じて対抗する対象は、個人間の関係が問題となるような水準には存在しないだろう。それでは、その水準はどのようなものなのだろうか。たとえば第三世界で発生するテロの背景について、須藤信彦はつぎのように説明する。「テロリズムを生み出す背景としては、第一に絶対的な貧困、第二に極端な民族・地域差別、第三に、そこから生まれる「絶望」がある。そして最後にこのような絶望的な状況に対する国際社会の無視があり、これこそがテロリズムを生み出すメカニズムの引き金となる[20]」。経験的には、テロの行使によってこうした大規模な不正や格差の存在が知らしめられるという側面がたしかにある。

第一の背景として指摘された貧困について考えてみよう。通常の思考法では貧しさは比較によって決定される。つまり、ある人物の貧しさは別の人物との比較によって確定される。しかし、絶対的貧困は比較によって決定されるような類のものではない。それは「人間的生活状況の一切の合理的定義を下回るほどに、栄養不良、文盲、疾病、汚染された環境、乳児の高死亡率、低い平均余命によって特徴づけられる生活条件[21]」である。私はまったく偶然に二十一世紀初頭のこの国に生き、そのことでたまたま絶対的貧困から免れている。しかし、この偶然性は、同時代の、たまたま別の地域に住む人間が、比較することが意味をなさないほどに低水準の生活を送らねばならないことを正当化するのだろうか。むしろ、私がまったく偶然にこの時代のこの国で生活するということは、圧倒的な格差を再生産し強化することに必然的に加担することなのではないか。この格差を不正と呼ぶことができるとすれば、私が生きているという単純な事実は、不正を放置するだけでなく、それを再生産することと等価なのかもしれない。

対抗暴力としてのテロが挑戦しているのは、個人間の関係の水準をこえた、このようなもっと包括的な場面で生じる暴力だと考えるべきではないだろうか。だとすれば、テロの構造を理解するためには、個人間の関係が問題となる場面とは別の場面にも暴力を見出すことができなければならない。そのためには独特の社会哲学的パースペクティヴを採用する必要がある。社会に存在する不正を暴力として解釈することを可能にし、その不正への加担を他者への暴力として理解することを可能にするパースペクティヴである。

★構造的暴力

このようなパースペクティヴを手に入れるために、平和論の分野で構造的暴力概念を創りだしたガルトゥングの論考を援用しよう。一般的には、平和は戦争の不在と定義される。しかし、ガルトゥングはこの平和状態のうちに暴力の存在を認めようとする。このことを可能にするために構造的暴力という概念が練りあげられたのであり、それによって社会構造のうちに存在する格差や不正を暴力とみなすことが可能になる。

本稿の第2節において暴力の特徴を考察した際には、暴力は個人間の関係に限定して理解されていた。ガルトゥングによれば、それは暴力の狭い定義である。「狭義の暴力概念によれば、肉体的無力化または健康の剥奪という行為（その極端な形態が殺人行為である）が、行為主体により意図的に行われたばあいにのみ暴力が行使されたことになる」[22]。ガルトゥングによれば、通常の倫理が問題とする暴力はこの狭義の暴力、個人的な暴力である。しかし、狭義の暴力概念のみに注視するとき、別の暴力的現実が看過されてしまう。この暴力的現実を思考可能にするために、ガルトゥングは暴力の広義の定義を創りだす。「ある人にたいして影響力が行使された結果、彼が現実に肉体的、精神的に実現しえたものが、彼の持つ潜在的実現可能性を下まわったばあい、そこには暴力が存在する」[23]。「暴力はここでは、可能性と現実とのあいだの、つまり実現可能であったものと現実に生じた結果とのあいだのギャップを生じさせた原因、と定義される」[24]。

たとえば戦争ならばこの落差を直接的に人為的に生みだす。そうしたものとは別に、落差が社会システムのなかに間接的に生じるばあいもある。たとえば、市民の生活を維持するための財が一部の支配層に独占されたり、市民生活の維持とは別の目的に使われたりするばあいには、社会のなかに財の配分の格差が構造的に存在することになる。このような格差、不正が構造的暴力と呼ばれる。「暴力は構造のなかに組み込まれており、不平等な力関係として、それゆえに生活の機会の不平等としてあらわれる」[25]。ガルトゥングは、「暴力という言葉の濫用を避けるために、構造的暴力が存在する状態を社会的不正義と呼ぶことにする」[26]と主張するが、ここでは社会的不正を暴力と呼ぶ発想を保つことにする。

★対抗暴力としてのテロ

現実のテロが対抗しているものは多様であろうが、しかし理念型として見るならば、対抗暴力としてのテロが挑戦しているのは構造的暴力を生み出す社会構造であると考えることもできる。そして、構造的暴力が極限にまで達するとき、大多数の民衆が絶対的貧困状況に追い込まれているのに、一部の指導層は裕福な生活を続けることさえありうる（こうした格差は先進国と極貧国という国家間の格差としても論じられうる）。この格差が拡大するにつれて、民衆からは情報を手に入れたり発信したりする手段を奪われる可能性が高まり、イデオロギー的操作や諦念によってこの窮状から抜け出ること自体が放棄されることもある。こうして構造的暴力は資源配分の不正にとどまらず、コミュニケーションの不正にまで達する。つまり「力の優越性を基盤としたコミュニケーションの無視・拒絶・破棄が、特定の主体に由来するというよりは、むしろ構造化されている事態」[27]さえ生じる。

これは構造的暴力を蒙る当事者自身が構造的暴力を告発しえない状況である。そのとき、この窮状を告発するために対抗暴力としてテロを行使することを促す背景が成立する。民主主義が作動している社会ならば、市民は選挙や公聴会、メディアなどを通じて社会的不正の存在を公に訴えることができる。しかし、そうしたことが不可能であることがある。このとき、無関係であると信じている人びとへとテロを向けるほかには不正を知らせる術がない状況がうまれる。このように考えるなら、あるテロが行使されたとき、その具体的な行為や形態だけではなく、それが生起した文脈に注目しなければならない。テロが政治的メッセージとして行なわれているかぎり、それが暴力であるという点にのみ注目して批判することは、テロが挑戦している状況がもつ暴力性の方を見失うことになる。

5　テロリズムの思考のかたち

すでに指摘したように、社会構造にそなわる暴力性を告発するために、テロは無実だと信じている他者に向けられ、その命を奪う。テロに関してはさまざまな問題が指摘できるであろうが、おそらくこの点に批判が集中するであろう。こうした批判に対しては、テロは民族解放や社会変革といった目的のために、やむにやまれぬ状況や文脈のもとで行使されるものだとして、その正当化が試みられる。(28)たしかに原理的に考えるなら、一人一人が生きることはそうした状況と無関係ではありえない。政治的課題にコミットしないという不作為もまた、不正の存在を放置するという作為になりうるのだから。テロを擁護するある種の発想は、われわれの状況へのこのような関係性を強調し、犠牲者は無関係ではないと主張することによって、テロの理不尽さを不問に付す。もちろん、この発想を端的に捨て去ることがもっとも容易な道であろう。しかし、ここではこの発想が思考することを強いる問題を掬いあげ、そのかたちを見定めてみたい。

★テロとしての歴史

一人一人の平凡な日常生活がそれだけで完結することなく、潜在的には遠くの他者へと関わっているという事実を利用して、テロの正当化が試みられることがある。前節ではこの点を念頭におき、私の平凡な日常生活が潜在的には暴力を媒介として成立しているという問題設定を示唆するものとして構造的暴力概念を導きいれた。さらに、メルロ=ポンティの『ヒューマニズムとテロル』はこの問題設定を歴史哲学的な水準で思考していると解釈できる。あらかじめ注意しておくと、この書物がテロという言葉を用いるとき、おそらくその根本にあるのはナチズムやスターリニズムの経験である。つまり、恐怖の統治を想起させるものとしてテロという言葉が用いられている。しかしテクストのある部分では、世界の暴力的成立とそれへの対抗暴力という本稿の発想を補強する議論が展開されている。

「偶然性が存在するがゆえに、歴史とはテロである」(29)とメルロ=ポンティは言う。いささか突飛な見解であるが、これは歴史についての独特の考え方に基づいている。起こるべきことが起こるだけでは、われわれは歴史についても、そのうちで生きている自分についても反省することはない。むしろ歴史は偶然性に支えられたものとして、予測できない出来事の生起をつうじて、「われわれ各人がみずからの歴史的責任を意識すること」を強制する。そのかぎり歴史は「根本的テロ」である(30)。歴史に強制されて歴史とそこで生きる自分を反省するとき、われわれは自らが無辜ではないことを発見する。

それはつぎのような歴史のあり方のためである。歴史は人間の繋がりから離れては存在しない。むしろそれは人間の繋がりそのものであり、「間主観性[31]」である。しかし、歴史が間主観的に成立すると言うとき、それは歴史的な出来事が葛藤もなく予定調和的に成立することを意味しない。すべてが予定調和的に生じるならば、それは歴史ではない。むしろ間主観性としての歴史は以下のことを意味する。「ひとつの歴史があると言われるとき、まさに何が言われているかというと、それは、みずから行為することで各人は単に彼の名において活動しているのではないし、単に自分を操っているのでもなく、他人たちを捲き込み、他人たちを操っているということであって、その結果として、われわれが生き始めるや否や、われわれは善き意図というアリバイを失ってしまう[32]」。

★関係的存在として人間は暴力的である

われわれの生は程度の差こそあれかならず歴史的生であって、われわれが生きるということは他者を巻き込み操作することにほかならない。意図していようがいまいが、歴史のなかで生きるということは社会的連関のなかで行動することであり、この連関の担い手である他者に働きかけることである。そして他者へと働きかけることは、ときとして他者を傷つけることと等しい。人間の暴力性を欲動や本能のレベルで説明するフロイトやローレンツ[33]とはまったく異なった意味で、関係的存在として人間は暴力的なのである。

さらに言えば、われわれの生の構造がそのようなものであるかぎり、他者といっさい関係しない中立的行動など存在しないかもしれない。無作為さえ作為となってしまうのだからである。「他人たちを尊敬しない者を尊敬すること、それは結局のところ他人たちを侮蔑することであり、また、暴力的な者たちに対して暴力を控えること、それはみずからこの者たちの共犯者となることだ。われわれは純粋さと暴力のあいだで選択するのではなく、多様な種類の暴力のあいだで選択するのである。われわれが受肉している限りで、暴力とはわれわれの宿命なのだ(34)」。暴力がわれわれの宿命なのだとしたら、非暴力の主張や暴力の糾弾は暴力的に成立している現実を追認してしまうことになる(35)。こうして、暴力的に成立した世界に対抗する暴力の必要性が確証される。そして、人間はそうした暴力的存在として暴力的現実を支えているがゆえに、それに対抗する暴力につねに曝されていると敷衍することもできよう。メルロ＝ポンティの表現を離れて言えば、この対抗暴力をテロと名づけることもできる。そして、テロをこのような位相で見るなら、われわれの生の連関がもつ暴力性を気づかせる対抗暴力としてテロを特徴づけることができるかもしれない。

★テロリズムが要求する倫理

「あなたは無関係ではない」というテロリズムを支える主張を了解可能にするために、すべての個人が何らかのかたちで世界の担い手であるという人間存在の深い水準に視線を定め、この水準で人間を暴力的存在として特徴づけた。そしてその水準では、すべての人間が無辜ではないかもしれず、すべての人間が世界中のすべての社会問題に責任を負っていることになるかもしれない。ある種の理論的な枠組みから言えば、テロはわれわれの生のこうした潜在的暴力性を気づかせる対抗暴力なのである。「あなたは無関係ではない」というテロリズムを支える主張に寄り添い、その固有の思考のかたちを社会哲学的枠組みのなかで理解しようとするなら、以上のように言うほかないであろう。しかし、このように獲得された認識は問題を孕むがゆえに、テロリズムを倫理的に正当化する根拠として無批判に採用することはできない。そもそも、社会的連関をつうじて他者へ影響を与える可能性は、暴力の現実的行使とは異なった水準にある。また、社会構造を担っていることと倫理の問題とを重ねてしまうなら、構造を支えるすべての人間が罪人となってしまい、誰かを告発することさえ無意味となる。テロの実行者自身も無辜ではありえないのであるから。

だが、テロリズムは、こうした社会哲学的認識を倫理へと結びつけることを要求しているのかもしれない。社会的不正のゆえに犠牲となっているある命を救うために無関係な別の命を奪うとき、あるいは社会構造の正義を回復するために無実だと信じている人の命を奪うとき、テロリズムが行なっているのは、われわれに生の暴力性を発見させることだけでなく、われわれにその責任を問いただすことなのだから。しかしそうであるなら、テロリズムは通常の倫理の守備範囲を超えることを要求している、あるいは通常の倫理の外を志向していると言うほかない。

6　おわりに

テロをたんなる暴力としてではなく、正義の回復のために他者の命を奪うことを厭わない対抗暴力として特徴づけ、それが可能性のレベルにおいてではあれ孕んでいる思考のかたちを理解可能なものとするために、それに寄り添ってきた。そして最終的に辿りついた問題は二つある。ひとつは、正義の実現のために他者の命を奪うことは許されるかという問題である。そして、これと相関的に成立するもうひとつの問題は、社会構造の担い手であることによって、われわれは社会的不正に対してどこまで責めを負うのかという問題である。この問題に関わるとき、テロをめぐる思考は倫理的な領域へと移行する。あるいは、テロリズムの構造を記述する作業から、それが正当化可能かどうかを思考する作業へと移行する。しかしここでは、そのことを論じる入り口のまえにようやく立つことができたにすぎない。

（1）　Townshend, Charles, *Terrorism : a Very Short Introduction*, Oxford University Press, 2002, p. 3. タウンゼント、宮坂直史訳『テロリズム』（岩波書店、二〇〇三年）三–四頁。
（2）　*Ibid.*, p. 5. 同書、六頁。
（3）　宝月誠『暴力の社会学』（世界思想社、一九八〇年）三八頁。

（4）同書、二頁。
（5）大渕憲一『攻撃と暴力――なぜひとは傷つけるのか――』〈丸善ライブラリー〉（丸善、二〇〇〇年）六頁。
（6）同書、一一頁。
（7）同書、一六二頁。
（8）ロベスピエール「政治道徳の原理に関する報告」（一七九四年）、内田佐久郎訳『革命の原理を守れ』（白揚書館、一九四六年）八七頁。引用に際しては、旧字体、旧仮名遣いを現代風に改めた。括弧内の補足は引用者による。
（9）恐怖政治が呼び起こす恐怖と今日のテロが呼び起こす恐怖は異なっている。現代のテロの恐怖については、以下を参照。Narveson, Jan, "Terrorism and morality," R. G. Frey & Christopher W. Morris ed., *Violence, Terrorism, and Justice*, Cambridge University Press, 1991, pp. 124-126. そこでは、リスクの感覚、リスクを事前に知りえないという無力さの感覚、自分とは無関係なことで死なねばならないという不条理さの感覚が指摘されている。
（10）クラウゼヴィッツ、清水多吉訳『戦争論（上）』〈中公文庫〉（中央公論新社、二〇〇一年）二四頁。
（11）Townshend, *op. cit.*, p. 7. タウンゼント、前掲書、八頁。
（12）*Ibid.*, p. 8. 同書、一〇頁。
（13）Narveson, *op. cit.*, pp. 117-118.
（14）須藤信彦『現代のテロリズム』（岩波書店、二〇〇一年）一〇頁。
（15）Rawls, John, "The Justification of Civil Disobedience", 1969, Freeman Samuel ed., *John Rawls : Col-*

lected Papers, Harvard University Press, 2001, p. 181. ロールズ、平野仁彦訳「市民的不服従の正当化」田中成明編訳『公正としての正義』（木鐸社、一九七九年）二〇五頁。

(16) *Ibid.*, p. 182. 同書、二〇六頁。

(17) この部分は、拙稿「暴力とテロリズムのあいだ——社会哲学的視点から——」『東北哲学会年報』（第二〇号、二〇〇四年）の論述と重複している。

(18) Arendt, Hannah, *Crisis of the Republic*, Harcourt Brace, 1969, p. 161. アーレント、山田正行訳『暴力について——共和国の危機——』（みすず書房、二〇〇〇年）一五一頁。訳文を変更した。

(19) *Ibid.*, p. 176. 同書、一六六－一六七頁。訳文を変更した。

(20) 須藤信彦、前掲書、二〇－二一頁。

(21) McNamara, Robert, *World Development Report 1978*, World Bank, New York, 1978, p. iii, cited in Singer, Peter, *One World : the Ethics of Globalization*, Yale University Press, 2002, p. 81.

(22) ガルトゥング、高柳先男他訳『構造的暴力と平和』（中央大学出版部、一九九一年）五頁。

(23) 同書、五頁。

(24) 同書、六頁。

(25) 同書、一一頁。

(26) 同書、一三頁。

(27) 丸山徳次「「暴力」行為と構造的暴力——或る傷害事件を見る眼——」現象学・解釈学研究会編『理性と暴力——現象学と人間科学——』（世界書院、一九九七年）二九〇頁。

(28) Monique Canto-Sperber, "Injustifiable terreur," *Le Monde*, 3 Octobre 2001.

（29）Merleau-Ponty, Maurice, *Humanisme et Terreur : Essai sur le problème communiste*, Gallimard, 1970, p. 190. メルロ＝ポンティ、合田正人訳「ヒューマニズムとテロル」木田元編『メルロ＝ポンティ・コレクション6』（みすず書房、二〇〇二年）一四〇頁。なお、表現を統一するため、以下では「テロル」のかわりに「テロ」を用いた。

（30）*Ibid.*, p. 193. 同書、一四二頁。

（31）*Ibid.*, p. 214. 同書、一五九頁。

（32）*Ibid.*, pp. 212‐213. 同書、一五八頁。

（33）フロイト、佐藤正樹訳「戦争はなぜ」（一九三三年）『フロイト著作集十一巻』（人文書院、一九八七年）。ローレンツ、日高敏隆・久保和彦訳『攻撃――悪の自然史――』（みすず書房、一九八五年）。

（34）Merleau-Ponty, *op. cit.*, p. 213. メルロ＝ポンティ、前掲書、一五八‐一五九頁。

（35）*Ibid.*, p. 214. 同書、一六〇頁。ファノンによせた序文で、サルトルも類似の議論を行なっている。フランツ・ファノン、鈴木道彦・浦野衣子訳『地に呪われたる者』（みすず書房、一九九六年）二六頁。

■文献案内

加藤朗『テロ――現代暴力論――』〈中公新書〉（中央公論新社、二〇〇二年）

テロを論じるには、そして9・11テロの個性を知るためには、テロの歴史を理解しなければならない。戦後に起きたテロから二十一世紀に起きることが予想されるテロまで概観しようとする読者にとって本書は必読である。

中山元編訳『発言――米同時多発テロと二三人の思想家たち――』（朝日出版社、二〇〇二年）

サイードからジジェクまで欧米の著名な知識人たちの9・11以降の発言を集めたものである。テロの問題を安全保障や国際関係の問題としてではなく思想の問題として考えようとするとき、なにかのヒントを与えてくれる。

加藤尚武『戦争倫理学』〈ちくま新書〉（筑摩書房、二〇〇三年）

9・11テロとアフガン空爆は、テロと戦争の複雑な絡み合いに気づかせてくれた。著名な倫理学者である加藤がアフガン空爆反対の意思に導かれながら著した本書は、戦争におけるルールの問題について分かりやすい見取り図を与えてくれる。

ソレル、木下半治訳『暴力論』上下〈岩波文庫〉（岩波書店、一九三三年）

暴力をブルジョア的暴力とプロレタリア的暴力とにわけ、後者であるゼネストに暴力の歴史的使命を見たソレルの思想は、のちにベンヤミンの「暴力批判論」に影響を与えた。今日のテロリズムとの異同を考えるのは興味深い。

ファノン、鈴木道彦・浦野衣子訳『地に呪われたる者』〈みすずライブラリー〉（みすず書房、二〇〇二年）

アルジェリア独立闘争の戦士であるファノンは、解放闘争は暴力的でなければならず、この暴力によって植民地民衆の連帯が可能になると論じた。サルトルは本書に序文を寄せているが、そのなかで非暴力の主張の欺瞞性を指摘している。

アーレント、山田正行訳『暴力について——共和国の危機——』（みすず書房、二〇〇〇年）

アーレントは暴力と権力を峻別し、暴力は目的との関係では正当化されるが、人民の意志に基づく権力のような正統性はもたないと論じ、暴力が社会変革の手段としては無効であるという主張を展開した。

あとがき

本書の企画が最初にもちあがったのは、二〇〇三年春のことだろうか。編者のまわりの若いひとたちを中心として、なにか問題提起的な論集をつくることができないだろうか、といった比較的ばくぜんとした話しあいから、けれどもわりと短期間のうちに構想がかたちをなしていった記憶がある。

課題の設定や、それぞれに応じた執筆者の選定には、あまり逡巡がなかったように憶えている。編者たちとしては、いまこの問題をかんがえるなら、この課題を潜りぬけざるをえず、その課題について真摯に向きあっているのは、だれよりもまずこの研究者だろうという選択にかんして、ほとんど迷いをもたずに結論にたどりついたとおもう。

本書には、その結果として、多様な背景と経歴をもった、相互に色あいをことにしている論者が名をつらねることともなった。この種の論集としては、若い研究者を含めて、そうとうにバラエティをもった執筆陣であることについては、編者として秘かに自負するところがある。また相当数の女性の執筆者をむかえることができたことも、ひろい意味での哲学・思想系にぞくする共著のなかではやや異例なことではないかとおもい、その点にかんしても満足している。なにかと気ぜわしい時間がつづくなかで力作を寄せていただいた各執筆者にたいし、いたらぬ編者としてまず感謝したい。

なお本書におさめられた論文のいくつかについては、編者のひとり（熊野）が参加している研究会（「哲学／倫理学セミナー」http://pe-seminar.hp.infoseek.co.jp/）で素稿が報告され、検討されている。幾人かの執筆者にかわり、セミナーの参加者のかたがたにも、この場をかりてお礼を申しのべさせていただきたい。

ナカニシヤ出版編集部の津久井輝夫氏は、遅々としてすすまない（とくに編者二名の）原稿執筆にときとして業を煮やしながらも、しんぼう強くつきあってくださった。一書としての体裁が最終的にはいちおうの統一を見、論集としてのまとまりをしめしえたのも、主要にはむしろ津久井氏はじめ編集スタッフの功績であることを、編者としては自覚しているつもりである。

二〇〇四年八月

熊野純彦
吉澤夏子

（昭和堂，1993年），他。

藤村安芸子（ふじむら・あきこ）
1971年生まれ。東京大学大学院人文社会系研究科博士課程修了。倫理学・日本倫理思想史専攻。駿河台大学現代文化学部助教授。『風景の哲学』〔共著〕（ナカニシヤ出版，2002年），「「風景」と「人生」——柳田国男の紀行文をめぐって——」『季刊日本思想史』（第62号，2002年），「行としての盂蘭盆会——「三宝絵」の統一的理解を通じて——」『倫理学紀要』（2000年），他。

木村純二（きむら・じゅんじ）
1970年生まれ。東京大学大学院人文社会系研究科博士課程修了。倫理学・日本倫理思想史専攻。弘前大学人文学部講師。「伊藤仁斎における「恕」の意義」『国士舘哲学』（第7号，2003年），「生命の根拠をめぐる一考察——「愛」は「生命」の根拠か？——」『季刊日本思想史』（第62号，2002年），「「往生要集」と「栄花物語」」『国士舘哲学』（第5号，2001年），他。

佐々木雄大（ささき・ゆうた）
1978年生まれ。東京大学大学院人文社会系研究科博士課程在籍。倫理学専攻。「バタイユによる純粋な贈与論」『倫理学紀要』（第12号，2004年），他。

中山智香子（なかやま・ちかこ）
1964年生まれ。ウィーン大学大学院経済学研究科博士課程修了。経済思想専攻。東京外国語大学大学院地域文化研究科助教授。“An Investigation of Hayek’s Criticism of Central Planning,” *F.A.Hayek as a political Economist*, Routledge, 2002,「ファシズム思想における「合理性」——ポランニーのファシズム分析をめぐって——」『文学部論叢』（第61号，1998年），エドワード・メルツ『シュムペーターのウィーン』〔共訳〕（日本経済評論社，1998年），他。

冠木敦子（かぶき・あつこ）
1969年生まれ。慶応義塾大学大学院法学研究科単位取得退学。政治思想専攻。桜美林大学短期大学部英語英文科講師。「倫理と政治——カント「道徳形而上学」とレヴィナス——」『法学研究』（第74巻第12号，2001年），「倫理と政治——カントの道徳哲学とレヴィナス——」『法学政治学論究』（第44号，2000年），他。

馬渕浩二（まぶち・こうじ）
1967年生まれ。東北大学大学院文学研究科博士課程修了。倫理学・社会哲学専攻。中央学院大学商学部講師。「イデオロギーと想像的なもの」『倫理学年報』（第46集，1997年），「フェティシズムとイデオロギー」『社会思想史研究』（第22号，1998年），「イデオロギーとカメラ・オブスキュラ」『理想』（第665号，2000年），他。

■執筆者紹介（執筆順，＊印は編者）

＊熊野純彦（くまの・すみひこ）

1958年生まれ。東京大学大学院人文科学研究科博士課程単位取得退学。倫理学専攻。東京大学文学部助教授。『戦後思想の一断面』（ナカニシヤ出版，2004年），『差異と隔たり』（岩波書店，2003年），『ヘーゲル〈他なるもの〉をめぐる思考』（筑摩書房，2002年），他。

麻生博之（あそう・ひろゆき）

1965年生まれ。北海道大学大学院文学研究科博士課程修了。哲学・倫理学専攻。東京経済大学経済学部講師。『知の教科書 ヘーゲル』〔共著〕（講談社選書メチエ，2004年），「「非同一的なもの」への自由——アドルノにおける「思惟の自己反省」の成り立ちについて——」『人文自然科学論集』（第109号，2000年），「他在と反省——ヘーゲルにおける自己意識概念の動性——」『倫理学年報』（第46集，1997年），他。

荒谷大輔（あらや・だいすけ）

1974年生まれ。東京大学大学院人文社会系研究科博士課程単位取得退学。フランス近現代思想・現象学専攻。駿河台大学法学部非常勤講師。「捻れたイマージュ——ベルグソンにおける知覚と存在の錯節をめぐって——」『哲学』（第55号，2004年），「メルロ=ポンティとベルグソンのキアスム——全体と部分のパラドックスを軸として——」『倫理学年報』（第51集，2002年），「一なる意識に潜在せる歴史——フッサールにおける意識流の内容と形式——」『現象学年報』（第18号，2002年），他。

木元麻里（きもと・まり）

1972年生まれ。パリ第１大学博士課程，お茶の水女子大学大学院人間文化研究科博士課程在籍。倫理学専攻。「レヴィナスにおける主体の問題——モナド概念に関するノート１——」『倫理学研究』（第２巻，2003年），“Réflexions sur la question de l'éthique chez Lévinas-la notion de bonté et de langage dans *Totalité et Infini*-”『ヨーロッパ哲学の受容に関する比較思想的研究』（お茶の水女子大学，2003年），“La question de l'éthique chez Lévinas-les notions de bonté et de justice-”（パリ第１大学 D.E.A.課程論文，1999年），他。

＊吉澤夏子（よしざわ・なつこ）

1955年生まれ。慶應義塾大学大学院社会学研究科博士課程単位取得退学。社会学専攻。日本女子大学人間社会学部教授。『世界の儚さの社会学』（勁草書房，2002年），『女であることの希望』（勁草書房，1997年），『フェミニズムの困難』（勁草書房，1993年），他。

岡本裕一朗（おかもと・ゆういちろう）

1954年生まれ。九州大学大学院文学研究科博士課程単位取得退学。哲学・倫理学専攻。玉川大学文学部教授。『異議あり！生命・環境倫理学』（ナカニシヤ出版，2003年），『幸福の薬を飲みますか？』〔共著〕（ナカニシヤ出版，1996年），T. ネーゲル『哲学ってどんなこと？』〔共訳〕

叢書＝倫理学のフロンティアXV
差異のエチカ

2004年11月25日　初版第1刷発行　(定価はカバーに表示してあります)

編　者　熊野純彦
　　　　吉澤夏子

発行者　中西健夫

発行所　株式会社　ナカニシヤ出版
〒606-8161　京都市左京区一乗寺木ノ本町15
TEL (075)723-0111
FAX (075)723-0095
http://www.nakanishiya.co.jp/

© Shumihiko KUMANO 2004（代表）
印刷・製本／亜細亜印刷
＊落丁本・乱丁本はお取り替え致します。
Printed in Japan
ISBN4-88848-887-8　C0312

叢書=倫理学のフロンティア

13 **ビジネス倫理学**
—哲学的アプローチ— ■2625円
田中朋弘・柘植尚則編

14 **工学倫理**
—エンジニアの行為に含まれる知的・倫理的問題—
齊藤了文・岩崎豪人編

15 **差異のエチカ**
熊野純彦・吉澤夏子編 ■2730円

16 **宗教と生命倫理**
小松美彦・土井健司編

四六判・平均260頁。白ヌキ数字は既刊(未刊タイトルは仮題)、以下続刊。
表示は2004年11月現在の税込価格です。

叢書=倫理学のフロンティア

7 **スタイルの詩学** —倫理学と美学の交叉《キアスム》—
山田忠彰・小田部胤久編　■2415円

8 **ニヒリズムからの出発**
竹内整一・古東哲明編　■2415円

9 **なぜ悪いことをしてはいけないのか**
—Why be moral ?—
大庭健・安彦一恵・永井均編　■2415円

10 **身体のエシックス/ポリティクス**
—倫理学とフェミニズムの交叉—
金井淑子・細谷実編　■2310円

11 **風景の哲学**
安彦一恵・佐藤康邦編　■2415円

12 **表現の〈リミット〉**
藤野寛・齋藤純一編

四六判・平均260頁。白ヌキ数字は既刊(未刊タイトルは仮題)、以下続刊。
表示は2004年11月現在の税込価格です。

叢書=倫理学のフロンティア

1 **モラル・アポリア** —道徳のディレンマ—
佐藤康邦・溝口宏平編 ■2310円

2 **応用倫理学の転換**
—二正面作戦のためのガイドライン—
川本隆史・高橋久一郎編 ■2415円

3 **所有のエチカ**
大庭健・鷲田清一編 ■2310円

4 **情報倫理学** —電子ネットワーク社会のエチカ—
越智貢・土屋俊・水谷雅彦編 ■2520円

5 **甦る和辻哲郎** —人文科学の再生に向けて—
佐藤康邦・清水正之・田中久文編 ■2520円

6 **戦争責任と「われわれ」**
—「「歴史主体」論争」をめぐって—
安彦一恵・魚住洋一・中岡成文編 ■2415円

四六判・平均260頁。白ヌキ数字は既刊(未刊タイトルは仮題)、以下続刊。
表示は2004年11月現在の税込価格です。